교과서 밖에서 배우는 고전 공부

교과서 밖에서
배우는
고전 공부

초판 1쇄 인쇄 2015년 5월 8일
초판 1쇄 발행 2015년 5월 15일

지은이 정은교
펴낸이 김승희
펴낸곳 도서출판 살림터

기획 정광일
편집 조현주
북디자인 꼬리별
표지디자인 이혜원

인쇄·제본 (주)현문
종이 월드페이퍼(주)

주소 서울시 영등포구 양평로21가길 19 선유도 우림라이온스밸리 1차 B동 512호
전화 02-3141-6553
팩스 02-3141-6555
출판등록 2008년 3월 18일 제313-1990-12호
이메일 gwang80@hanmail.net
블로그 http://blog.naver.com/dkffk1020

ISBN 978-89-94445-87-8 03370

*가격은 뒤표지에 있습니다.
*잘못된 책은 바꾸어 드립니다.

교과서 밖에서 배우는
고전 공부

정은교 지음

살림터

머리말

고전과 눈높이를 맞추어라!

무턱대고 '읽으라'고 해야 할까

우리는 어떤 현상이든 사회적 배경을 갖고 있음을 안다. '고전 읽기'도 그렇다.[1] 어른들이 예전부터 아이들한테 "책 좀 읽어야지? 고전(좋은 책)으로!" 하는 잔소리를 달고 살기는 했다. 좋은 말로 권유하는 것으로 성에 차지 않아 요즘은 아예 강제하기까지 한다. 아침 자습시간마다 교실의 교탁 위에 책 광주리를 올려놓는 학교가 한둘이 아니었다.[2] 요즘은 일부 어른들도 강요당한다. 기업에서도 '고전 읽기(또는 인문학)' 붐이 일었다. 21세기는 창의적인 융합형의 인재人材를 필요로 한다나, 어쨌다나. 승용차 안에서 잠깐 귀로 듣는 고전 교재도 나왔다. 환자에게 암죽을 떠먹이듯 알기 쉽게 간추려서 떠먹여주는 교재!

이렇게 '고전을 읽으라'는 소리가 시끄러운 까닭이 뭘까? 초등학교

1. '고전classic'의 어원은 '함대'라는 뜻의 라틴어 classis. classicus는 전쟁이 터졌을 때 국가에 함대를 갖다 바칠 큰 부자(최고 상류층)를 가리키는 말. 이 말이 '훌륭한 책'이란 뜻으로 바뀌었다.
2. 2014년 말 대구시 교육감이 '인문학 100권 읽기 운동'을 부르짖었다. 매달 1권씩 읽히겠단다.

문턱도 밟지 않은 코흘리개더러 한글과 영어를 깨치게 하고, 초등학생한테 '다독(많이 읽기)'과 '속독(훑어 읽기)' 훈련까지 시켜야 직성이 풀리는 일부 학부모들의 조급증 탓이기도 하다. 입시문제 풀이에만 매달리는 학교 교육으로 훌륭한 인재가 길러지지 못함을 사회 지도층이 쪼금은 깨달아서이기도 하다. 왜 기업에서도 난리를 피울까? 빈약한 학교 공부만 받아온 젊은이들이 21세기의 험난한 세상 환경을 헤치고 무슨 일이든 꾸려낼 깜냥이 못 되는 것 같아서다.

그래서 '고전 읽기'는 모든 교육문제를 한꺼번에 해결해줄 만능의 열쇠라도 된 것 같다. 노랫소리가 드높다. "고전만 읽혀봐요! 사람이 겁나게 똑똑해져요! 룰루랄라!" 과연 그런가?

어떤 외침(캠페인)이든 목청이 유난히 높다면 거기에는 허장성세(허세)가 잔뜩 끼어 있다고 봐야 한다. 책 몇 권을 더 읽는다고 무슨 사람이 달라진다는 말인가? 그것도 억지로 읽혀서?

글쓴이는 아이들이 닥치는 대로 고전을 읽는 것을 오히려 말리고 싶다.[3] 플라톤의 『국가론』을 초등학생용 다이제스트(요약본) 만화로 펴낸 것이 중학교 도서실에 꽂혀 있다. 간추린 것이라지만 아이들이 제대로 소화할까 싶었다. 아이들은 덮어놓고 받아들일 터인데, '국가는 유기체와 같다'는, 지금 시대와 맞지 않는 그의 가르침을 고스란히 수긍하라는 것인가? 쇼펜하우어(19세기 독일 실존철학자)의 두꺼운 책을 들고 있는 중학생도 봤다. 그 학생이 과연 인류 철학의 흐름을 다 헤아리고서 쇼펜하우어의 책을 선택한 것일까? 친구들한테 뭔가 폼을 잡고 싶어서 갖고 다니는 것은 아닐까? 공부가 짧은 학생이 쇼펜하우

3. 고전 중에 문학작품이야 읽고서 어떤 느낌이라도 얻으니까 그래도 낫다. 사상과 학문을 다룬 책은 읽어도 남는 게 없거나 왜곡된 앎을 얻기 일쑤다. 요약본이라도 초중학생한테 섣불리 권할 게 못 된다.

어든, 경제학의 아버지 애덤 스미스든 어찌 비판적으로 읽어낼 수 있을까. 솔직히 어른들도 읽기가 쉽지 않은데?

여태껏의 '고전 읽기' 캠페인이 갖는 가장 큰 문제점은 학교의 교과 수업과 동떨어진 채, 또 다른 짐 덩어리로 학생들한테 다가간다는 것이다(학교 교사들은 이 열풍에 대해 그저 구경꾼이 된다). 학생들이 정말로 읽어야 할 고전이라면 수업 시간에 읽어야 한다. 교과서가 쪼가리 지식을 늘어놓는 데서 벗어나고, 평가(시험) 제도가 5지 선다형 문제풀이식에서 획기적으로 탈바꿈한다면 고전을 수업 속으로 끌어들이기가 그리 어려운 일이 아니다. 어른들도 고전은 '읽기 모임'을 꾸려서 같이 읽는다. 하물며 아이들이 누구와 생각을 주고받지도 않고 저마다 혼자 읽는다면 그 독서에 무슨 활력과 신명이 생길 것인가.

그러니까 민중(학부모들)과 사회 지도층이 지혜를 모아야 할 것은 고전 읽기 캠페인을 어떻게 벌일까가 아니라 학교 교과 내용과 평가 제도를 어떻게 (뿌리째) 혁신해낼 것이냐다. 지금처럼 학생들에게 학교 공부라는 짐(부담)에다가 '더 읽을거리'들을 더 얹어주는 식은 학업 성취 욕구가 무척 높은 일부 학생들한테나 들어맞을 일이요, (짐을 잔뜩 떠안은) 그 일부 학생들도 달가울 리 없다.

어떻게 읽어야 앎을 얻는가?

(고전 가운데) 문학작품이야 읽고서 무엇이라도 얻는다. 작가가 전하고 싶었던 메시지를 다 알아듣지는 못해도, 저 나름으로 깨치는 것도 있다. 『돈키호테』를 읽다가 재미가 없어서 중간에 책을 던져버린다 해도, 옛 스페인의 생활상(모습)이 어땠는지 배경지식이라도 쪼금 주워듣

는다. 문제는 사상과 학문을 담은 책을 어떻게 읽느냐다. 어떻게!

누구의 어떤 책이든 '그것 하나'만 읽어서는 그 특징과 핵심이 드러나지 않는다. 이를테면 아리스토텔레스의 책 『니코마코스 윤리학』을 집어 들었다고 치자. 이 책을 다 읽고서 "궁극적인 좋음(최고선)은 행복이다…… 도덕적 행동이 버릇이 돼야 한다"는 앎을 얻었다면 그 앎 자체야 그렇게 남다른(대단한) 게 아니다. 여러 딴 사상가들, 플라톤과 바울과 칸트가 좋음(선)에 대해 뭐라고 말했는지와 견줄 때라야 그의 생각의 특징과 장단점이 드러난다. 교과서는 플라톤은 이상주의이고 '아리스토텔레스는 현실주의'라고 못 박아 말했다. 그쯤의 앎으로 족한가? 국가에 대한 그의 관점은 보편 종교를 일으킨 바울과 견줘야 하고(바울은 '국가를 넘어서자'고 말했다), 그의 목적론적 세계관이 과연 옳은지는 진화론을 내세운 다윈의 생각과 견줘서 헤아려야 한다. 다윈은 진화를 신神의 개입 없이, 자연 그 자체의 운동으로서 설명했다.[4] 왜 고양이의 발톱이 날카로울까? 아리스토텔레스라면 '쥐를 잡기 위해서'라는 목적이 거기 들어 있다고 봤을 것이다. 그 목적의 목적, 가장 높은 목적(=제1 원인)이 되는 것을 찾다 보면 신神이 슬며시 들어온다. 기독교 신학은 아리스토텔레스의 논리에 많이 기댔더랬다. 하지만 다윈은 "그런 발톱은 자기 종種을 보존하는 데 어떤 특별한 효과가 있다"고 대답했으리라. 다윈은 신神이라는 관념을 앎의 세계에서 몰아냈다.

또 어떤 사상이든 '현실에 비추어' 판단해야 옳고 그름을 가를 수 있다. 애덤 스미스는 "저마다 자기 이기심에 따라 자유로이 선택하면, 시장market의 '보이지 않는 손길'이 사회 전체의 조화를 가져다준다"고

4. 생존원리와 종種 보존 원리는 유전 프로그램에 확정되어 있지, 신이 창조한 결과가 아니다.

장담했는데 현실이 그의 예상대로 굴러가는 한에서만 그의 말이 설명력을 갖는다. 20세기 들어와 세계전쟁과 대공황이 터져 나오자 여러 강대국들이 시장경제에 본격적으로 개입해 들어갔다. 시장이 저절로 굴러가지 못했다! 그의 말이 신화神話 또는 우화寓話에 불과하다는 사실이 드러났고, 자유주의 사상이 파탄을 맞았다.

이탈리아의 마키아벨리1469~1527는 르네상스가 낳은 진취적인 학자로서 '근대 정치학의 아버지'라 칭송받는다. 그런데 마키아벨리즘은 '권력을 지키기 위해서 온갖 추잡한 행위를 일삼는 것'을 뜻하는 부정적인 낱말이다. 그가 한 말을 당시의 현실 맥락에 비춰서 살피지 않은 사람들이 그런 낱말을 지어냈다.[5] 그는 어떤 정부든지 대중의 지지에 기초해야 한다고 믿었는데 이런 생각을 '민주주의'라 한다. 그는 공화주의(국민주권)를 일관되게 신봉했으면서 군주더러 '훌륭한 군주가 되어달라'고 요청하는 책(『군주론』)을 썼다. 얼핏 보면 모순된 행동이다. 하지만 현실 배경을 들여다보면 모순되지 않다. 그 무렵의 이탈리아는 수많은 작은 나라들이 난립해 있었고 딴 나라들과 맞서려면 이탈리아의 통일이 절실했다. 그런 통일을 이뤄낼 군주라면 그 사회에서 무척 진보적인 구실을 하는 셈이다. 진취적인 군주와 대중의 주체화가 양립兩立할 수 있는 것이다. 그런 군주가 현실에서 나오지는 않았지만 말이다.

그의 학문을 정치학의 효시(첫 화살, 처음)라고 일컫는 까닭은 그가 정치를 도덕과 엄밀하게 구분했던 데 있다. 쉽게 말해 적敵이든, 우리 편이든 가리지 않고, 다시 말해 가치를 끼워 넣지 않고서 누구의 정치가 뛰어난지, 부족한지를 살피는 것이다. 예전에는 신학과 도덕론으로

5. 그는 "(군주가) 뱀을 알려면 여우가 돼야 하고, 늑대에게 겁주려면 사자가 돼야 한다"고 했다. 현실 맥락을 걷어내고 생각하면 '권력과 술수(꾀)를 예찬한 얘기'로만 읽힌다.

자기의 통치(정치)를 그럴싸하게 꾸며대는 이야기들이 판을 쳤다. 정치 현상을 그 자체로 살펴서 객관적인 앎을 추구하는 학자가 없었다. 예컨대 연애하는 것도 남이 벌이면 불륜不倫이라 손가락질하고, 내가 할 때는 로맨스라고 자기를 변호하기 일쑤다. 그것이 불륜인지, 로맨스인지를 떠나 연애라는 것이 어떤 상호 교류 과정으로 이뤄지는지 허심하게(도덕을 떠나) 살피는 것이 객관적인 앎이다. 정치에서 그런 앎을 추구했기에 마키아벨리로부터 정치학이 시작됐다고 한다.

대부분의 사상가는 미덕(새로운 앎의 진전)과 한계(돌파하지 못한 부분)를 더불어 갖고 있다. 그런데 일반 사람들은 그들보다 공부가 짧다 보니 그들의 이야기를 '그러려니' 하고 죄다(!) 곧이곧대로 받아들이기 쉽다.[6] 이를테면 프랑스의 데카르트1596~1650의 경우, 근대 합리론 철학의 시조始祖라 불린다. 그는 방법론적 회의(의심하기)를 통해 "나는 생각한다. 그러니까 나는 있다cogito ergo sum"라는 명제를 세워서 주체 개념의 기초를 닦았다. 신이 아니라 사람이 주체라는 것이다. 주체로서 그는 자연세계를 있는 그대로 바라보고 탐구했다. 신학을 한 발짝 떠나서 자연과학이 자립하기 시작했다.[7] 거기까지가 그의 공功이다. 그는 정치(사회)에 대해 아무 말도 하지 않았다. 그저 '왕과 교회에 따르라'고만 했다. 봉건 사회에 맞설 시민(부르주아)계급이 변변히 생겨나지 못했던 때다. 그러니 그의 '주체'는 전통 신앙에 여전히 기대고 있다. 신에 대해 그가 어쩌고저쩌고 말한 대목은 별로 새겨들을 것이 없다. 고

6. 문학도 그렇다. 도스토옙스키에 반한 사람은 그의 소설이 '다 좋다'고 한다. 그는 (정치범으로 탄압받은 뒤로 기가 꺾여서) 반동세력이 됐고 그래서 몇몇 소설은 쓰레기다. 물론 괜찮은 소설도 있지만.
7. 그는 '2+2=4'라는 산수조차 자의적인voluntary 신의 의지에 따른댔다. 신의 의지주의가 역설적으로 근대 과학의 길을 열기도 했다. 수학은 자의적으로(멋대로) 세워진 공리에서 여타의 것이 따라 나온다.

전을 읽어야 한다며 그가 쓴 『방법서설』을 억지로 붙들고 앉은 학생은 그의 공과功過를 미리 짚고서 읽어야 좀 더 비판적(능동적)으로 그 책을 소화해낼 것이다.

새로운 학문을 내놓은 사람의 경우, 독자들 사이에 찬반양론贊反兩論이 들끓기 마련이다. 그래서 학생들한테 그의 책을 읽어보라고 권하기가 더 조심스럽다. 대표적인 학자가 『꿈의 해석』을 쓴 프로이트1856~1939다. 그의 무의식(심층 심리) 이론을 아예 거들떠보지 않은 학자들도 많은가 하면 융과 아들러처럼 처음에는 같은 이론에서 출발했다가 중간에 갈라져 나온 학자도 있다. 그를 이어받은 사람들도 미국 쪽과 유럽 쪽이 뿔뿔이 갈렸다. 그의 이론 가운데 어디까지가 계승할 만한 것인지 입씨름이 시끄럽다. 진화론의 효시가 된 다윈도 마찬가지다. 뒷날의 생물학 연구로 하여 그의 설명 가운데 틀린 것으로 드러난 대목이 많다. 이런 것들까지 가려서 읽어야 하므로 그 학문의 전공자 아닌 일반 사람들에게 '읽어보라'고 선뜻 권할 수 없다.

또 고전을 제대로 읽으려면 사람들이 유심히 찾아보지 않은, '잊힌(숨은) 목소리들과 견줘서' 살펴야 한다. 사람들은 유가(공자, 순자)와 법가(한비자, 상앙)의 사상이 옛 동아시아에서 가장 강력했던 것으로 안다. 하지만 제자백가(춘추전국) 시대에는 양주와 묵자의 사상에 사람들의 호응이 더 컸다.[8] 한나라가 들어서서 제국의 틀이 갖춰진 뒤로 두 사상은 검열을 당하고 잊혔다. 하지만 인류의 미래를 개척하는 데에는 그 잊힌 사상들이 더 요긴하게 쓰인다. 잊힌 사상들이 발굴된다면 그동안의 주류 사상이 갖는 가치가 상대적으로 내려가기 마련이다. 유럽도 마찬가지다. 로마제국이 들어선 뒤로 플라톤과 아리스토텔

8. 글쓴이가 앞서 펴낸 『교과서 밖에서 배우는 철학 공부』 참고.

레스의 사상, 곧 아테네 철학만 계승되고, 그들보다 더 진취적인 세계(이소노미아)를 추구한 이오니아 철학이 억압되고 잊혔다. 아테네와 이오니아를 견줄 때라야 아테네 철학의 미덕과 한계가 드러나고, 아테네 철학을 넘어설 눈이 트인다(이 책 3부의 '그리스 사상을 다시 읽는다' 참고).

게다가 어떤 옛것이든 지금과 앞날에 대해 우리가 품는 '문제의식(지향하는 바)에 비추어' 살펴야 한다. 이를테면 1970년대의 일부 대학생들은 '탈춤'을 비롯해 잊혔던 우리 전통 민중문화를 캐내는 데 열중했다. 그 시절에는 진취적인 역사학자들이 실학자들(정약용과 박지원)의 사상을 조명하는 데도 열심이었다. 우리 사회가 '민족'과 '근대화'의 화두(話頭, 주제)를 놓고서 애면글면 궁리하던 때였다. 그 화두가 덜 절실해지고 딴 화두(가령 세계자본주의의 앞날)가 더 절박하게 다가오는 요즘은 조선 후기의 실학(실사구시의 학문)에 대해 더 냉정한 평가를 내려야 한다. 1970년대에는 '근대화의 싹수'가 보인다 싶으면 다 높이 추어주는 경향이 있었지만, 지금은 그런 희망사항을 내려놓고 보니까 "실학과 성리학이 무어 그리 다를까" 싶은 것이다.

어떻게 북돋아야 읽고 싶어질까

고전 읽기는 쉬운 일이 아니다. 캐낼 앎이 풍성하게 들어 있는 책일수록 더 그렇다. 이를테면 『성서the Bible』의 경우, 키르케고르가 말하기를 "사람들은 그 책을 읽고서 3만 가지나 서로 다른 해석을 내린다"고 했다. 그 3만 가지 해석 중에 무엇이 옳은지 어떻게 가려낼까. 선생은 학생들 앞에서 '내 해석이 맞다'고 어떻게 내세울까? 또 그 엄청난 분량의 책을 어떻게 학생더러 (다) 읽으라고 권할 수 있을까. "저는 기독교를 믿지 않걸랑요?" 하고 툴툴대는 학생더러는 독서를 권하기도 어렵지 않은가. 사실 성서가 크리스천의 것으로 생겨났으므로 크리스천 아닌 사람은 더더욱 관심을 품지 않기 마련이다.

그런데 성서를 비롯해 옛 고전들에는 인류가 새겨둬야 할 금金싸라기 같은 앎들이 가득하다. 그러니 원전原典을 꼭 찾지는 못하더라도 해설서를 통해서라도 더러 그 앎을 얻어낼 필요가 있다. 우리는 배움이 짧아서 어떤 책의 내용을 다 소화하기는 벅차다. 하지만 몇몇 가닥을 잡아내는 것만도 소중하다. 해설서는 그런 도움은 준다. "해석이 저마다 다르다면서요? 해설서를 어떻게 믿어요?" 하고 옹골차게 되묻는 학생도 있겠다. 이렇게 설명하마.

"사람의 앎은 끊임없이 수정되고 깊어져가는 것이지. 네가 지금 읽는 책이 그 잠깐의 징검다리가 돼줄 것으로 생각해라. 강을 건너면 뗏목은 버려두고 길을 가야지."

고전을 읽으려면 그 저자와 '눈높이를 맞춰야' 한다. 바울과 묵자와 칸트와 마르크스가 내다본 눈길로 세상을 내다보라. 발돋움(!)을 해서 더 높은 곳을 보라! 그래야 핵심(요점)이 되는 앎이 무엇인지 발견할 수 있다. 독서는 그 핵심 화두를 중심으로 진행돼야 한다. 자질구레한 얘기들은 다 잊어도 상관없고, 모르는 얘기는 건너뛰어도 좋다. 핵심 앎을 움켜쥐면 (그와 관련하여) 내가 전에 읽었던 딴 책의 내용도 머릿속에 들어온다. 이를테면 다윈의 문제의식이 무엇이었을까? 성서에 쓰여 있는 창조론과 대결하는 것이었다. 19세기의 유럽인들을 지적知的 충격에 빠뜨렸던 것은 '신神 없이 생명의 세계가 커왔다'는, 그 핵심 되는 앎이었으니까 말이다. 돌이켜 보면 "신(귀신)이 있기나 한가?" 하는 질문은 2,500년 전 (그리스의) 이오니아나 동아시아에서나 생각 깊은 사람들이 일찍이 던졌던 질문이다. 사람이 커서는 온갖 자질구레한 지식을 다 알아야 하지만(그래야 세상 경영에 참여하므로), 어려서는 큰 질문, 큰 궁금증을 품는 것이 공부의 정도正道다.

잠깐 딴 얘기를 하자면, 20세기 후반 유럽에 머리를 빡빡 깎은 스킨헤드족 청년들이 생겨났다. 처음에는 옷차림만 요란한 평범한 패거리였으나 실업자가 늘어나고 자기들의 미래가 불투명해지자 그 절망감과 분노를 애꿎게도 헐값에 품을 팔러온 유색인종 이주 노동자들한테 퍼부었다. 요즘 한국도 앞날이 불안한 청년들 가운데 그런 눈먼 행동에 나서는 이들이 제법 생겨났으니 스킨헤드족 얘기가 남의 얘기만은 아닌데, 아무튼 언젠가 테러를 저지른 스킨헤드 청년한테 TV 기자가 다가가서 왜 그런 짓을 저질렀느냐고 물었다. 대답이 걸작이었다. "제가 아마도 일자리마저 보장해주지 않는 사회에 대한 불만과 소외감으로 그런 일을 저질렀던 것 같아요. 어쩌고저쩌고……." 그 대답이 좀 우습지 않은가? 수많은 대중이 (TV 카메라를 통하여) 자기 말을 듣는다 싶으니까 자기의 주관(심정)을 솔직히 말하는 대신, 학자들이 논평하듯이 자기를 유식하게 논평했다. 그 얘기, 어디서 배웠겠는가? 학교 사회책이나 TV 방송에서! 그런 앎이 그에게 무슨 쓸모가 있었는가? 아무 쓸모도 없었다. 교과서는 '민주 시민이 되라!'고, 낯선 이웃에게 관용을 베풀라고 당부했겠는데 그는 그 책을 읽고 아무런 감명도 받지 않았다. 교과서엔 구경꾼의 싱거운 지식(=전문가의 그저 그런 논평)이 담겨 있었지, '어떻게 살라!'고 깨달음을 다그치는 살아 있는 사상이 담겨 있지 않았던 것이다. 한국의 '일베(일간 베스트의 준말)'는 스킨헤드족과 좀 다른 배경에서 나왔지만 사회를 보는 눈이 비뚤어졌다는 점에서는 같다. '일베' 사이트의 출입자들 중에 중산층 집안의 학교 성적이 좋은 중고생이 적지 않다는 사실이 심상치 않다.[9] (교과서의 가르침을 비웃는) 그런 빗나간 청년들이 숱하게 생겨난다는 것은 학교 교육이 여지없이 실패했다는 또 다른 증거다.[10]

그러므로 고전이든, 만화책이든 어떻게 읽느냐가 중요하지 않다. 스스로 읽으려고 나서느냐가 중요하다.

"학교에든 누구에게든 기대지 마라! 공부는 네가 하는 거야!"

입시나 스펙 쌓기를 위해서 읽는 것은 (필요한 일이기는 해도) 그렇게 듬직해 보이지 않는다.[11] '세상은 어떤 곳인가', '내가 어떻게 살까', 간절히 알고 싶어 읽는 것이 아니라서다. 옛적에 누군가 말했지. "진리가 너희를 자유롭게 하리라!"고. 앉은뱅이 나자로를 벌떡 일어나 걸어가게 만드는, 그렇게 사람을 해방시키고 거듭나게 만드는 그런 진실한 앎을 찾아서 고전을 펼치는 것이 중요하다.[12] 그럴 때 고전은 우리에게 인생의 등불도 돼주고, 든든한 무기武器도 되어준다. 열 권 스무 권이 됐든, 단 한 권이 됐든 말이다. 우리가 고전을 찾는 까닭은 희망을 엿보기 위해서다.

9. 박가분은 『일베의 사상』에서 '일베'가 민주진보 세력의 증상이요, '촛불'이 좌절해 뒤틀린 모습이랬다. 그들에게 윤리(책임)를 물으려면 그들에게 나름의 반발 이유가 있다는 것부터 직시하자고 했다.

10. 학교는 정부가 무엇인가 애쓴다는 것을 광고하는 데 많이 써먹힌다. 이를테면 건성일 수밖에 없는 봉사활동 프로그램이나 진로 안내 교육은 정부와 학교가 면피하기 위한 대표적인 알리바이다.

11. 노동운동가 단병호 씨가 예전에 말하기를 자기는 『전태일평전』밖에 읽은 것이 없는데 그것으로 세상을 다 알았단다. 가방끈이 짧은 그가 국회의원까지 지냈다. 세상을 비춰주는 책 단 한 권이 중요하다!

12. 예수가 기적을 행했다는 성서 얘긴데, 기적이 아니라 놀라운 인간 해방의 사례로 읽어야 한다.

고전과 씨름한 학생은 논술이 어렵지 않다

이 책 4부는 고교생의 논술 공부를 돕는 짤막한 소개 자료를 '부록附錄'으로 담았다. 송권봉 선생이 썼다. 그동안 대학 논술고사에서 무슨 논제들이 다뤄졌는지, 간단히 훑어보고 논제마다 짚어야 할 요점을 일러줬다. 숲을 보고 비판적인 눈길을 틔우는 것이 가장 중요한 공부이긴 하지만, 학생들은 눈앞의 논술고사도 어쩔 수 없이 감당해야 한다.

고전 읽기는 (대학 입시) 논술 대비에 무슨 도움을 줄까? 직접적인 도움을 잔뜩 줄 것 같지는 않다. 고전을 굳이 들이파지 않아도 예상되는 주제들을 조리 있게 간추려서 새겨두면 그럭저럭 논술을 감당할 수 있다. 논술고사가 요구하는 것은 그렇게 깊은 앎이 아니라서다. 이와 달리, 이 책은 교과서보다 세상을 훨씬 근본적으로 파헤치고 수준 높은 분석을 담아내고자 했다. 당부할 말은, 여러분의 공부 목표를 대학 입시에 왜소하게 가두지 말라는 것이다.[13] 그래서 눈앞의 진학(또는 취직)은 성공할지 몰라도 세상 보는 눈길이 깊어지지는 못한다. 거꾸로, 고전과 씨름해본 학생은 교과서에 들어 있는 내용을 '개념 파악'하는 것이 한결 쉬워진다. 논술 대비의 핵심은 무슨 묘안(요령) 찾기가 아니라 우리가 알아야 할 학문 개념들을 꾸준히 벼리고 가다듬는 (새삼스럽지 않은) 공부일 뿐이다.

13. 대입 수험생의 30%를 차지하는 재수생은 자기들이 징역 1년에 벌금 이천만 원이 선고된 '죄수생'이라고 자조自嘲한다. 대학에 가서는 또 취직 걱정에 주눅이 든다……. 여러분더러 고전을 읽으라고 격려하는 까닭은 다들 '나 하나, 어떻게 세상에 발을 붙일까' 좁은 관심에 갇혀 살아가서야 우리의 불안한 앞날을 타개할 수 없어서다. 대다수 청년이 미래를 걱정하는 사회라면 무엇인가 단단히 잘못된 사회가 아닌가? (전체) 사회를 살려내야 비로소 우리 개개인에게도 미래가 열린다. 요즘 스페인이나 일본과 한국이나 청년들이 일자리가 없어 비명을 지르고 있는데 이것, 사회 전체가 대책을 세워야 하지 않는가? '알아서들 취업하라'고 방관할 문제가 아니잖은가? 사회운동과 정치가 필요한 때 아닌가?

차례

1부
근대 사상

1 자유주의와 민주주의

대한항공 조현아의 '땅콩 회항' 사건에 대해 1심 판사는 "직원을 노예처럼 부리지 않았더라면 이런 일이 생길 리 없다"며 징역 1년을 선고했다. 일터의 민주화가 얼마나 절박한 일인지, 일깨워준 사건이다.

사람의 본성nature을 풀이할 때 가장 먼저 떠올리는 낱말이 자유다. 사람은 누구나 자유로이 살고 싶어 하는 본성이 있다. 짐승들도 그러하거늘 사람이 하물며! 무엇에도 얽매이지 않고 싶고, 스스로 하고 싶은 일을 하기를 바란다. 근대 사회가 깃발(또는 열쇳말)로 내세우는 낱말도 자유와 평등이다.[14]

자유가 얼마나 소중한지 생각해볼 때 먼저 떠오르는 격언은 1775년 영국의 식민지였던 미국 의회에서 패트릭 헨리가 연설하는 가운데 던진 말이다.

"자유가 아니면 죽음을 달라!"

본국 정부가 식민지인들의 생각은 물어보지도 않고 우편세를 올릴 것을 덜컥 통보하자, 헨리는 얼른 민병대(민중의 군대)를 꾸려서 영국군과 맞서자고 제안하는 연설을 했다. 그의 연설은 식민지인들이 독립전쟁에 떨쳐나설 것을 부르는 쇠나팔 소리가 됐다. 김수영의 시詩도 떠오른다. 1960년 4·19혁명이 터지자 이런 시를 썼다.

14. 프랑스 시민혁명(1789)은 자유와 평등과 우애(友愛, fraternity)의 이념을 내세웠다.

자유를 위해 날아본 사람은 알지
노고지리가 무엇을 보고 노래하는지를
어째서 자유에는 피의 냄새가 섞여 있는지를
혁명은 왜 고독한 것인지를
……

자유는 참 소중하고 고귀한 것이다. 그런데 우리 주변을 둘러보면 이 낱말이 너무나 폭넓게 쓰인다는 사실도 알게 된다.[15] 그래서 모든 자유가 다 좋은 것은 아니라는 사실도 꼭 유념해야 한다. 이를테면 "저 사람은 참 리버럴하구나!" 하는 말이 칭찬이 될 때도 있고 비판하는 말이 될 때도 있다. 어떤 무엇을 놓고 누구는 '자유'라 생각하지만 다른 누구는 '방종(제멋대로 놀기)'이라 여긴다. 그러니까 우리는 세상의 모든 일을 다 저울대 위에 올려놓고서 그것을 자유의 영역에 모셔야 할지, 비판적으로 바라봐야 할지 저울질해야 한다. 예컨대 2차 세계대전 때 일본군대는 병사들에게 "전쟁의 운명에 능동적으로 따르는 것이 우리의 참된 자유"라고 정신교육을 했다. 그 말이 옳은가? 그때 그 맥락에서 그들의 생각을 '자유로운 정신'이라 추어줄 수 있는가? 자유에 관한 이야기의 범위가 그렇게 방대하므로 이 글은 그중의 일부 영역만 좁혀서 다룬다는 사실을 먼저 일러둔다.

자유주의는 '자유가 (으뜸으로) 좋다'는 뜻이다. 대단히 막연한 낱말이라서 이 말만 듣고 "그래? 그거 옳은 말이야!" 하고 맞장구칠 수 없다. 그 대상이 무엇인지, 또 어떤 사회적 맥락에서 꺼내는 말인지 밝

15. liberal은 "자유로운, 진보적인, 관대한, 아낌없는, 풍부한, 편견 없는, 온건한, 엄격하지 않은, 교양적인"의 뜻으로 쓰인다. free는 "얽매여 있지 않은, 비어 있는, 제멋대로의, 공짜의"라는 뜻이다.

히지 않고서는 토론을 이어갈 수 없다. 이를테면 사르트르(20세기 프랑스의 철학자)는 2차 대전 때 프랑스를 점령한 나치 독일군대에 맞서 레지스탕스(저항) 운동에 참여했다.[16] 그는 외국군에 점령당한 처지에서 '나는 (저항하고 있으므로) 자유롭다'고 했는데, 그때의 자유는 정신의 자유다. 그의 그런 생각을 '자유주의'라고 부를 수도 있겠지만, 그의 생각이 갸륵하다 해서 '자유주의는 옳은 것!'이라고 섣부르게 단정지어서는 안 된다. 그 말은 '모든 자유주의가 다 옳다'고 일반화한 것이기 때문이다. 글쓴이는 사르트르의 자유주의는 옳다고 여기지만 하이에크(20세기 영국 사상가)의 자유주의는 '대체로' 틀렸다고 생각한다. 두 사람의 얘기는 대상이 다르다. 전자는 정신과 철학을 말하는 것이고 후자는 경제에 대해 말한다.

경제적 자유주의는 힘이 세다

자유주의의 대상은 크게 봐서 셋으로 나뉜다. 경제와 정치, 그리고 정신(사상)! 이 글은 주로 경제 부문의 자유주의를 다루고, 정치적 자유주의에 대한 설명을 곁들인다. 경제적 자유주의 이념이 지금의 인류사회에 끼치는 영향력(정신적인 힘)이 가장 크고, 정치적 자유주의가 그 다음으로 크기 때문이다.

고교 윤리 교과서에는 자본주의와 사회주의를 견주어 설명하는 장章이 있다. 자본주의의 기본 정신과 윤리적 장단점이 무엇이며 사회주의의 미덕과 한계가 무엇인지, 몇 글자 끄적거려놓았다. 그 가운데 핵

16. 실존철학과 마르크스 사상을 접목했다. 사람은 세상 정치에 '참여'할 때라야 자유로워진다고 했다.

심으로 새길 것은 자본주의가 자유주의 이념을 기반으로 한다는 사실이다. 그런데 경제적 자유주의는 '자본주의가 옳다!'는 말을 대놓고 하는 것이고, 정치적 자유주의는 그 말을 에둘러서 꺼낸다. 그래서 전자와는 입씨름이 치열하게 붙기 마련이고, 후자와는 좀 더 참을성 있게 토론해야 한다. 사상과 철학에서의 자유주의는 경제적 자유주의와의 관련성이 조금 더 멀고 사변적인 얘기라서 여기서는 언급하지 않는다.

잠깐 교과서를 꾸짖고서 말을 잇겠다. 교과서는 '자본주의의 기본 정신 어쩌고…….' 하고 떠들었는데 자본주의는 아무런 정신도 갖고 있지 않다. 그것은 그저 기계일 뿐이다. 돈이 돈을 벌게 돼 있는 자동기계! 여러분은 자기나 자기 가족이 몰고 다니는 자동차(라는 기계)를 쓰다듬으며 "아이, 똑똑한 놈! 잘 있었니?" 하고 말을 건네는가? 정신은 사람이 갖고 있지 기계가 갖고 있지 않다. "교과서야! 입은 비뚤어져도 말은 똑바로 해라!" '자본주의가 참 좋다'고 생각하는 사람들의 정신을 가리켜 우리는 '(경제적) 자유주의' 사상이라고 부른다. 자동차 상품 광고가 자동차를 (환상 속의) 아름다운 여성으로 여겨서 자동차와 사랑에 빠지라고 민중을 꼬드기듯이 교과서 집필자들은 자본주의라는 기계가 영혼이 깃든 고귀한 인물인 것처럼 여겨서 하염없이 숭배하라고 우리를 꼬드긴다.

왜 자유주의 가운데 경제적 자유주의가 가장 힘센 놈일까? '자유'라는 관념의 밑바닥을 캐고 들어가 보면 거기서 사적(私的, private) 소유권을 만난다. 쉽게 말해 "이것은 내 것"이라는 관념이다. 사람의 원초적 자유 관념은 "내 몸뚱이는 내 것인데 누가 날더러 이래라, 저래라 시키냐!" 하고 부르짖는 것이다. 사람은 자기 몸뚱이를 누가 자기 맘대로 짓밟을 때, 이를테면 성폭행을 당했을 때 내 몸을 내 뜻대로 못하는 부자유가 얼마나 처절한지, 또렷이 느낀다.

또 우리 헌법은 "사람은 자기가 하고 싶은 일을 할 자유가 있다"고 적어놓았다. 우리 사회체제는 저마다 자기가 일한 것을 자기 것으로 갖는, 사유私有하는 체제이므로 '직업의 자유'가 당연히 보장된다. 고대 그리스는 직업의 자유가 거의 없었다. 작곡가 박진영과 '용감한 형제'는 제가 지은 노래가 음반을 통해 대중에게 전달될 때 몹시 기쁠 터인데 그 기쁨이 단순히 '내 느낌을 내 마음대로 표현했다'는 사실에서만 비롯된 것은 아니다. 제 노래가 널리 전파되어서 저작권 수입이 짭짤하다는 사실이 더 크게 작용한다. 그 권리 때문에 더 열심히 작곡을 한다. 요컨대 사적 소유(=내 것으로 삼을 권리)와 분리해서 자유를 생각하기 어렵다는 말이다.[17]

그러므로 '사적 소유권'은 모든 근대적 자유를 응축해놓은 관념이다. "너, 갖고 싶은 것 가져!" 근대 부르주아 혁명이 그 관념을 제도로써 보증해줬다. 삶의 기본 바탕에 먹고사는 경제문제가 있듯이, 정치적 사상적 자유주의의 밑바탕에도 (사적 소유권을 보장하라는) 경제적 자유주의가 놓여 있다는 얘기다. 이 사상은 간단히 말해 상품교환과 시장경제의 자유를 부르짖는 생각이다. 그리고 "국가야, 경제문제에 간섭하지 마라. 자본가들이 알아서 꾸려간다!"는 주장이 거기 뒤따른다.

그런데 근대가 되기까지 이 생각이 왜 강력한 힘을 발휘하지 못했을까? 씨족사회에는 '우리 것'만 있었다. 네 것 내 것을 따지다 보면 공동체가 무너진다. 물론 딴 공동체와 교역하는 것은 유익한 일이었으

17. '법 앞에서의 평등'도 오히려 자유에 가깝다. 누구나 이러저런 권리를 누릴 자유가 있다! 사회지배층은 살림살이(돈벌이)가 평등하지 못한 현실을 얼버무리려고 아무 데나 평등을 갖다 붙인다.

므로 공동체 바깥과는 물자를 교환했으나 상품교환이 아니라 물물교환을 했다. '자유!'를 떠들 일이 없었다.

국가 사회로 넘어와서 나라 바깥과의 교역이 활발해지고 군데군데 상품경제가 생겨났다(이오니아의 리디아 왕국에서 처음 화폐를 찍어냈다). 국가는 민중에게서 공물(貢物, 요즘의 조세)을 거둬들였는데 그러려면 소유권 관념이 자리 잡아야 한다. "이것은 네 땅이잖니? 그러니까 거기서 나는 것으로 공물을 바쳐!" "갑보다 을이 토지를 2배나 더 차지했으니 갑은 공물도 2배로 바쳐라!" 물론 옛날의 소유권은 요즘처럼 엄밀한 것이 못 된다.[18] 왕토王土 사상이라 하여 나라 안의 모든 땅은 적어도 법규범으로는 왕(곧 나라)의 것이었다. 사실상은 권문세족(권세 높은 벼슬아치 집안)이 차지했거나 민중이 공동으로 차지한 땅(가령 숲, 개천가)도 많았지만 말이다. 아무튼 국가가 '소유권(하다못해 점유권)'이라는 울타리를 둘러준 덕분에 상품 시장경제도 차츰 커나갔다.

하지만 아직 '자유주의' 사상이 활개 칠 정도로는 아니었다. 사람의 살림살이(경제)보다 사상과 문화는 뒤처져서 바뀌는 법이므로 장사치들은 사농공상士農工商의 끄트머리 자리에 만족해야 했다. 국가는 대외 교역이야 힘썼어도 나라 안의 시장경제를 오랫동안 억눌렀는데 국가 경제가 굴러가는 원리는 시장경제의 원리와 달랐기 때문이다.[19] 민중에게 얼마나 효과적으로 채찍(공물 약탈)과 당근(재분배)을 잘 섞어 쓰느냐는 게 국가의 주된 관심거리였다. 국가(재분배) 경제도 나름으

18. 한일합방(1910)이 된 뒤 일본은 악명 높은 토지조사사업부터 벌였다. '내 땅'이라고 법원에 등기가 돼 있지 않은 땅을 모조리 몰수했다. 수많은 농민이 쫓겨나 만주 땅으로 건너갔다. 자본주의의 바탕은 그렇게 '내 것(근대적 소유권)'을 쥐고 있지 않은 농민을 쫓아내는 데서 마련됐다.

19. 옛 페르시아 왕 키루스는 거짓스러운 시장市場을 꾸리는 그리스인과는 협상하지 않겠다고 퇴짜 놨다.

로 정교했음을 말해주는 사례 하나: 옛 이집트의 피라미드 건축은 연인원 50만 명이 20년간 달라붙어야 하는 거대 공사였는데 시장을 통하지 않고 넉넉히 치러냈다.

아무튼 시장경제는 역동적dynamic이다. 사람을 맹렬하게 뛰게 만든다. 신분사회에서 서럽게 살아가는 사람들은 재물을 벌어들일 기회가 생기면 밤잠을 자지 않고 치부致富에 매달린다. 부자가 되면 족보 있는 양반(귀족)이 별로 부럽지 않아서다. 그의 물욕物慾은 '이밥(쌀밥)에 고깃국'을 배불리 먹고, 고래 등 같은 기와집에서 자랑스럽게 살고 싶은 인간적 욕구에서 나왔다.

가난한 소작농小作農들이 얼마나 '자기 땅'을 갈구했는지는 옛 문학작품들에 잘 표현돼 있다. 짤막한 우화 하나. 부지런히 일해서 산골짝 비탈논일망정 자기 땅을 갖게 된 한 농사꾼이 있었다. 일하러 와서, 또 일을 끝내고 귀가할 때 그는 제 논이 몇 배미(구역)나 되는지 거듭 세어봤다.

"한 배미, 두 배미…… 여섯 배미! 내가 땅을 갖게 되다니 이게 꿈이냐 생시냐!"

그런데 어느 날 귀가하면서 세어봤더니 다섯 배미밖에 없는 거다. 아침에는 여섯 배미가 틀림없이 있었는데 저녁때가 되면 다섯 배미로 줄어드니 귀신이 (통)곡할 노릇이었다. 왜 그랬을까? 왜? 일하다가 이마에 땀이 밴 그가 삿갓을 옆에 내려놓고 쉬었다. 그런데 몇 배미인지 숫자를 셀 때, 그가 삿갓을 내려놓은 곳에 들어 있던(=삿갓으로 덮여서 가려 있던) 한 배미를 빠뜨리고 셌던 것이다. 땅뙈기가 얼마나 작은지, 과장해서 표현한 우스갯말이다. 그렇게 삿갓만큼 작은 논배미를 삿갓배미라 일컫는데, 이 얘기는 자기 땅을 갖고 싶은 농민들의 욕구가 얼마나 강렬한지를 익살맞게(해학으로) 나타낸다.

해방 후 한반도에는 토지개혁이 단행됐다. 불로소득을 누리는 지주들에게서 토지를 빼어다가 가난한 농민들에게 나눠줬다. 북한이 먼저 토지개혁을 하니까 할 수 없이 남한 이승만 정권도 토지개혁에 나섰다. 유상有償 몰수, 유상 분배의 불완전한 개혁이었지만 아무튼 경자유전(耕者有田, 논밭은 농사짓는 사람에게 돌아가야 한다)의 원칙이 법조문에 들어갔다. 사적 소유권의 확립이 근대 사회를 일으키는 진보적인 구실을 했던 대목이다.[20]

근대 초기에는 그렇게 사적 소유권을 긍정해줄 대목이 있었다. 자영自營 농민이 스스로 땀 흘려 쌓은 부富로 자기 농토를 한 배미, 두 배미 늘려가는 것에 대해서 말이다. 하지만 어떤 공장주(자본가)가 사람을 여럿 고용해서 만든 물건을 팔아 돈을 벌어들이는 것도 긍정해줄 일인가? 자유주의자들은 당연히 긍정하지만 사회주의자들은 긍정하지 않는다. '이윤'이라 일컫는 부분이 노동자들이 땀 흘려 일한 데서 나오지, 돈(자본)이 무슨 조화를 부려서 더 많은 돈을 낳는 것이 아니라 여기기 때문이다. 그렇더라도 산업이 갓 발달하기 시작한 초창기에 자본이 경제의 동력을 제공했으니 그들이 부당한 불로소득을 가져갔다 해도 일단 긍정해주기로 하자. 하지만 일부 사람들이 아프리카로 건너가 노예 상인 노릇을 해서 엄청나게 돈을 긁어모은 것도 '정당하게 벌어들인 돈'으로 긍정해줄 수 있는가? 존 로크(17세기 영국 자유주의자)는 그렇게 말하지 않았지만 경제적 자유주의 사상은 그런 돈들도 '사실상' 긍정해주는 쪽으로 쓰인다. 그때는 다들 고만고만한 중소 자본들이었으니 재산 가진 사람들의 권세가 하늘을 찌르지는 않았다. 그러니 경제적 자유주의가 진보적인 구실도 했다고 치자. 하지만 요즘은

20. 하지만 토지개혁이 된 뒤, 농민들이 어떤 경로로 농업을 일으키느냐는 문제가 뒤이어 제기된다.

거대 독점자본가들 몇몇이 인류 사회를 쥐락펴락한다. 노무현 전 대통령은 한국이 '삼성공화국'이 됐다고 한숨을 쉬기까지 했다. 이런 시절에 사적 소유권이 과연 금과옥조金科玉條로 떠받들어져야 할 이념인지는 깊이 파헤쳐볼 문제다.

단순히 독점자본이래서만 문제가 아니다. 과학기술이 발달하고 대규모 생산체제로 접어들면서 그 결과물을 '개인 것'으로 돌리는 것이 더 불합리해졌다. 이를테면 어느 유서(역사) 깊은 거대 기업에서 뛰어난 브랜드(상표)의 물건을 만들어냈을 때, 그 명품을 누가 만들어냈느냐는 물음에 대한 답은 단순하지 않다. 상품을 설계한 엔지니어(기술자)의 공功이 크겠지만 제작과정에서 끊임없이 물건을 개량해온 일선 노동자들의 공도 있고, 또 우수한 일꾼들을 그 기업에 보내준 지역사회와 학교의 공도 있다. 근처의 강물을 그 기업이 왕창 끌어다 썼다면 국가의 음덕을 입은 것이기도 하다. 물건 만들 밑천을 댔다는 이유만으로 기업이 벌어들인 부富를 자본가가 혼자 독차지하는 것은 자본 체제의 논리에 따른다 해도 사리事理에 맞지 않다. 다들 알다시피 빌 게이츠는 마이크로소프트사가 컴퓨터 윈도우 시장을 독점한 탓에 엄청난 돈을 벌어들였다. 그의 치부가 과연 교환적 정의正義에 부합되느냐, 하는 근본적인 질문도 제기된다.[21] 독점에 따른 지대地代 수입이 그렇게 엄청나다는 것은 자본 체제의 정당성을 근본부터 의심케 한다.

경제적 자유주의 사상의 원조元祖는 영국의 애덤 스미스1723~1790이다. 알다시피 그는 '산업 활동의 자유'를 부르짖었고, 고전파 경제학을 일으켰다. 시장기구의 '보이지 않는 손', 곧 자유경쟁이 물건의 값을 합리적으로 조절해주고, 사회 전체에 복리福利를 가져다준다고 그는 장

21. 학계 주류는 분배적 정의만 따진다. 그리고 '교환적 정의'의 문제를 토론거리에서 미리 제외한다.

담했다. 산업자본주의의 발달(곧 경제 성장)은 모두가 이익을 얻는 플러스섬 게임이라는 것이다.[22]

근대 초기에는 경제적 자유주의가 웬만큼 현실과 들어맞는 면도 있었다. 자본주의가 낳는 빈부 격차에 대해 그들은 '조금만 기다려달라'고 말했다. 당장은 그런 현실을 서러워하는 사람도 많겠지만, 산업이 발달하고 경제 생산력이 높아지면 그 격차가 줄어들 것이라고 그들은 민중을 달랬다. 파이, 곧 부를 더 키워서 나눠 가져야지, 빈곤의 평등에 만족할 일은 아니잖느냐는 것이다. 자유와 평등의 모순은 시간이 흐르면 해소된댔다.

(경제적) 자유주의는 사적 소유와 경쟁이 어떤 자동적 질서를 만들어낸다고 생각되던 때, 그런 모습을 뚜렷이 드러낸 나라(곧 영국)에서 자리 잡았다. 19~20세기 영국의 노동자들이 좀 더 살 만해지기는 했다. 자유주의자들이 예견한 것처럼 자본주의 기제(메커니즘)가 빈부 격차를 해소하는 쪽으로 작동해서가 아니라 해외에서 식민지 경영을 통해 엄청난 부를 쌓아올린 자본가들이 여유가 생겨서, 그리고 국내의 노동자들을 길들이려고 그들에게 떡고물을 조금 나눠줬기 때문이다.

그런데 그가 『국부론』을, 더 온전히 번역하자면 『여러 네이션들의 부富에 관한 연구』를 써낸 지 200여 년이 지난 지금, 그 생각은 현실과 들어맞지 않는다는 사실이 여지없이 드러났다. 적어도 1차 세계대전(1914~1918)과 세계대공황(1929~)에 와서는 시장기구가 파탄을 맞았다. 시장이 복원력이 없었다. 지금도 자유주의자들은 '보이지 않는 손'이 조화를 가져다준다고 늠름하게(무턱대고) 믿지만 사람의 헛된 믿음과 현실을 혼동해서는 안 된다.[23] 대공황의 충격을 독일과 일본은 파

22. 경제 성장을 멈추면 믿었던 미래가 무너지고 제로섬 게임으로 돌변해 사회 불평등이 금세 가팔라진다.

시즘(국가통제경제)으로, 미국은 케인스주의(국가자본주의)로 헤쳐 나갔다. 둘 다 자본이 위기에 빠졌을 때 국가가 개입하고 나선 것이다. 1930년대에는 (경제적) 자유주의 사상이 깡그리 쓰레기통에 처박혔다. 하지만 1970년대에 들어와 유럽 자본이 다시 축적(=이윤 확보)의 위기에 빠지자 미국과 영국을 선두로 하여 (신)자유주의 사상이 다시 활개를 쳤다.[24] "자본에게 마음껏 돈을 벌 자유를 달라!"는 얘기다. 각국의 지배계급들은 케케묵은 자유주의 깃발을 다시 들어 올렸고 그 결과, 21세기에 들어와서 세계 어디든 빈부 격차가 다시 가파르게 벌어졌다. 현대 사회는 자본가들이 제멋대로 치부했던 자본주의 초기(18~19세기) 시절로 되돌아갔다. 자유와 평등이 도무지 양립할 수 없다는 것이 점점 분명해졌다.

자유주의와 민주주의는 다른 것이다

자유주의는 처음에는 '국가(실제로는 사회)가 자본에게 이러쿵저러쿵 간섭하지 말라!'는 경제적 자유주의 사상으로 생겨났다. 그러다가 '의회 정치가 중요하다'는 정치적 자유주의 사상으로 이어졌다. 의회가 정부(곧 내각)를 꾸려야 하고, 그것 위에 딴 국가기구를 인정하지 않는다. 의회는 귀족들에 맞서 부르주아(자본가)들이 제 목소리를 내는 곳이었다. 한동안 정치적 자유주의는 부르주아들만을 위한 슬로건이었다. 영국에서 19세기 초반까지만 해도 재산 있는 사람만 의회의 투표

23. '불균형 축적이론'은 시장 조절기구가 원리 면에서 결함을 갖고 있음을 밝혀냈다.
24. 이들은 국가 개입 없이 자본이 굴러가지 못한다는 사실을 애써 외면한다. 또 '자본주의가 (상품교환의 어려움 때문에) 늘 공황을 겪는다'는 사실을 줄곧 부인하다가 최근 들어서야 체제의 위기를 수긍했다.

권을 누렸던 것이다.

민주주의는 이것과 다른 관념이다. 대다수 밑바닥 민중(그리스 말로 데모스)이 정치를 주도해야 한다는 생각이다. 현실의 정치체제가 어떻든 간에 대중의 의사意思가 정치에 많이 반영되는 것을 말한다. 루소에 따르면 민주주의는 '국민의 뜻(일반의지)'을 으뜸으로 섬기는 정치라고 하는데, 문제는 그것이 무엇인지 아무도 말할 수 없다는 것이다. 다수결 제도를 운영하면 국민의 뜻에 따라 정치를 하게 될까? 그럴 수도 있지만 그렇지 못할 때도 많다. 1849년 프랑스 의회는 노동자의 목소리를 막아버리려고 보통선거제를 다시 없앴다. 부르주아들끼리만 의회에서 목소리를 냈다. 여전히 의회가 굴러갔으므로 그때의 프랑스 정치가 자유주의적이라고는 말할 수 있겠지만, 민주주의적이라고는 말할 수 없었다. 결국 대다수 민중은 있는 사람들만 대변하는 의회보다는 차라리 자기들에 대해서도 신경을 써주는 것으로 보인 나폴레옹 3세가 황제로 등극하는 데에 지지를 보냈다. 물론 그는 대중에게 인기를 얻을 손쉬운 것들만 공약으로 내세웠지만 말이다.

사람들은 자유주의와 민주주의를 자주 혼동한다. '의회만 있으면 민주주의 아니냐'고 섣부르게 넘겨짚는다. 하지만 1848년까지 영국의 남성 노동자들은 의회에 대표를 보낼 권리, 곧 투표권이 없었다. 10년간 차티스트운동을 벌이고서야 겨우 얻어냈다. 그전까지 영국에 자유주의(곧 의회)는 실현됐지만 민주주의는 1848년 이후에야 실현된 셈이다. 그런데 그것도 절름발이 상태였다. 영국 여성들은 1918년이 되어서야 그것도 30세가 넘은 사람들에 한정해서 투표권을 얻었던 것이다.

자유민주주의는 입헌적 자유주의와 민주주의(국민주권)라는 서로 다른 두 이념의 결합이다. 근대 초기에 부르주아들은 의회에 자기들 대표를 보낼 생각만 했지 밑바닥 민중의 권리는 깜깜하게 외면했다.

'우리도 투표권을 달라'는 운동이 밑으로부터 거세게 올라온 뒤에야 마지못해 그 요구를 얼마쯤 받아들였다. 그래서 보통선거제가 온전히 실현된 뒤부터를 '자유민주주의'라고 한다. 이 정치체제가 대다수 민중의 요구를 얼마쯤 받아들이기는 했으나 현대 사회를 곰곰이 들여다보면 계급계층에 따라 정부와 국가에 영향력을 행사하는 정도가 여전히 다르다. 정치체제는 민주주의(국민주권) 형태를 띠고 있지만 대의제(의회제도)는 돈 많고 학벌 높고 인맥(연줄)이 넓은 계급계층, 곧 부르주아들이 정치를 주도하게 돼 있다. 이 뜻을 담아서 부르주아민주주의라고도 부른다.

현대 사회는 대부분 의회 제도를 채택하고 있어서 자유민주주의 이념이 목소리를 높인다. 기성 체제에 안주安住하고 싶은 지배층은 기성 체제에 없는 새로운 얘기를 누가 꺼낼라치면 "너희, 체제에 도전할 거냐?" 하고 을러댄다. 그들이 방어하려는 것의 핵심은 사적 소유권과 재산권이다. "보통선거제도를 베풀어준 것만 해도 어디냐? 군소리 늘어놓지 말고 자유민주주의 체제가 최고라고 받아들여랏!"

그런데 자본주의 경제가 진행될수록 빈부 격차가 깊어졌고, 그 반발로 노동운동이 일어났다. '노동자도 사람답게 살 권리가 있다'는 뜻을 사회권이라고 하는데 그 권리를 국가가 받아들이려면 있는 사람들이 얼마쯤이라도 양보해야 한다. 쉽게 말해, 자본가들이 세금을 훨씬 많이 내야 한다. 19~20세기에 노동운동과 사회주의운동이 곳곳에 벌어져서 부르주아들이 압박을 느낀 뒤에야 민주주의 이념이 좀 더 내용을 갖추게 됐다. 이를 사회민주주의(사민주의)라 하고,[25] 이 이념을 수용한 국가를 복지국가라 했다.

25. 사회주의 국가를 세운 레닌도 이 용어를 쓴 적 있지만, 여기서는 자본주의 틀 안에서 사회개혁을 꾀한 서유럽의 노동자 정당들의 이념을 가리킨다.

사회민주주의(사민주의)는 자본 체제가 낳은 사회경제적 모순을 해결하려고 나선 점에서 자유민주주의보다 한걸음 더 나아간 이념이 분명하다. 사회권 이념을 헌법에 들여오고 복지제도를 집행했다. 하지만 큰 틀에서 보자면 부르주아민주주의를 별달리 바꿔내지 못했다. 1970년대 이후 자본의 모순이 깊어지자 오히려 유럽의 자본가들이 '복지제도'에 대한 공격을 줄곧 벌여댔고, 그래서 사민주의에 따른 진보가 차츰 퇴색해가고 있다. 세계 대부분의 국가들은 (정치적) 자유주의 이념이 여전히 지배 이념으로 구실하고 있다.

1990년에 소련이 무너지자 동유럽 사회주의 국가의 공산당들이 다들 서유럽의 사회민주당과 같은 노선으로 방향을 틀었다. 이름부터 '사민당'으로 바꿨다. 잘한 일일까? 그들에게는 서유럽의 사회민주주의가 20세기 초에 이미 정치적 파탄을 맞았다는 사실을 찬찬히 숙고해 볼 진정성이 없었다. 사민주의 정당들이 자기 나라의 민중에게 복지예산이 좀 더 배정되도록 애쓰기는 할 것이다. 하지만 국제 평화와 세계 민중의 연대 차원에 들어가면 그들의 진취성이 별안간 증발해버린다. 20세기 초까지 서유럽의 사민주의 세력들은 '노동자의 국제 연대'를 깃발로 내세웠다. 하지만 1차 세계대전이 터지자 그 깃발은 쓰레기통에 처박혔다. 자기들이 언제 세계 평화를 말했냐는 듯이, 저마다 부르주아 정당들과 합작하여 '침략전쟁의 길'로 일떠섰다. 요컨대 부르주아민주주의든, 사회민주주의든 현실에서 심각한 한계를 드러냈다는 말이다.

잠깐 슈미트(20세기 독일의 법학자)의 얘기를 듣자. 그는 자유주의와 민주주의를 예리하게 구분했다. 그는 히틀러의 독재정치가 반자유주의이기는 해도 반민주주의는 아니라고 봤다. 히틀러는 앞선 정부(바이마르 체제)가 해결하지 못한 수많은 실업자失業者 문제를 국가통제 경제로 단번에 개선해서 대중의 지지를 얻었다. 민주주의에 대한 슈미트의 개념이 엄밀한지는 따져봐야 하겠지만, 자유주의의 허점을 날카롭게 파헤친 점에서는 그의 말이 설득력이 있다.

자유주의 사상이 득세하는 세상이라서 사람들은 유럽의 사상가들이 대부분 이 사상을 상식으로 받아들인 줄 아는데 그렇지 않다. 사회주의자만 자유주의를 비판한 것이 아니다. 나치즘의 정치에 잠깐 기대를 걸었던 슈미트와 하이데거(20세기 독일의 실존철학자)도 '자유주의는 싸구려 사상'이라고 단죄했다.[26] 자유주의는 자본주의를 가장 먼저 개척한 영국과 미국이 본산本山이다. 그 생각인즉슨 "여럿이 토론해보면 뭔가 좋은 답이 나올 거야. 합의된 것을 진리라 생각하자"는 것이다. 우리는 잠정적이고 상대적인 진리만 알 수 있단다. 정치와 철학(진리 판단)이 깊이 연관돼 있다. 근대 과학의 진리도 암묵적으로 자유주의 진리관에 의거하고 있다. 누구 이론이 옳고 그른지, 똑 부러지게 판단할 수 없다는 것이다. 우주론 같이 어려운 분야, 다들 뜬구름 잡는 얘기에 머무는 분야에서는 그런 생각으로 쏠릴 만도 하다.

하지만 소크라테스와 플라톤은 (정치적) 자유주의 편에 서 있지 않다. 그 두 사람은 '진리'를 확실히 세우기 위해서 소피스트들의 상대주의와 싸웠다는 사실을 기억하기 바란다.[27] 옛 아테네에서는 두 사람이 확실히 권위를 누렸고 소피스트들의 생각이 빛을 잃었지만 요즘은 오히려 (현대판) 소피스트들, 곧 상대주의자들의 생각이 더 득세하고 있다. 왜 그럴까? 자유주의가 기본적으로 자본가들의 입맛에 맞는 생각

26. 두 사람이 파시즘에 '잠깐' 솔깃했던 것은 그들의 사상이 다소 허술함을 말해준다. 하지만 자유주의에 실망한 나머지 그런 쪽의 생각으로 치달았다는 것도 아울러 유념할 일이다.
27. 'Veritas Luxmea(진리는 나의 빛)'이란 격언, '진리가 너희를 자유케 하리라'는 성경 말씀을 새기자.

이기 때문이다. 하지만 그 사실만으로 다 설명되지는 않는다. 진리가 상대적인지 아니면 절대적인지, 의회제도가 훌륭한지, 아니면 더 나은 정치제도가 나올 수 있는지는 지금 이 시기에 무 자르듯이 잘라서 판가름할 수 없어서다.[28] 인류 역사를 더 새롭게 바꿔낼 수 있을 때에만 우리는 더 자세한 앎을 얻을 수 있다.

인류는 민주주의로 점점 나아갔다

대다수 사람들(곧 민중)은 평등한 민주주의 사회를 바란다. 몇몇 사람만 부와 특권을 누리고, 나머지는 푸대접과 가난에 쩔어 지내는 그런 세상이 살맛 나지 않기 때문이다. 지금 세상은 그렇다 해도 내일은 좀 나아질 것이라는 희망이 있어야 지금의 그늘진 삶을 가까스로 견딘다. 인류 사회는 좀 더 많은 사람들이 존중받는 곳으로 차츰 바뀌어 왔다는 점에서 '민주화의 역사'를 일구었다고 말할 수 있다. 하지만 그 흐름이 일관되게 꾸준히 이어져왔던 것은 아니다. 한동안 아무런 사회 변화 없이 멈춰 있기도 했고, 이따금 변화의 물결이 거세게 일어나 세상을 뒤집었다. 아무튼 인류 사회가 어느 쪽으로 바뀌어가야 하느냐는 면에서 '민주주의'로 가는 방향은 절대로 옳다. "몇몇 사람(또는 나)만 잘살면 그만이지, 왜 딴 놈들을 신경 써?" 하고 생각하지 않는 한, 말이다.

하지만 이 얘기와 눈앞의 어느 사회를 판단하는 얘기는 세심하게

28. 대의제도(의회)의 한계는 근래 들어 더 분명해졌다. 하지만 다른 대안이 현실에서 싹트지 않고서는 '대의제 비판'에 힘이 잘 실리지 못한다. "그럼 어쩌라고?" 하는 대꾸에 선뜻 응답해주기 어려워서다.

구분돼야 한다. 예컨대 플라톤은 아테네의 민주정치가 못마땅했다. 우리는 플라톤의 정치관(=철학자의 독재론)을 비판적인 눈길로 바라볼 필요가 있지만, 그렇다 해도 그가 아테네의 데모크라시를 미더워하지 못한 데에는 일리가 있다는 것을 부인해서도 안 된다.

아테네의 데모크라시가 노예와 여성들을 아예 배제(배척)하고 남성 시민들끼리만 어울린 제도로서 한계가 있다는 사실은 잘 알려져 있다. 그뿐 아니라 그리스의 딴 폴리스에서 이사해 온 외국인들도 참정권을 얻지 못했다. 슈미트는 민주주의의 본질이 민중(국민)의 동질성이고, 이질적인(따로 노는) 것들을 배제하는 데 있다고 봤다. 아테네의 선례가 21세기 초 유럽에서도 되풀이되고 있다. 알다시피 유럽이 경제공황과 실업난에 시달리게 되자 복지 예산을 놓고 민중과 정부 사이에 신경이 날카로워졌다. 그런데 민중이 정부에 대해서만 불만을 털어놓는 게 아니라 외국에서 건너온 이주 노동자들한테도 불만을 표시했다. 진보적인 정당(가령 프랑스 공산당)조차 한정된 복지 예산을 비-국민에게까지 나눠주는 것은 싫다고 말했다. 이 문제와 관련해서만큼은, 아이러니하게도 극단적인 자유주의자인 하이에크가 더 진취적이다.[29] 그는 복지를 늘리려면 외국인 노동자들을 배제해야 하고, 더 이민을 받아들이지 말아야 하기 때문에 복지 확대에 반대한다고 했다. 복지 반대라는 그의 결론은 수긍하기 어렵지만 그 근거(이민 제한은 바람직하지 않다)는 새겨들을 대목이다.[30] 민주주의가 '우리 민중끼리만

29. 하이에크는 모든 곳에서 민주주의의 냄새를 맡고 짖어대는 개이고, 슈미트는 자유주의의 냄새를 귀신처럼 알아채는 개다. 전자는 민주주의를 못 참고, 후자는 자유주의를 용납하지 못한다.
30. 복지 확대는 이런 딜레마(진퇴양난)를 안고 있다. 그러므로 그 타개책은 자본 체제를 달리 디자인(구상)하는 데서 찾아야 한다. 큰 그림을 새로 그리지 않고서 풀 수 있는 사회문제는 많지 않다.

잘 살자'는 쪽으로 치달을 경우, 진취성을 잃어버릴 수도 있다는 얘기다. 요즘 유럽 사회에 이민 노동자들을 쫓아내자는 인종주의적 극우 정당들이 목소리를 높여가고 있어서 민주주의의 앞날을 더 숙고하게 만든다.

민주주의는 저마다 자기 나라 안에서만 작동한다. 그런데 세계 자본주의 체제는 여러 민족들 사이에 불균등 발전을 강제한다. 한편으로는 이 나라에서 저 나라로 자본과 노동이 자유로이 옮겨 다니는 경제 통합을 이뤄냈다. 아프리카와 아시아에서 살 길을 찾지 못한 사람들이 유럽과 미국으로 건너갔다. 그러자 잘사는 나라의 민중들에게 자기 방어의 사회심리가 발동했다. "딴 데서 흘러든 사람들이 우리 일자리를 뺏어간다!"고 불만이 일어났다. 민주주의가 자기 방어의 논리로 둔갑해버렸다. 그러니까 세계경제가 나라들끼리 서로 돕는 호혜적互惠的인 관계로 바뀌지 않는 한, 각국의 민주주의가 진취적인 방향으로 나아가기 어렵다.

한 나라 안에서도 보자. 지배층은 "우리, 민주주의를 하고 있잖아?" 하고 애써 강변한다. 정말 그런가? 일찍이 루소가 영국의 의회를 비판하면서 한 말씀 했다. "민중은 선거하는 날만 유권자로서 주인 대접을 받는다. 그 다음 날부터는 다시 신민臣民으로 돌아간다." 현대 헌법이 국민투표제도니, 국회의원의 소환제도니 하는 몇 가지를 덧붙여서 대의제도의 한계를 쪼금 보완했다고는 하지만 그게 그렇게 생색낼 일은 못 된다. 교과서는 시민운동이 의회의 한계를 보강해줄 것이라고 설명하지만 그 시민운동이 대대적으로 벌어지지 않는 한, 의회와 정부 관료 체제를 제대로 견제할 수 없다. 몇몇이 떠드는 것만으로는 달걀로 바위를 깨는 데에 그친다.

현대의 의회민주주의가 애당초 한계를 갖고 있는 까닭은 사람이 먹고 살아가는 '경제' 문제와 관련해서 그것이 말 한마디도 뻥끗하지 않기 때문이다. 정부(국가)에 대해서만 말하지, 사회 자체가 어찌 돼야 하는지는 말하지 않는다. 우리는 선거날 투표소에 들어갈 때에는 '내가 이 나라의 주인(정치적 주체)의 한 사람이구나!' 하는 느낌을 담배 한 모금만큼 살짝 맛본다. 하지만 다음날 회사(공장)에 들어설 때 그렇게 주인의식을 느끼는 사람은 많지 않다. 삼성전자에 다니는 노동자가 그 회사를 자기(를 품어주는) 회사라고 느꼈다면 백혈병에 걸렸는데도 산재(산업재해) 신청조차 못하고 쉬쉬했을 리 없다. 그러다가 삼성전자 기흥 반도체공장에 다니던 노동자 황유미 씨가 급성 백혈병으로 죽었다. 2007년의 일이다. 그 뒤로 똑같은 처지의 피해자 가족들이 두려움을 떨치고 일어나 '산업재해, 인정해달라'며 무엄하게 삼성에 맞서(!) 싸움을 벌였다. 삼성전자의 노동자들이 이 사회의 주인인가?

2014년 말 대한항공 부사장 조현아가 기내 서비스를 문제 삼아 승무원과 사무장을 폭행하고 (비행기를 되돌려서) 사무장을 내리게 했다. 그는 노동자들 위에 황제처럼 군림했을 뿐만 아니라 비행기 승객들조차 짐짝으로 취급한 셈이다. 돈이 있으면 개도 멍사장이 된다. 그동안 자기들을 '대한여고생'이라고 스스로 멸시해왔다는 대한항공의 나이 먹은 여승무원들이 이 사회의 주인이랄 수 있는가? 그녀들이 4년에 한 번씩 대통령선거 투표소에 나갈 권리를 갖고 있다고 해서? 조현아의 '땅콩 회항' 사건을 맡은 1심 판사는 "직원을 노예처럼 부리지 않았더라면 이런 일이 일어날 리 없다"며 징역 1년을 선고했다(2015년 2월). 노예처럼 부림을 받은 사람이 한국에 대한항공 직원들뿐이었을까?

민주주의의 현주소를 살피려면 곳곳의 일터가 어떤지를 들여다봐야 한다. 우리는 시위대의 노랫소리가 들리는 길거리에서는 '민주주의가 살아 있다'는 느낌을 받다가도 공장 담벼락 안으로 들어서는 순간, 위아래 위계질서의 짓눌리는 공기를 들이마신다. 거기는 상급자(관리자)가 하급자(노동대중)를 지휘하고 관리 통제하는 곳이다. 시키는 대로 일하고 (임금을) 주는 대로 받는 곳이다. 공장과 회사 안에 민주주의가 자리 잡지 못하는 한, 우리는 빈껍데기 민주주의밖에 누리지 못한다. 1987년 민중항쟁의 열매로, 여러 일터에 노동조합이 들어섰고 그래서 품팔이꾼들이 멋대로 취급되지 않을 최소한의 자구(自救, 자기 구제) 장치가 마련되긴 했다. 하지만 그것만으로 일터의 민주화가 담보되지는 못한다.

여기서 20세기에 큰 발자국을 남기고 대부분 사그라든 사회주의 국가들에서의 민주주의 사상을 잠깐 짚어본다. 그것을 People's Democracy라 일컫는다. people를 우리말로 옮기면 무엇이 되는가? 사전에는 '사람들, 국민, 대중, 민중, 민족……'이라고 적혀 있다. 말의 앞뒤 맥락에 따라서는 '유권자, 신민臣民, 공민公民, 인민人民, 노동자, 노예……'로 옮길 수도 있다.[31] 북한이나 (20세기 중반) 동유럽의 이념을 인민민주주의라 일컫고, 1980~1990년대 한국의 사회운동이 부르짖은 낱말은 민중민주주의인데 인민이나 민중이나 국민이나 다 영어로는 people이다.[32] 이 낱말에 담긴 뜻은 간단하다. 재산과 권세를 누리는 일부 사람들을 위한 정치가 아니라 대다수 사람들을 섬기는 정치를 하겠다는 말이다. democracy라는 말에 이미 그런 뜻이 들어 있는데 굳이 관형어 people을 덧붙인 까닭은 부르주아(자유) 민주주의와 구분 짓기 위해서다.

31. 이 많은 낱말들을 외우려 든다면 지겨운 공부가 된다. '사람들'이라는 뜻을 맥락에 따라 바꿔 쓸 것.

32. 북한의 국명은 '조선민주주의인민공화국'이다. 남북의 대립 탓에 남한에선 '인민'이란 말이 자취를 감췄다. 언어가 정치에 얼마나 예민하게 반응하는지 말해주는 사례다.

현대 자본 체제에서 데모크라시에 담겨야 할 주된 내용은 '사적 소유권의 제한 문제'다. '얼마나 제한하자는 얘기냐'는 물음에 꼭 한 가지 정답이 있는 것은 아니다. 사람들이 얼마나 동의하느냐에 달린 문제라서다. 대다수가 수긍할 만한 선線은 무척 큰 은행이나 기업이 무너질 위험에 빠졌을 경우다. 도산(倒産, 무너짐)이 몰고 올 파장을 염려해서 국가가 거기에 막대한 구제금융을 제공하겠다면 그 뒤처리가 문제된다. 그 기업을 굴리는 돈의 대부분을 국가가 댔다면 그 기업을 국가의 것으로 돌려야 마땅하지 않은가? 국유화가 돼서 그 기업이 다시 활력을 얻은 뒤에도 '(그 기업을) 민간 자본가에게 다시 넘겨라!' 하는 요구가 나오기 마련이다. 그럴 때 정말 옳은 길을 찾아야 한다. "우리 사회에 더 이바지할 쪽은 사적私的 기업인가, 아니면 사회적(공적) 기업인가?" 하는 토론이 일어나야 한다. 은행의 경우는 산업의 젖줄이므로 그 공익성이 더 막중하다. 경제 규모가 얼마 안 되던 시절에는 개개인이 알아서 살림을 꾸리는 사적 기업이 발 빠르게 진취적인 사업을 벌일 수도 있었다. 하지만 사회가 달라졌다. 덩치가 무척 커다란 공룡 기업을 자본가 개인이 좌지우지하는 것은 (엄청난 권세를 누리는) 그 개인에게만 좋은 일이지, 사회 전체를 위해서는 무척 불합리하다.[33] 사회 전체를 좌지우지하는 거대 기업과 특히 돈줄을 움켜쥔 은행의 경우, 그 기업과 은행을 공익公益에 합당하게 운영하려면 어찌해야 하는지, 문제를 뿌리째 살펴야 한다.

앞서, 자유라는 관념의 밑바닥을 캐면 사적 소유권 문제와 맞닥뜨린다고 했다. 데모크라시의 과제도 바닥을 캐고 들어가면 '소유권 ownership'의 문제와 만난다. 긴 얘기는 하기 어렵고, 개개인이 '내 것'

33. 한국 재벌들은 제 몫(지분)이 얼마 안 되는데도 거대한 경영권을 누려서 두고두고 비판을 받았다.

만 챙기는 사회로부터 차츰 탈피하자는 것이 진정성 있는 데모크라시의 방향이다. 고교 교과서는 스페인의 몬드라곤 공동체(1950년대에 창설된 협동조합)를 소개한다. 사람들은 돈벌이만 좇는 사적 기업이 아니라 사람을 주체로 세우는 협동조합을 지금의 경제체제를 극복할 대안으로 오래전부터 생각해왔다. 협동조합의 주인은 어느 한 개인이 아니다. 조합원들에게 그것은 자기만의 것(곧 사적인 것)이 아니면서도 자기의 것(곧 개인적인 것)이다. 그에게 일하는 보람과 소속감(정체성)을 부여해주는 것이다! 그러면서 사회(=협동조합 전체 성원들)의 것이다. 주체적인 개인들이 모여서 사회를 꾸리지 않는가. 소유 개념으로 치자면 사회적 소유이자 개인적 소유다. 국가권력을 쥐고서 단번에 경제체제를 바꾸는 실험(20세기 사회주의 국가들의 추진 방향)이 대부분 실패로 돌아간 탓에 자본 체제 아닌 대안 사회를 세우는 설계도를 그리기가 무척 어려워졌다. 그 경로가 어찌 될지는 간단히 내다볼 수 없지만 그래도 그 방향이 어느 쪽인지는 분별하기 어렵지 않다. 몬드라곤 같은 곳이 더 늘어나는 방향이다.

민주주의의 미래를 놓고 토론을 벌일 때는 쟁점을 잘 잡아야 한다.[34] 옛 아테네 같은 직접민주주의냐, 아니면 대의 민주주의냐를 따져 묻는 것은 한가로운 토론거리다. 설령 직접민주주의로 완전히 돌아갈 수 있다 해도 그것만으로 '민주화'가 보장되지는 않기 때문이다. 자유(부르주아) 민주주의냐, 아니면 사회민주주의냐 하는 토론거리도 몇십 년 전에는 다소 할 얘기들이 있었겠지만 지금 와서는 빛이 바랬다. 사민주의 운동은 1차 세계대전(1914~1918)이 터진 뒤로 이념적 진취성을 잃어버렸을뿐더러 20세기 후반에 들어서는 자본 축적의 위기를 맞

34. 핵심을 찔러 질문하는 사람은 이미 그 답의 절반을 알고 있다. 학자들도 문제만 잘 찾아낼 뿐이다.

은 자본가들의 공세로 말미암아 정치지형 속에서도 후퇴를 거듭했기 때문이다.

고민해야 할 문제는 정치의 방향이 아니라 경제의 방향이다. 여태껏 모든 정치적 위기(=의회에 대한 불신 등등)의 밑바탕에는 자본 체제의 축적(=이윤 실현)의 위기가 놓여 있기 때문이다. 그에 대한 답이 있어야 '바람직한 민주주의의 상像'도 더 자세히 그려낼 수 있다. 그러므로 그 답이 나오기까지 민주주의를 둘러싼 토론은 여기서 멈출 수밖에 없다.

지금 인류 사회는 민주주의의 위기가 무척 깊다.[35] 자본가들은 민주주의와 이혼하고 어떻게든 자기들의 활로를 찾고 싶어 한다.[36] 그것이 좀 색다른 형태의 파시즘으로 나타날지, 아니면 벌거벗은 국가 폭력으로 나타날지는 미리 예견하기 어렵다. 나라와 나라 사이에서는 분쟁(전쟁 위험)도 높아갈 것이다. 딴 나라와의 전쟁을 통해 자본에게 돈벌이 기회도 베풀고 민중의 불만도 잠재우려는 것이 예부터 자본 체제 지배세력의 단골 수법이었으니 말이다. 우리가 당장 할 일은 여태껏 얻어낸 민주주의의 열매를 다시 빼앗기는 일만이라도 막아내는 일이다. 그러면서 틈틈이 인류 사회의 앞날을 새롭게 그려야 한다. 여러분은 줏대를 갖고 미래 사회를 개척할 사람들로 커가야 한다.

내 얘기가 어둡게 들리는가? 씩씩하게 생각하고 역동적으로 세상에

35. 김대중의 집권 뒤로 '산업화 세력(지배세력 주류)과 민주화 세력(비주류)이 함께 가자'는 타협이 있었다. 하지만 요즘 일베 누리꾼들은 '산업화는 좋은 것, 민주화는 나쁜 것'이라고 말한다. 그들이 민주적 가치를 몽땅 부정하지는 않지만 아무튼 그들은 지배세력의 속내를 읽어낼 풍향계다. 그동안에도 '민주'를 위협하는 온갖 법안(가령 테러 진압법)이 고개를 디밀다가 수그러들곤 했다.

36. 2014년 말 헌법재판소가 통합진보당의 해산을 결정했다. 그 당의 '숨은 목적'을 추정할 때 민주질서에 해악을 끼칠 위험이 있다고 했다. 한겨레신문은 그 결정이 법의 칼을 빌린 정치 탄압이라고 비판했다.

맞서자. 밤이 칠흑처럼 캄캄할수록 별이 더 또렷이 빛난다. 그 별을 우러르는 사람의 영혼도 더 깊어진다. 우리는 딴 사람들 덕분에 살아왔다. 저 혼자서는 단 1초도 살아내지 못한다. 우리는 농사꾼이 보내준 쌀과 노동자가 만들어서 보내준 옷가지 덕에 목숨을 잇고 사람 구실을 하는 것 아닌가. 그것뿐이 아니다. 불의不義에 무릎 꿇지 않고 맞서는 용기 있는 사람들이 지금도 세계 곳곳에 있음을 알기 때문에 우리는 자유로울 수 있다.[37]

"인류는 슬기로워서 자유평등의 세상으로 나아갈 수 있어!"

그들 덕분에 우리가 미래를 그려볼 수 있다는 사실을 잊지 말자. 우리도 딴 사람들에게 소중한 존재로 다가가야 하지 않을까?

37. 나치 수용소에는 씩씩한 사람의 전설이 꼭 하나씩 있었다. 그 덕분에 갇힌 사람들이 희망을 품었다.

2 사회계약론과 국가

히틀러는 대중의 지지를 바탕으로 의회를 없애버렸다.
국민주권에서 국가주권으로!
대공황으로 자본이 위기에 빠지자
국가가 민낯을 드러냈다.

근대 국가가 어떻게 형성됐는지, 그 원리를 말해주는 것이 사회계약론이다. 개인들이 자연법에 근거해서 자기 권리를 더 잘 보호하려고 서로 '계약'을 맺어서 하나의 국가를 이뤄냈다는 것이다. 영국의 토머스 홉스는 사람들의 자연 상태는 전쟁 상태라서 다들 자신의 안전을 보장하려고 한 명의 주권자(리바이어던 곧 국가)에게 자연권을 넘겼다고 말한다. 영국의 존 로크는 노동을 하여 자기 재산을 보유하는 개인들이 최소한의 안전 보장을 위해 야경(夜警, 곧 치안) 국가를 세우기로 사회계약을 맺었다고 했다.[38] 프랑스의 장 자크 루소는 국가가 민중의 일반의지volonté générale에 의해 성립한다고 설명한다. 민중주권은 절대적인 것이다. 그는 직접민주주의 국가를 바람직하다고 여겼다.

얼핏 들으면 다 좋은 얘기 같다. 학자들마다 그리는 상像은 조금씩 다르지만 아무튼 평등한 개개인들이 서로 자유로이 계약을 맺어서 근대 사회를 만들었다는 것! 그런데 이런 간단한 앎은 학교 시험성적 올리는 데 말고는 더 쓸 데가 없다.

38. 밤에 나무토막 두 짝을 딱딱 마주 치면서 동네 순찰을 도는 사람을 옛날에 '야경꾼'이라 불렀다.

우선 이것이 역사적인 사실인지, 묻자. 조선의 수많은 사람들이 광화문 앞에 모여 만민공동회(1897~1899)를 열었던 것처럼 다들 모여들어 토론한 뒤 사회계약서라는 것에 인감도장을 찍는 일이 현실에서 있었던가? 그런 일, 없었다. 누구 말이든 액면(지폐에 적혀 있는 값) 그대로 믿어서는 안 된다. 도시국가에서 제국으로 넘어올 때, 힘센 나라가 그냥 집어삼켰다. 프랑스혁명 이후 1791년에 탄생한 공화국 헌법에 프랑스인 모두가 날인 서명한 것도 아니다. 사회계약론은 근대 사회가 어떤 원리에 의거해서 만들어졌는지, 그 논리(이치)를 밝힌 것이고, '계약'이라는 용어는 나중에 그럴싸하게 비유해서 덧붙인 말에 불과하다.

사회 지배층은 보통 때에는 밑바닥 민중과 무슨 계약은커녕 아무 의견도 묻지 않고, 여태껏의 지배질서를 그대로 내리누른다. 민중이 지배 체제에 맞선 탓에 지배층이 위협을 받을 때라야 무엇을 양보하면서 '타협하자'고 나온다. 계약이라는 비유적 표현은 그럴 때에나 쓸 수 있겠다(왕과 민중 간의 계약이라는 식). 그런데 실제의 사회계약론은 (의회제도가 생겨나서) 부르주아들의 발언권이 크게 높아진 경우(홉스)나 아예 왕을 뒷전으로 물러나게 한 경우(루소), 사람들이 새 나라에 대해 품은, 합의된 생각을 마치 그들이 계약을 맺은 것처럼 그럴싸하게 꾸며서 나타낸 이야기다. 누가 합의를 했나? 부르주아들끼리! 민중은 거기 들러리를 섰다.

먼저 존 로크1632~1704를 보자. 그는 왕당파에 맞서 의회파가 승리한 청교도혁명(1640년)과 의회가 다시 왕권을 억누른 명예혁명(1688년)이 옳다고 앞장서서 부르짖었다. 그의 입헌 군주제 주장은 미국 독립선언서를 기초起草한 토머스 제퍼슨1743~1826에게, 프랑스 계몽운동가 루소에게 큰 영향을 끼쳤다. 그가 국가를 주권자인 시민들이 사회계약을 맺은 결과로 설명하고, 국가의 권한을 제한하자고 말한 탓에 후세 사람들은 사회계약론을 무척 진보적인 것으로 받아들였다. 얼마쯤 그렇기는 해도, 그의 사상이 제한된 진리만을 담고 있다는 사실을 헤아리는 것이 중요하다. 왜 그러한가?

그의 생각대로 만들어진 국가는 크롬웰의 공화국(1653~1658)과 명예혁명 이후의 입헌 군주국이지, 그 이전에 생겨났던 숱한 국가들이 아니다. 또, 그는 의회=정부가 국가이지, 그것 위에 국가가 달리 있어서는 안 된다고 생각했다. 일반 시민들을 억누르는 지배기구가 따로 있어서는 안 된다고 희망한 것은 갸륵한 일이지만, 국가가 어떤 것인지를 그 사회 내부의 사회관계로만 좁게 바라봤다. 존 로크 시절의 영국은 외적外敵에 시달릴 일이 없었던 덕분이지만, 아무튼 그의 이론은 '국가의 모든 것'을 다 말해주지 못한다.

루소1712~1778는 민중을 끔찍이 섬기는 사람이었다. 그는 "사람은 자유롭게 태어났지만 세상 곳곳에서 쇠사슬에 묶여 있다"고 사회적 억압과 불평등을 비판하여 사람들에게 시민혁명에 나설 사명감을 일깨워줬다. 그때 사람들은 루소의 말을 듣고서 '인간의 권리'가 얼마나 소중한지를 새삼 깨달았다. 그는 '왕이 곧 국가'라는 서슬 퍼런 지배 관념을 거부하고 민중의 일반의지 곧 '국민의 뜻'이야말로 주권의 기초이며, 법과 정부가 여기서 나온다고 했다. 현대의 국가들은 대부분 이 생각을 받아들여 헌법의 맨 첫 머리에 써넣는다. 이를 국민(또는 민중) 주권론, 달리 말해 주권재민론主權在民論이라 일컫는다.

그런데 '일반의지'가 누구의 생각인지, 곰곰이 생각해보면 아리송하다. 사람들은 저마다 사회적 처지와 경제적 이해관계가 다르고 세상을 바라보는 생각도 뿔뿔이 다르다. 모두 한자리에 불러 모으면 배boat가 산으로 간다. 극단적인 경우, 그 나라가 나아갈 길을 어느 탁월한 지도자가 가장 잘 헤아린다면 그가 일반의지를 대변하는 셈이고, 국민주권의 이름으로 전제 정치를 벌일 길이 열린다. 그래서 자유주의자들은 '일반의지'라는 개념을 그리 달가워하지 않는다.

주권자가 왜 필요한가

이 두 사람은 그들보다 조금 앞서 살았던 토머스 홉스1588~1679의 사회계약론 관념을 받아들이는 데서 출발했다. 그런데 국가의 본질, 곧 주권을 더 날카롭게 꿰뚫어 본 학자는 오히려 홉스다. 두 후배는 '주권이 누구에게 있어야 하느냐' 하는 문제에 몰두한 반면, 홉스는 '주권'이 왜 있어야 하는지, '주권 자체'가 뭔지를 숙고했기 때문이다.

서로 끊임없이 전쟁을 벌이는 데서는 사람들이 자기 목숨의 안전을 꾀하는 것이 으뜸 고민거리다. 그런데 힘센 나라가 들어선다면 외적의 침략이나 내부의 반란이 쉽게 일어나지 못할 터이니 전란戰亂에 휘말려 목숨을 잃을 걱정도 줄어든다. 밑바닥 민중이 두 발을 뻗고 잘 수 있는 것이다. 고대 중국의 진秦나라 진시황이 동아시아 대륙을 통일할 수 있었던 비결도 그의 막강한 군사력 덕분만이 아니었다. 동아시아 민중이 춘추전국시대 수백 년을 전란에 시달린 탓에 '누구라도 큰 나라를 세워주었으면…….' 하고 다들 소망했던 사정이 그 통일을 거들었다. 조선시대에도 그랬다. 조선 민중은 국가가 뜯어가는 조세가 너무 가혹하다고 원망하다가도 왜구가 나타나 노략질을 일삼을 때는 관군이 와주기를 바랐다. 관군이 활약을 보인다면 '그래도 국가가 우리를 보호해줬다'고 국가에 대한 불만을 가라앉힐 것이다.

사실 "니들의 목숨을 보전하고 싶다면 왕에게 충성하라!"고 요구하는 것은 '공포로 강요된 계약'이다. 요즘 같으면 그런 계약은 무효라고 대들 수도 있겠지만, 아무튼 국가는 대부분 그렇게 해서 생겨났다.[39] 인구가 얼마 안 되고 힘센 지배계급이 똬리를 틀지 않은 그리스의 도시국가 같은 경우는 한동안 '힘센 왕이 있어야 할 필요'를 느끼지 않을 수 있다. 하지만 근처의 힘센 국가가 다가와서 그 나라를 집어삼키려 할 경우, 그 도시국가도 외적과 맞설 필요가 '힘센 왕'을 불러낸다. 세계가 전쟁 상태에 있다면 힘센 왕의 신민(臣民, 복종하는 백성)으로 엎드리기를 바라게 된다. 존 로크는 국민 개개인을 주체subject로 섬기자고 부르짖었지만, 홉스는 국민들을 국가(곧 주권자)의 신민subject으로 생각했다.

이렇게 말하면 '홉스는 왕당파구나!' 싶겠다. 그는 현실주의자라서 청교도혁명을 지지하지는 않았다. 하지만 그가 쓴 책 『리바이어던』(=국가론)도 그 무렵에 금서禁書였다. 홉스가 '왕이 있어야 할 이유'를 말하기는 했지만, 당시의 영국 왕은 그 논거가 마음에 들지 않았다. "왕권신수설(='왕의 권한은 신이 줬다'는 말)이면 됐지, 왜 아랫것들한테 내가 굽신거려야 한다는 말이냐!" 그런데 홉스가 보기에 절대왕정이라고 해도 귀족이나 교회의 사제司祭들이 얼마쯤 왕을 견제했다. 진짜 주권자는 시민(부르주아) 혁명이 탄생시킨 공화국에 와서 들어섰다는 것이다. 어찌 됐든 그의 관심은 '왕정이냐, 공화정이냐'가 아니라 '(누가 됐든) 주권자가 자리 잡느냐, 아니냐'였다. 누구든 '주권자(리바이어던 곧 국가)'가 있어야 사회 내부에 내란(전쟁) 상태가 사라진다고 봤던 것이다. 홉스의 사회계약은 '국가 자체'를 세우는 것이고, '더 나은 국가'의 수립을 바라는 존 로크의 정치적 관심은 그 다음에 고민할 문

39. 국가 살림이 약탈과 재분배로 굴러간다는 그 경영원리를 일찍이 '노자'가 파헤쳤다. 가리타니 고진은 이를 교환양식 B라고 이름 붙였다. 예부터 덜 뺏고 더 베푸는 군주를 이상적인 군주로 여겼다.

제였다.

국가의 본질, 곧 핵심 구성 요소가 '주권sovereignty'이라는 사실은 국가 안에서 벌어지는 일들만 쳐다봐서는 잘 보이지 않는다. 한 가지 예시例示. 1917년 사회주의 혁명을 이뤄낸 러시아의 사회주의자들은 '국가는 부르주아들의 계급지배 도구'라 봤고, 부르주아 계급만 없애면 더 이상 국가가 있어야 할 필요가 없다고 여겼다. 소련 사회주의 국가는 계급관계를 해소할 동안만 필요하고 그 다음에 차츰 소멸해갈 거라고 내다봤다. 그런데 서방(유럽) 제국주의 국가들이 대뜸 달려들어 소련의 사회주의를 무너뜨리려고 열을 올렸다. 소련의 지도층은 외적에 맞서려고 부랴부랴 국가(관료와 군대)를 더 키웠고 그래서 침략은 겨우 막아냈지만 국가 관료들이 득세하는 바람에 사회주의 건설의 길에서 빗나가게 됐다.[40] 국가끼리 다툼이 벌어지는 한, 그 국가가 사라질 수 없음을 보여주는 좋은 사례다. 국가는 우선 그 국가 바깥의 세력들과 맞서는 존재로서 탄생한다.

국가 내에서 주권이 누구에게 있느냐를 캐물을 드문 경우는 그 국가가 예외 상태에 놓여 있을 때다.[41] 가령 내란이 벌어지거나 핵심 국가기구끼리 서로 정면충돌해서 무정부 상태에 빠질 경우, '누가 국가를 대표하느냐', '누가 헌법을 만드느냐' 하는 막중한 문제가 현실에 떠오른다.

국가는 무엇이 있어야 국가 대접을 받는가? UN에 가보면 인구도 몇 안 되고, 영토도 아주 좁은 꼬마 국가들이 여럿 있다.[42] 그 꼬마들이

40. 군대가 문을 닫고, 국가 관료(=지배자)들의 권세가 차츰 가라앉는 것이 '국가의 소멸'이다.
41. 슈미트가 '예외 상태'에 주목했다. 그는 가톨릭을 기반으로 나치즘에 한때 가까워졌다. '주권론'에 통찰을 던졌고 자유주의에 대한 비판이 날카롭다.
42. 예컨대 남프랑스 안에 들어 있는 모나코공국은 인구가 4만도 안 된다. 군대도 없다.

UN에서야 마이크를 잡을 기회도 얻지만 평소에 딴 나라들로부터 국가 대접을 받지는 못한다. 무엇이 있어야 하나? 관료 집단과 상비군常備軍이 대규모로 있어야 딴 나라들로부터 대접을 받는다! 막스 베버는 폭력을 독점한 것이 국가의 본질이라고 했다. 홉스의 희망대로 내란(무정부 상태)을 가라앉히려면 누구라도 반란을 일으키는 자를 무릎 꿇릴 군사력(곧 폭력)을 국가가 키워야 한다.

그럼 질문해보자. 영국은 17세기에 청교도혁명과 명예혁명을 이뤄낸 덕분에 존 로크의 희망대로 (딱딱이꾼만 나다니는) 야경국가로 나아갔는가? 최소한의 치안治安 경찰만 있는 국가라면 국민들에게 무슨 억압을 행사하기 어렵다.[43] 그래야 좋은 세상이라는 소리를 듣는다. 그런데 (시민혁명 뒤에도) 영국의 관료 집단과 군대가 갈수록 몸집을 불렸다. 이는 국내의 치안 때문이라기보다 식민지 경영에 필요해서였다. 아무튼 존 로크와 애덤 스미스가 자유주의를 말했어도(스미스는 식민지 경영을 반대했다), 실제 현실은 많이 달랐다는 것을 유념하자. 이론(또는 희망)과 현실이 어긋나는 대목을 놓쳐서는 안 된다.

'국가가 무엇인지'는 영국의 경우, 왕이 뒷전으로 얼마쯤 물러난 시민혁명 이후가 아니라, 왕이 권세가 높았던 절대 왕정 시대를 들여다봐야 잘 보인다. 어떤 국가든 그 내부에서 힘센 사람이 권세를 움켜쥐는 과정을 밟아서 세워지지만, 원래는 바깥 나라들에 맞서서 굴러간다. 영국의 절대 왕정은 중상주의의 방침에 따라 상업자본을 힘껏 키웠다. 스페인의 기세를 꺾어 딴 대륙과의 무역을 독점하려고 해군을 키웠다. 영국 정부는 노략질을 일삼는 해적도 '우리 편'이라고 감싸고

43. 16세기에 조선왕조는 관군이 나약해서 사람 수도 많지 않은 임꺽정의 반란을 변변히 다스리지 못했다. 조선왕국은 억압적인 국가가 못 되고, 유교의 예禮 사상으로 민중을 달래가며 통치했더랬다.

돌았다. 두 나라 사이에는 힘센 놈이 이기는 정글의 법칙이 있었지 무슨 국제법이 통하지 않았다. 영국 나라가 커온 과정을 보면 국가는 태어날 때부터 자본과 쌍둥이였다는 사실이 선명하게 보인다.

국가가 자본을 어떻게 키웠는가? 군대가 직접 나섰다. 16세기 말 영국 해군이 스페인 해군을 꺾은 뒤로 영국이 딴 대륙과의 무역을 독점했다. 인도에 두었던 동인도회사가 대표적이다. 19세기 들어 (군대를 보내) 식민지를 건설한 뒤로 유럽 자본이 식민지에서 떼돈을 벌기 시작했다. 무역에서 보호주의 정책도 폈다. 19세기 말 독일 자본가들은 국가가 열심히 돌봐준 덕분에 영국을 따라잡을 수 있었다. 자본가들에게 밑천을 대주려고 국가가 국채(국가 채권, national bonds)도 찍어냈다. 이것은 국가가 제 맘대로 돈을 만들어내는 제도라서 '마법의 지팡이'라 불렸다. "돈 나와라, 뚝딱!" 은행과 신용제도는 이것 덕분에 생겨났다.

시민혁명 이후는 이 벌거벗은 사실이 세상에서 은폐되기 시작한다. 경제는 자본가들이 알아서 따로 굴리고, 곁가지 일(치안 따위)만 의회에서 처리를 했으니 경제(자본 체제)와 정치(국가)가 어떻게 깊은 관련을 맺는지, 공장 담벼락 안을 들여다보지 못하는 관찰자(학자)의 눈에는 자세하게 보이지 않았다. 그러니까 민주주의를 바라는 사람들이 왕을 뒷전으로 물리고 국가 기구의 권한이 한데 몰리지 않도록 막는 데(삼권분립)에만 신경 썼지 자본을 통제(규제)해야 국가도 통제된다는 데 주목하지 않았다.

주권主權으로서 국가의 본질은 전쟁 때 드러난다. 국가가 늘 전쟁 상태에 있고 전쟁을 준비한다는 사실을 보통 때에 일반 국민들은 잘 깨닫지 못한다. 신문의 정치면을 샅샅이 또 꾸준히 훑어보지 않기 때문이다. 그러다가 언젠가 전쟁이 터지면 갑작스러운 재난이 닥친 것처럼 두렵게 느낀다. 가령 1914년 7월 말 제1차 세계대전이 터졌을 때 대다수 유럽인은 그 전쟁이 한 달 전, 유고슬라비아의 이름 모를 민족주의자가 오스트리아의 황태자를 암살한 사건이 빌미(계기)가 되었다는 사실을 깜깜히 몰랐다. 정치에 밝은 사람만 낌새를 알아챘을 것이다.

21세기에 패권국가 미국은 어떤 전략을 세우고 있는가? 1990년 사회주의 소련이 무너진 뒤로, 미국의 으뜸가는 가상假想 적국은 중국으로 바뀌었다.[44] 물론 그동안 양국이 전쟁을 벌인 적도 없고, 앞으로도 가까운 시일 안에 벌어질 개연성은 낮지만 그런 전략 밑에서 정치 군사적 준비를 해나가고 있다. 영토(군사) 문제나 중국 내 소수민족(가령 위구르족과 티베트족) 문제를 둘러싸고 양국 지배층이 이따금 가시 돋친 입씨름을 벌여온 것을 들여다보면 두 나라가 어떻게 물밑으로 대결을 벌여왔는지 알 수 있다.[45]

홉스가 '국가가 필요하다'는 결론을 끌어낸 논리는 마르크스1818~1883가 '화폐가 필요하다'는 결론을 끌어낸 논리와 무척 닮아 있다. 홉스는 자연권을 갖고 있는 개개인들이 어떤 힘센 한 개인(곧 왕)에게 국가의 주권을 다 넘겨주고 생명의 안전을 보장 받는 계약을 맺었다고 봤다. 마르크스는 수많은 상품들이 금gold에게 일반적 등가물(=같은 값의 물건)의 구실을 맡기기로 만장일치의 합의를 봤다고 했다. 말하자면 금金을 '상품세계의 왕'으로 모시겠다는 계약이다. 왜 그랬을까? 상

44. 20세기 후반 중국은 '도광양회(재능을 숨기고 참고 기다린다)'의 외교 전략을 썼다. 미국 눈치를 살피며 속으로 힘을 기르겠다는 것. 21세기 들어와 '화평굴기(웃는 낯으로 일어선다)'로 바뀌었다.

45. 요즘 중국은 미국이 남한에 사드(THAAD, 고고도미사일방어체계)를 들여올까 봐 두려움을 감추지 못하고 있다. 남한 고위 관리를 만날 때마다 대놓고 경고 발언을 날렸다. 러시아도 신경이 예민해졌고, 반미 감정이 높아가고 있다. 미국은 남한 내의 사드 배치를 당연한 것으로 밀어붙였다. 반면 남한 정부는 '전략적 모호성'을 유지해서 불편한 처지를 벗어나려 하지만 실제로는 미국에 끌려가고 있다.

품교환이 너무 까다롭고 어려워서다. 상품 모두를 순조롭게 교환시키려면 그것을 지휘할 주권자가 필요하다! 마찬가지로 한 사회 안에서 다툼질을 없애고 내란을 막으려면 모든 구성원의 안전을 돌봐줄 어떤 주권자主權者가 필요하다. 왕정이 됐든, 공화정이 됐든 말이다. 왕정일 때는 밥을 먹고 똥을 누는 어떤 자연인이 (그가 능력이 있건 없건) 주권자 노릇을 떠맡는다. 지금도 동남아시아의 태국은 왕이 실제 권력은 별로 없지만 (형식적으로나마) 주권자의 자리에 앉아 있다. 공화정일 때에는 주권자의 자리가 기본적으로 비어 있다. 선거로 뽑히는 사람이 잠깐씩 국가를 대표하여 (교대로) 그 자리에 앉는다. 평소에는 그의 권한이 그렇게 크지 않지만 국가가 비상사태(예외 사태, 가령 내란이나 전쟁)에 놓일 경우는 대단히 막강해진다.

홉스도 상품교환처럼 국가의 성립을 권리와 의무의 '교환'으로 봤다.[46] 다 같이 평화를 이뤄내기가 어려운 일이라서 '주권을 떠맡는 자리'가 필요하다는 것이다. 그런데 그는 주권의 필요성을 나라 안의 사회관계로서만 살폈다. 하지만 더 막중한 필요성은 딴 나라들과 맞서야 하는 데서 나온다.

사회계약에 앞서 노동계약이 있었다

사회계약론에는 근본적인 함정(맹점)이 있다. 개개인들이 의견을 나눠서 국가를 세우기로 계약을 맺는다는 말은 근대 사회의 원리를 옛날 사회에다가 고스란히 덧씌우고 투사投射하는 얘기다. "지금의 우리

46. 스피노자는 개개인이 고유한 자연권까지 국가에 넘긴(양도한) 것은 아니라며, 홉스를 비판했다.

가 그러듯이 옛날의 너희도 그랬단다." 그럴 리가! 옛날에는 '개인個人'이 없었다. 옛날의 역사를 잘 아는 사람들에게는 얼토당토않은 얘기로 들린다. "아니, 고귀한 핏줄의 높으신 분들께서 저희끼리 알아서 왕으로 나섰지 무슨 우리가 계약을 맺고 추대했다는 말이냐! 말 같지 않은 소리!" 경제문제도 마찬가지다. 고대 씨족사회에서 개인과 개인이 서로 상품을 주고받는 일 따위는 없었다. 딴 공동체(마을)에서 찾아온 사람이 이곳의 공동체와 교역할 뿐이다. 그리스의 스파르타에 시장市場 따위는 없었다. 요즘은 돈을 빌려주고 이자利子 받는 것을 당연하게 여기지만 옛날에는 '사회 파괴범'으로 비난받았다.

그런데 사회계약론은 사실 '노동 계약'의 토대 위에서 성립한다. 사장님이 말씀하신다. "내가 시키는 대로 일하면 월급月給 또는 연봉年俸 얼마를 주겠소!"[47] 근대 사회가 어떤 곳인지를 설명하려면 자본과 노동 사이의 계약을 먼저 말하고, 국가 형성에 대한 사회계약을 거기 덧보태야 한다. 계약론 사상가들은 '자본과 노동의 계약'이라는 훨씬 근본적인 현실에 대해서는 들여다보지 않고 단지 '새로운 국가의 형성'만 말했다. 현실의 한 면만 따로 주목한 것이라서 '추상적인abstract 이야기'에 머물렀다.

'계약'이라는 관념에 들어 있는 허구성을 놓치지 말자. 이 관념은 두 사람(쪽)이 서로 동등하다는 것을 전제로 한다. 그래서 한쪽이 다른 쪽을 힘으로 눌러서 계약서에 도장을 찍는 경우, 그 계약은 '무효'라고 법원이 판단한다. 신분제도가 사라진 근대 사회의 시민들이 겉으로 동등한 것은 사실이고, 누구나 자기 신분과 처지에 상관없이 무슨 계약을 제 뜻에 따라 맺을 수 있다는 사실이 근대 사회가 이뤄낸 얼

47. 옛날 유럽은 주급週給을 받았다. 요즘 알바생은 몇 시간 일했느냐 따져서 시급時給을 받는다.

마쯤의 진보인 것도 분명하다.

하지만 자본과 노동의 관계에서 대부분의 경우, 두 쪽의 사회적 처지는 동등하지 않다. 노동자 갑돌이가 A회사에 면접시험을 볼 때는 큰소리 칠 수도 있다. "뭐 이렇게 사람을 함부로 부려먹는 회사가 다 있냐? 내가 이 회사 말고 어디 갈 데가 없냐?" 그래서 A회사보다 부하직원을 좀 더 존중해주거나 월급을 좀 더 얹어주는 B회사나 C회사를 선택할 수는 있다. 여기서 개별과 전체를 구분하자. 갑돌이가 A회사에 대해서는 큰소리칠 수 있어도 자본가 전체에 대해 큰소리치기는 어렵다. 저 혼자 구멍가게 낼 밑천이 없는 청년은 ABC 어디든 들어가서 고용살이(품팔이)를 해야 겨우 입에 풀칠을 하기 때문이다. 더군다나 이태백(20대 태반이 백수)과 사오정(40대, 50대에 정년퇴직한 사람)이 우글대는 시대에는 A회사에 대해서도 큰소리를 치기 어렵다. 비정규직 노동자가 회사에서 고생을 겪는 이야기를 담은 드라마 「미생未生」(2014년 방영)이 폭발적인 인기를 누렸던 까닭도 대다수 사람들이 이렇게 서러운 노동자로 살아가고 있기 때문이다.[48]

역사적으로도 살펴보자. 노동자들이 자발적으로 자본주의 체제(곧 노동계약을 맺는 사회)를 만들었는가? 자기 취향에 따라 저마다 자본가와 노동자의 자리를 선택했을까? 대다수 나라가 농촌에서 토지를 잃고 맨주먹만 남은 사람들이 입에 풀칠하려고 어쩔 수 없이 품팔이꾼(임금노동자)이 됐다. 고용살이가 싫어서 거리를 떠도는 사람을 국가가 붙들어다가 강제로 공장에 집어넣었다. 계약론은 이와 같이 어두운 역사를 지워버리고 대다수 인류가 자발적으로 자본 체제에 동참한 것으로 얼버무리거나 덮어 가리는 지배 이데올로기로 쏠쏠하게 구실한다.

48. 한국의 노동자 인구는 이천만 명이 조금 넘고, 가족까지 합치면 사천만 명이 노동자 신세다.

국민주권이 국가주권으로

루소는 민중(국민)이 주인 되는 나라, 곧 공화국을 열망했다. 그런데 공화국의 대통령으로 뽑힌 사람이 제 맘대로 공화국(국민주권)을 왕국(국가주권)으로 바꿔버리는 일이 프랑스에서 벌어졌다. 나폴레옹 1세의 조카인 나폴레옹 3세 이야기인데, 국가의 위기가 불러낸 결과다.

(1830년 7월 혁명으로 등극한) 루이 필립의 입헌 왕정이 1848년 2월 혁명으로 무너지고 공화국이 들어섰다. 대통령으로 뽑힌 나폴레옹 3세는 자신의 고귀한 혈통(?)을 내세울 기회만 엿보던, 기괴하고 평범한 속물snob이었다. 그는 아무도 정치적으로 대변해주지 않는 룸펜프롤레타리아(빈민)와 분할지 농민(곧 가난뱅이 농사꾼)들을 자기가 보호해주겠노라고 선동 정치를 벌여서 대통령 자리를 꿰찼다. 나폴레옹 3세는 1852년 말 쿠데타를 일으켜서 황제의 자리에 올랐다. 그는 1870년 프랑스-프로이센 전쟁에서 패배한 뒤에 쫓겨났다.

마르크스는 그의 빼어난 정치평론서 『루이 보나파르트의 브뤼메르 18일(=쿠데타를 벌인 날)』에서 '역사의 반복'이라는 주제를 꺼냈다. 고대 로마 공화정을 흉내 내서 프랑스대혁명(1789년)이 일어난 것, 로마 공화국이 제국으로 바뀌었듯이 프랑스 제1공화국이 나폴레옹의 제정帝政으로 바뀐 것, 삼촌을 흉내 내서 나폴레옹 3세가 황제의 자리에 오른 것이 그것이다. 삼촌의 정치가 비극(적인 몰락)이었다면 조카의 정치는 우스꽝스러운 소극笑劇이었다는 점이 조금 다르다.[49]

19세기 중반, 프랑스 국가의 문제는 의회가 아무런 구실을 하지 못

49. 고진은 19세기 말 동아시아의 역사가 120년 뒤인 21세기 초에 '반복'되는 것 아니냐고 내다봤다. 그때의 침략과 전쟁의 역사가 지금 똑같은 형태로 반복되지는 않겠지만 '(역사의) 구조'는 같다는 것.

했다는 점이다. 어느 정당(정파)이건 그들이 내세우는 약속과 실제로 행동한 것이 달랐다. 중산계급을 대변한다고 떠드는 정당이 실제로는 특권 상류층의 이익을 대변했고, 노동자 서민을 옹호한다고 내세운 정당이 실제로는 중산계급의 뒷배를 봐줬다. 바보 같은 의회가 (2월 혁명의 열매로 얻어낸) 보통선거제를 스스로 없애버렸다. 노동자계급의 목소리를 아예 막아버렸으니 의회가 스스로 제 무덤을 판 셈이다.[50]

나폴레옹 3세는 자신이 모든 계급의 요구를 만족시킬 것 같은 환상을 대중에게 퍼뜨렸고 그 덕분에 황제가 됐다. 부르주아끼리 노는 의회보다야 그가 낫지 않은가. 프랑스혁명 때에 '왕'이 살해됐는데 그 뒤의 공화국에서 황제가 두 번이나 다시 나타났다(삼촌과 조카). 루소는 공화국으로 가는 것이 되돌릴 수 없는 역사의 흐름이라고 여겼겠지만 살해당한 왕이 '황제'로 돌아왔다.

그런데 프랑스의 부르주아들이 나폴레옹 3세의 쿠데타를 지지했던 데에는 1851년에 터진 유럽 경제공황에 대한 두려움이 크게 작용했다. 자본주의 체제로 바뀐 뒤로 처음 겪는 큰 공황이었다. 그러니까 국가(대의제)의 정치적 위기와 자본 체제의 경제적 위기가 맞물려 국민주권(곧 공화국)이 뒤로 물러나고 국가주권이 앞에 나섰던 것이다. 자본주의 국가의 위기 때는 '국가 자신'이 맨얼굴을 드러낸다. 그래서 "국가라는 것 자체가 수상쩍은 놈이 아니냐?" 하는 깨달음을 불러일으킨다.

나폴레옹 3세가 특별히 예외적인 인물은 아니다.[51] 독일의 히틀러도 나치당의 의회 진출을 통해 집권했는데 자기를 뽑아준 의회를 해

50. 마르크스는 사회계급과 그들을 대표한다는 정당 사이에 고정된 필연적인 결합관계가 없음을 통찰했다. 이것이 의회제도의 근본 한계다. 대의代議와 재현再現이 영어로 둘 다 representation. 이 낱말의 두 가지 뜻에서 "정치(대의)의 위기가 곧 예술(재현)의 위기"라는 것을 알 수 있지 않은가.

산해버렸다. 그리고 1934년 제3제국이 들어섰다. 바이마르 공화국(1919~1933)의 대의제도가 변변히 작동하지 못했고 세계경제대공황(1929~)이 몰아닥쳐서 민중이 공황상태에 빠졌던 덕분이다. 루스벨트가 미국 대통령으로 12년간(1933~1945)이나 오랫동안 집권한 것도 국가가 위기에 놓여 있었기 때문이다. 이때의 위기는 대의제도의 무능함보다는 경제공황이 끼친 충격에서 비롯됐다. 그의 뉴딜 정책의 핵심은 노동조합들이 바라는 최소 요구를 들어주는 한편 부르주아들로 하여금 노동조합의 존재를 인정하도록 다그친 것이다. 그는 계급타협(곧 뉴딜)을 끌어냄으로써 모든 정당(정치세력) 위에 모두를 대변하는 상징적 존재로서 우뚝 섰다. 루스벨트가 집권한 시절에는 어느 정당이든 허수아비가 됐다. 그는 모든 민중의 지지를 바탕으로 제국주의 국가들끼리의 전쟁(곧 2차 세계대전)에 끼어들었다. 그래서 자본가들에게 큰 돈벌이를 안겨줌으로써 자본 체제의 활로를 찾았다. 그의 경우도 자본 체제가 위기에 빠질 때는 국민주권 대신 국가주권이 들어선다는 또 다른 예다.

국민과 국가 사이가 좀 애매하다. 루소의 '일반의지론'이 나중에 어떻게 해석됐는지를 봐도 이를 알 수 있다. 일본의 국가 관료들은 의회를 깔본다. 의회는 자기들이 만든 정책을 승인해주는 절차일 뿐이라는 것이다. 시민사회가 이해利害 다툼의 틈바구니 속에 있는 반면 중립적인 국가 관료야말로 국민의 일반의지를 실현한다고 스스로 믿는다. 의원들마다 자기 선거구의 민원民願, 곧 민간적 특수 이해를 들고 나와서 관료들이 '국민의 뜻'을 받들어 설정한 정책을 왜곡한다고 못마땅해한다. 둘 중에 누가 옳으냐가 중요한 게 아니다. 이런 정치지형 속에

51. 고진은 '파시즘'이 너무 널리 쓰여서 설명력이 빈약하므로 '보나파르티즘' 용어를 쓰자고 제안한다.

서 민중이 뒷전으로 쫓겨나 있다는 것이 본질이다. 거기서 '국민의 뜻'은 실제로는 '관료들의 뜻'이다.

자연법은 자유평등 세상을 일깨워준다

끝으로, '자연법'을 간단히 알아보자. 사회계약론이 자연법에 의거해서 근대 사회의 형성을 말하기 때문이다. 자연법은 우선 '실정법이 아닌 것'이다. 실정법이 변변히 살피지 못한 대목이 있거나 뭔가 '문제가 있다'고 싶을 때, "그것, 틀렸어!" 하고 판정을 내려줄 근거, 곧 상위 규범이다.

자연법은 자연에서 왔다. "사람이 사회를 만들기 이전에는 어떤 규범에 따라 살았을까? 그때의 규범이 사람의 삶에 가장 자연스러운 것이 아닐까?" 하고 질문해서 알아내는 어떤 이치다. 그런데 인류는 까마득한 옛날부터 어떤 형태로든 사회를 이루고 살았다. 그러니까 이때의 '자연'은 수십 명의 확대 가족이 수렵과 채집을 하며 떠돌이생활을 하던 원시사회와 한 곳에 눌러앉아 살면서 서로 주고받는 선물경제를 꾸리던 씨족사회 시절을, 다시 말해 '국가 이전以前'을 가리키는 말로 읽어야 한다. 그때는 사람들이 공동체의 한 성원으로 살았지 개인으로서 따로 놀지 않았다. 공동체가 평등한 관계를 이뤄내지 못하면 그 공동체는 존립할 수 없었다. 그 시절의 삶의 도리道理에는 오늘날의 법규범을 비판하는 어떤 내용이 들어 있다. 실정법은 국가가 만드는 것인 바, 국가 이전 사회의 도리(자연법)에 비추어 지금 시대의 법을 비판하자는 얘기다. 이를테면 비극 『안티고네』에서 안티고네가 국왕 크레온과 대결한 것도 자연법과 실정법이 충돌한 경우다. "내 가족의 주검을 땅에 묻고 슬퍼해주는 것이 인간의 자연스러운 도리가 아니오?"
만일 국가가 사라지고, 따라서 실정법이 휴지 조각이 된다면 우리는 무엇에 의지하여 사회관계를 맺어야 하는가? 그때 남는 것이 자연법이다.

중세 교회는 자연법이 신神에게서 왔다고 말했다. 그렇게 말할 수도 있으나, 이때 '(유일)신' 관념에 들어 있는 합리적 핵심이 뭔지를 깨치는 것이 중요하다. 신 관념은 좋았던 먼 옛날에 처음 싹텄다. '그 황금시대로 돌아가자'는 뜻을 넌지시 일러준다. 그 핵심은 누가 누구를 지배하고 억누르는 일이 없는 세상이다. 그러므로 지배세력에 맞서 반란을 일으킨 사람들이 자신의 정당성을 자연법에서 구했다.

"저렇게 민중을 억누르고 탄압하는 지배세력한테 복종하라고? 그것은 하늘의 뜻도 아니고, 자연의 뜻도 아니야!"

'천부인권天賦人權'은 하늘(자연)로부터 부여받은 권리다. '민심民心이 천심天心'이란 말도 자연법의 존재를 암시해준다.

백과사전에 보면 '로마제국이 자연법을 만들었다'고 적혀 있다. 이 말을 건성으로 읽지 마라. 아무것도 없는 데서 로마가 자연법을 만들었을까? 로마는 이미 세계 곳곳의 사람들이 자연스레 만들어냈던 어떤 규범을 틀로 짜서 글(법조문)로 적었을 뿐이다. 무엇에 관한 규범이었을까? 공동체(나라)와 공동체(나라) 사이에 교역(물자 교환)을 벌이는 일에 관한 규범이다. 교역이 있는 데서는 자연스럽게 교환 규칙이 생겨난다. 이 교역이 성사되지 못하면 두 쪽은 전쟁을 벌이든지, 예전처럼 궁핍한 삶을 살든지 해야 한다.

그 규칙은 교역의 당사자들이 만들었지, 멀리 있는 왕이 만들지 않았다. 어떤 왕도 그 규칙에 대해 '이렇다, 저렇다' 참견하지 않았다(못했다). 상대가 있어야 교역이 실현되므로 '상대를 죽여서는 안 된다'는 것이 불문율不文律이다. 21세기의 세계 여러 나라도 옛날 옛적, 교환을 돕는 국제법(자연법)의 정신으로 돌아가서 관계를 맺어야 한다.[52]

52. 미국이 이른바 적성국(이란, 북한)에 대해 무역 봉쇄조치를 가하는 것은 그들이 좋아하는 '시장원칙'에도 어긋날 뿐 아니라 무엇보다 '교역을 통해 평화를 이끄는' 자연법(국제법) 정신을 짓밟는 짓이다.

3 정의론

1960년대에 킹 목사 등의 흑인 인권운동이,
1970년대에 전쟁 반대 운동이 미국에서 끓어올랐다.
롤스는 이런 시대 흐름에 응답하여
자유주의 사상을 얼마쯤 수정했다.

의義는 옳은 것이다. 유교에서는 인仁, 예禮, 지智, 신信과 더불어 사람이 지켜야 할 다섯 가지 덕목, 곧 오상五常의 하나로 꼽는다. 의무義務는 옳으니까 해야 할 일이다. 기독교에서는 정의 말고 공의(公義, 큰 도리)라는 말도 쓴다. "정의가 강물처럼 넘쳐흘러, 공의의 바다로 흘러들기를!"[53]

이러저런 예화부터 떠올린다. 그리스 신화에 나오는 정의正義의 여신을 '디케dike'라 한다. 이 낱말이 라틴어 Justitia, 영어 justice로 옮아갔다. 알다시피 오른손에 칼(힘)을, 왼손에 저울(형평을 헤아리는 잣대)을 들고 있다. 왜 눈을 가렸을까? 디케 말고 네메시스라는 여신도 있었다. 칼과 채찍을 든 그녀는 복수를 의인화한personify 것이다. 두 여신은 정의가 복수와 다르다는 것을 말해준다. 디케의 어머니는 테미스였다. 세상의 법보다 더 윗길인 신법神法 또는 자연법을 상징한다. 무엇이 옳은 일인지, 판가름할 때 국가가 만든 실정법이 아니라 더 높은 이치(곧 자연법)에 근거를 두라고 테미스 여신이 우리를 일깨워준다. 잠

53. 광의廣義와 협의狹義에서 '의'는 글자 뜻. 의족義足은 가짜 발. 멋스럽게 '의리 있는 발'이랬다.

깐 우스갯말. 여러분이 수업 도중에 오줌이 몹시 마렵다면 선생님한테 “저, 화장실 가고 싶어요!” 하고 당당하게 말하는 게 좋다. 오줌이 마려울 때 눈다는 것, 그것은 아무리 끔찍한 악당이라도 보장받아야 할 자연권(자연법)이니까 말이다. 물론 수업이 시작된 지 5분도 지나지 않아서 그런 말을 꺼낸다면 그 말의 진실성이 의심스럽기는 하지만 아무튼 그것이 자연권에 속한다는 사실은 똑바로 알아두자. “저, 화장실 가도 돼요?” 하고 은혜를 베풀어달라는 듯이 청할 것은 없다. 집회와 시위에 관한 법도 그 위에는 자연법이 있다. 뜻이 통하는 사람들끼리 모여서, 하고 싶은 얘기를 하는 것은 사람에게 똥 눌 권리가 있는 것처럼 당연히 누려야 할 권리에 속한다. 힘센 사람들 눈치 때문에 제가 하고 싶은 말을 줄곧 억누르고 참으면 누구나 시름시름 앓다가 죽게 된다.

다시 여신女神 얘기! 대한민국 사법부(대법원) 건물 앞에는 디케 여신의 위엄 있는 조각상이 들어서 있다. 박학다식하고 고매한 법관들께서 우리더러 ‘법이 곧 정의’라고 말씀하시는 것일까? 그럴 때 예수를 떠올려라. 그는 범법자로서 십자가에서 죽어갔다. 그런데 수많은 후손들이 그를 거룩한 분으로 우러르고 있지 않은가. 그러니까 대법원 건물 앞에는 디케보다는 그들을 늘 반성하게 만들 예수의 조각상이 놓여야 하지 않을까?

대부분의 법이 정의를 실현하는 수단의 하나이기는 하다. 하지만 불완전한 수단일 뿐이다. ‘악법도 법’이라는 뻔뻔스러운 격언이 전해오지 않는가! 또 성경책의 요지는 우리더러 ‘(율)법을 넘어서라!’는 꾸짖음이다.

“정의는 언제나 ‘법 너머’에 있느니라!”

정의론은 무슨 문제에 대한 토론에서 시작됐을까? 일부 똑똑한 사람들은 "우주가 처음부터 자기들 스스로 굴러왔을까? 아니면 아무것도 없는 데서 어떤 신神이 만들어낸 것일까?"를 놓고 옳고 그름을 다퉜을 것이다. 일부 착한 사람들은 "누가 길에서 강도를 만나 얻어맞고 다쳤을 때, 지나가던 사람(곧 사마리아인)이 어찌해야 옳을까?"를 고민했을 것이다. 옳고 그름을 다툰 첫 질문은 앎의 문제이지 정의론正義論의 문제가 아니다. 두 번째 질문은 사회도덕의 문제인데 누구나 달려들어 (높은 관심 속에) 입씨름을 벌인 주제는 아니다.

그러면 무슨 문제냐? 종교? 철학? 예술? 군사(전쟁)? 예절? 사랑? 정치? 경제? 사람은 누구나 세끼 밥을 먹어야 산다. 옛날 대부분의 집안에서는 밥상 위에 짭조름한 굴비 한 마리가 모처럼 올라왔을 때 형제자매들 사이에 피 튀기는(?) 다툼이 벌어졌다. 그 맛있는 생선을 누가 더 많이 차지하느냐를 놓고! 사람이 먹고살아갈 물자들을 어떻게 나누느냐, 하는 문제를 바로 세워야 한 사회가 탈 없이 굴러간다. 정의론은 사람의 살림살이, 곧 경제(!) 문제에서 시작됐다.[54]

교과서에 적힌 딱딱한 얘기를 편한 말로 옮기면 이렇다.

> 사회정의 문제는 이익과 부담(짊어질 짐)을 어떻게 나누느냐는 데 초점이 모아진다. 저마다 '자기 몫'을 누리게 하는 일이다. 사람들이 누리는 물자goods는 몇 개 안 되므로(=희소하므로) 이해다툼이 나오게 되어 있고 이를 가라앉혀야 한다. 아무도 차별하지 않고, 누구나 고개를 끄덕거릴 어떤 공정한 원칙이 서야 올바른 세상이라고 사람들은 여긴다.[55]

54. '의義'는 옛날에 양羊을 나눠 갖는 일에서 생겨났다. 말뜻에 이미 '분배적 정의'가 들어 있다.
55. 공정성은 영어로 fairness, equitability.

뒤이어서 교과서는 롤스(20세기 후반 미국 학자)의 얘기를 길게 소개했다.

> 사람들은 '무지의 베일'을 쓴 첫 원초적 상황에서 '좋은 질서(기본 구조)'에 대해 합의한다.[56] 합리적인 행위자라면 최소 수혜자에게 최대의 혜택을 주는 것을 수긍할 것이다. 물론 기회 균등은 당연한 원칙이다. 그럴 때라야 사람들은 사회의 불평등을 참아낸다.

세상의 무슨 이야기든 '어떤 사회적 맥락(상황)에서 나왔느냐'를 헤아려야 옳고 그름을 판단할 수 있다.[57] 롤스의 정의론은 1960년대 미국 사회에서 나왔다. 킹 목사와 말콤 엑스를 비롯해 흑인들의 인권운동이 들불처럼 일어나고, "정의롭지 못한 베트남 전쟁에 왜 젊은이들이 목숨을 바쳐야 하느냐?"며 전쟁 반대 물결이 곳곳에 일렁였다. 여성들이 목소리를 냈고 동성애자들도 '우리를 사람 취급 해달라'고 나섰다. 1960년대는 유럽의 젊은이들이 깨어났던 시절이다. 사회 지배세력 중에서 양식(良識, good sense) 있는 사람들이 밑바닥 민중의 도전에 어찌 반응할지를 고민했다. 롤스의 정의론은 그 응답으로 나왔다.

알다시피 현대 서유럽 국가들의 지배 이념은 자유민주주의다. 부르주아의 자유만 주로 보장했지, 민중의 사회적 권리를 돌보는 내용은 별로 없었다. 롤스는 그런 이념 틀을 다소 수정해서 민중의 최소 복지를 보장하자고 부르짖은 것이다. 롤스는 미국 민주당 정부(1999년 빌

56. 그는 정의正義의 원칙을 둘러싼 사회계약론을 말했다. 그의 '계약'도 비유이지 실제가 아니다.
57. 교과서는 그런 사회적 맥락에 대한 앎을 건네지 않는다. "이거, 옳은 얘기니까 그냥 외워둬!"

클린턴)한테서 학문에 대한 공로로 국가훈장을 받았다. 롤스의 생각을 미국 민주당이 자기들의 정치 노선으로 삼았다는 얘기다. 교과서는 롤스에 대한 노직의 비판을 뒤이어 소개했는데, 이 생각을 미국 공화당이 지지하고 있다.

얘기가 나온 김에 노직의 생각도 간추려보자.

> 노동을 한 사람이 첫 소유권을 얻는다. 그 뒤로 자발적 교환을 통해 소유권이 옮아간다. 사적 소유권은 첫 취득과 옮겨감이 옳았다면 그 결과가 어떻든 옳다. 불평등을 덜어낸다면서 사회적 재화를 재분배하는 복지국가는 옳지 못하다.

왈처는 다원화된 사회를 주목했다.

> 각각의 분배 영역에 들어 있는 고유 원리에 따라 다른 분배 원칙을 적용하자.[58] 그래서 자본에 의한 지배를 제한하자.

교과서의 정의론은 '결과의 평등'을 빠뜨렸다

사납게 말하건대, 윤리 교과서에서 가장 비판돼야 할 대목이 정의론이다. 왜냐하면 토론 주제가 미국 민주당과 공화당이 정치적 공방을 벌이는 범위 안에 갇혀 있기 때문이다.[59] 노직은 자유지상주의자요,

58. 그 고유 원리는 공적(또는 성취, achivement), 필요needs, 시장market이다.
59. 미국은 빈부 격차가 무척 큰 나라의 하나다. 거기서 '재산권 만세!'를 외치는 노직이 정의로운가?

롤스는 민중의 정치적 요구를 얼마쯤 받아들여서 자유주의를 좀 수정한다는 상대적인 진보성은 있지만 그의 진보성은 (20세기 후반) 서유럽 사회민주주의 정치가 이뤄낸 진전에도 한참 못 미친다. 1980년대에 프랑스 사회당 정부는 일부 은행과 기업의 국유화 법안을 추진했고(성과는 충분치 못했지만), 비슷한 시절에 스웨덴에서는 수익이 높은 기업의 초과이윤을 노동조합이 징수하는 임금노동자기금이 추진됐다. 서유럽에서만 해도 미국 의회에서는 전혀 엄두를 낼 수 없는 정치적 제안들이 갖가지로 나왔다.

(학생들더러) 미국 의회와 학계에서 벌이는 토론거리만 머릿속에 담아두라는 교과서의 설명은 미국 의회 바깥으로 우리의 정치적 상상력을 넓히지 말라는 대한민국 지배세력들의 공공연한 지령을 따르는 셈이다. 이를 어디서 알 수 있는가? 교과서는 정의로운 사회가 되려면 자유와 인권이 동등하게 보장돼야 하고, 기회의 평등과 다원성이 존중될 일이고, 공정한 법적 정의가 자리 잡아야 하고, 사회적 약자에 대한 배려와 관용이 필요하다고 했다.

중요한 것은 무엇을 말하지 않았느냐다! 우리는 세상을 살면서 누가 무엇을 말했는지보다 무엇을 말하지 않았는지를 더 주목하자. 교과서는 '결과의 평등'에 대해 단 한마디도 뻥끗하지 않았다. 유럽 사민주의 정치는 충분치는 않았어도 이것에 대한 노력이 좀 있었는데 말이다. 지난 100~200년간 미국의 지배층은 '기회의 평등'을 대단한 목표인 양 자랑스럽게 내세웠는데 그 문구文句는 빛 좋은 개살구일 뿐이다. 지금 21세기 초 미국의 사회경제적 불평등의 수준은 약육강식의 정글 사회였던 자본주의 초기와 다를 바 없게 됐다. '앞으로 좋아질 터이니 참고 견디라'고 달랠 수준을 넘어섰다. '결과의 평등'을 추구하려는 사회적 정치적 노력이 없었던 결과다.[60] 이것을 빠뜨린 정의론은 앙꼬 없는 찐빵과 마찬가지다. 근대 자유주의 이념이 대다수 민중의 살림살이에 아무 보탬이 되지 않는다는 것이 여지없이 현실로 판명됐다. 롤스의 사상은 자유주의 가운데 그래도 나은 축에 속하지만 냉혹한 현실 앞에서 그것도 '개밥에 도토리'일 뿐이다.

우리는 세상을 '눈앞에 있는 것'에만 한정해서 살피면 안 된다. 우리 눈앞에는 힘센 사람들이 만들어낸 작품들이 즐비하다. 대도시에는 거대 자본이 만들어낸 웅장하고 멋진 고층 건물들이 아성牙城처럼 들어서 있고, 의회에 가 보면 힘센 사람들의 목소리를 대변하는 정당들이 세력을 뽐내고 있다. 신경림의 시를 잠깐 음미해보라.

……

작은 소리는 하나도 들리지 않고
아무도 듣지를 않는
작은 것은 하나도 보이지 않고
아무도 보지를 않는
그래서 작은 것 작은 소리는
싹 쓸어 없어져버린 아아
우리들의 나라 거인의 나라

미국의 정치가 그랬다. 20세기 전반기까지만 해도 밑바닥 민중의 소리가 그 사회에 얼마쯤은 반영됐다. 노동조합과 노동자 정당이 자기 목소리를 냈다. 1960~1970년대에는 풀뿌리 사회운동이 치열하게 불타오르기도 했다.[61] 20세기 말 21세기 초에 와서는 사회운동의 기세가

60. 1960~1970년대엔 가난한 청년이 서울대에 많이 들어갔는데 요즘은 '개천에서 용 나는' 일이 드물어졌다.

많이 누그러들었고, 지배세력과 찰떡궁합을 이루는 두 정당(공화당과 민주당)보다 더 신선한 목소리를 내려는 제3의 정당 추진 운동도 물거품으로 돌아갔다.[62]

무슨 학문 이론을 만들어내는 학자들은 머리가 좀 똑똑할 뿐이지 용가리 통뼈가 아니다. 학자들한테 껌벅 죽지 않아야 세상이 제대로 보인다. 학자들은 "더 진보적인 개혁과 변혁(=혁명적 변화)을 꾀해보자!"는 목소리가 어디서든 우렁차게 들려야 그 얘기를 학문이론 속에 담아낼 수 있다. 저 혼자 독불장군으로 떠들지 못한다. 킹 목사와 말콤 엑스와 베트남에서 아무 의미 없이 죽어간 미국 청년들이 있었기에 롤스가 저 나름으로 그들의 지배 이념을 수정할 용기를 냈다. 롤스는 정의의 용사勇士 따위와 거리가 먼 책상물림(샌님)일 뿐이다.

그런데 미국 정치는 밑바닥 민중의 소리를 외면한 지 오래됐다. 그러므로 그런 나라에서는 본때 있게 정의론을 펼칠 학자가 나올 수가 없다. 앞에, 왈처가 '자본의 지배를 (얼마쯤) 제한하자!'는 얘기를 했다고 소개했다. 비유하자면 운동선수가 '세계 1등'을 목표로 삼고 뛸 때라야 '한국 1등'이라도 차지한다. "나는 욕심 없어. 한국 1등만 해도 만족한다"는 운동선수는 '한국 1등'도 어림없다. 정치에서는 '자본을 아예 없애자'고 나설 기개가 있어야 '일부 제한'이라도 밀어붙일 추진력이 생긴다는 말이다. 왈처의 '(일부) 제한론'은 아무 힘이 실리지 않는 희망 사항에 불과하다.

61. 비틀스와 밥 딜런의 노래나 록rock음악은 그런 시대를 반영한 진취성이 있다.
62. 소비자보호운동을 해온 랄프 네이더는 2000년 대통령선거에서 새 세력을 대표해 약진했다. 민주당 지지자의 일부가 그에게로 옮아갔다. 하지만 양당 독점구조의 벽이 두꺼워 제3당을 만들지는 못했다.

교환적 정의를 따져 묻자

정의론의 서술을 롤스로부터 시작한 윤리 교과서는 참 게으르다. justice에 대해 온전하게 살피려면 그 개념부터 분석해야 하는데 "현대의 정의론은 분배에 초점을 맞추는 경향이 있다"는 말로 슬쩍 얼버무리고 분배적 정의론 얘기만 했다. 이 말에는 (영혼이 깊은 사람은 빠져서는 안 될) 함정이 들어 있는데, 뭐냐면 숙명론(또는 현실 영합론)이다. "세상 흐름에 따라가라! 괜히 딴 생각일랑 하지 마라!" 여태껏 사람들이 분배론만 들이팠다고 앞으로도 그러라는 법이 있는가?

여러분, 무슨 논술 과제가 주어졌을 때 먼저 해야 할 것은 주된 논제에 관해 그 개념을 분석해내는 일이다. 그래야 이야기의 가닥이 잡힌다. 개념의 전체 윤곽을 잡아야 어떤 것이든 빠뜨리지 않고 살필 수 있다.

정의에는 분배적distributive 정의뿐만 아니라, 사법적judicial 정의도 있다. 법으로 죄인들을 심판해야 이 땅에 정의가 바로 선다는 얘기다. 때로는 법관 아닌 딴 사람이 심판할 때도 있다. 법(경찰)은 멀리 있고, 주먹(깡패)은 가까이 있을 때, 그 주먹을 심판할 사람은 민중 자신일 수밖에 없다. 그런 경우, 사법적 정의는 증발해버리고 세상이 무정부 상태로 돌아간다. 『베니스의 상인』에서 슬기로운 여주인공 포샤는 사람의 생살을 떼어내려던 탐욕스러운 장사치 샤일록을 (법관으로 변장해서) 단죄하고 인명人命의 존엄성을 일깨워 사법적 정의를 실현했다. 거꾸로, 예수와 갈릴레오의 재판은 정의를 실현할 사법부나 국가가 부재不在했던 시대를 말해준다. 박정희와 전두환의 군사독재에서 벗어나 민주주의의 꼴을 웬만큼 갖춘 요즘의 한국은 과연 사법적 정의가 얼마나 실현되고 있을까? 지배세력이 민주주의와 이혼하고 싶어 하는

조짐이 간간이 보이는데[63] 그렇다면 사법적 정의도 차츰 후퇴할 위험성을 안게 된다.[64]

이 개념은 그래도 학자들이 이따금 입에 올리기는 한다. "법관들, 저거 엉터리들 아냐? 썩은 놈들, 쫓아냈으면 좋겠다"고 하는 불만이 민중들한테서 가끔 올라오기 때문이다. 학자들이 거의 언급하지 않는 개념이 교환적 정의다. '일한 만큼 네 몫을 가져가라'는 것이 분배적 정의라면 동등한 것을 교환하게 하는 것이 '교환적commutative 정의'다. 교정적corrective 정의라고도 일컫는다.

일찍이 아리스토텔레스가 이 개념을 꺼냈다. "국가는 개인을 보호하고, 계약의 준수를 배려할 의무가 있다"고 그가 풀이했는데 그의 정의定義는 좀 협소하다. 그는 경제적 교환이 과연 정당하게 이뤄지고 있는지, 근본부터 따져 물을 문제의식이 없었지만 제국주의와 식민지 침략의 끔찍한 역사를 겪고 난 요즘의 인류는 교환적 정의를 더 본격적으로 캐물어야 한다. 질문을 던져 보자.

"소득 재분배만으로 경제 민주화가 가능할까?"

20세기 미국과 서유럽의 정치는 '분배적 정의'만을 따졌는데 그게 의미(의의)가 있으려면 사회경제적 불평등이 21세기 들어 더 악화되지는 말았어야 한다. 현실에서 빈부 격차가 더 가팔라지고 있다면 문제를 더 근본적으로 살펴야 한다. 인류의 경제체제 자체가 무슨 문제를 안고 있는 게 아닌가, 하는 성찰이 필요하다. 일찍이 마르크스는 "자

63. 예컨대 박근혜 정권이 들어선 뒤로 정부는 '전교조를 노동조합으로 인정하지 않겠다'고 밝혔다.
64. 최근 법원은 긴급조치 9호 피해자들의 민사보상 청구에 "그때는 그것이 위법이 아니었으니 보상해줄 필요 없다"고 판결했다. 그 논리에 따르면 종군從軍 위안부도 그때는 위법이 아니었으니 일본 국가가 보상해줄 필요가 없는 셈이다. 국가(의 한 부분인 사법부)가 제멋대로 놀기 시작한 작은 사례다.

본가가 이윤을, 지주地主가 지대를 챙겨가는 것이 과연 옳은가?" 하는 근본적인 질문을 던졌다. 예컨대 마이크로소프트사의 빌 게이츠가 독점지대를 챙겨서 엄청나게 떼돈을 버는 것이 과연 옳으냐는 질문이다.

나라와 나라 사이의 경제적 교환에서도 교환적 정의를 따져 물어야 한다. 북(미국, 유럽)과 남(아시아, 아프리카) 사이에 경제적 격차가 점점 벌어지고 있는데 이것은 무역 조건 자체에 원천적으로 부정의不正義가 숨어 있다는 뜻이다. 부등가不等價 교환의 문제다. 이것은 자본가가 식민지나 자기나라의 농민에게 원료를 헐값에 사들이고 공산품을 독점가격에 비싸게 팔아먹는 것을 말한다. '공정 무역'이라 하여, 유럽이 아시아와 아프리카로부터 헐값으로 커피를 사들이는 것에 대해 '아니다!' 하고 문제 제기하는 운동이 일어난 것도 이런 맥락이다. 그러므로 재분배를 통해 정의를 실현하겠다는 롤스의 생각은 원천적으로 한계가 있다. 애당초 '부富의 격차'를 낳지 않게끔 교환적 정의를 실현하는 것이 근본적인 길이다.

자본주의 문명이 초래한 생태계 파괴와 관련해서는 더더욱 교환적 정의를 따져야 한다. 자본주의의 발달로 일부 나라의 일부 사람들이 혜택을 누린 반면, 그 대가는 전 세계 모든 민중이 치르게 생겼다. 생태계를 복원하는 비용을 일부 나라 일부 사람들이 치러야 마땅하지 않은가? 일찍이 1992년 브라질에서 열린 지구 정상회의에서 쿠바 원수元首 카스트로는 잘사는 북쪽 나라들이 '생태 빚(부채)'을 갚아야 한다고 부르짖었다. 남쪽 나라들의 자원을 훔쳐가고, 온실가스 등 폐기물을 내버리고 환경을 파괴한 죄악에 대해! 최근 에콰도르의 한 사회단체는 해마다 1조 6,000억 달러의 빚을 북쪽 나라들이 갚아야 한다고 추산했는데 이는 가난한 나라들이 부자 나라로부터 떠안은 빚의 3배에 이르는 액수다.

예부터 '세계의 영구 평화'를 어떻게 달성할 수 있을지 숙고한 학자들이 더러 있었다. 칸트는 전쟁을 막으려면 오늘날의 UN 같은 것이 필요하다는 얘기를 가장 먼저 꺼낸 사람이다. 그런데 나라와 나라 사이에 경제적 불평등이 심하고, 어디가 어디에서 부富를 빼어가는 관계가 지속된다면 세계 평화가 애당초 이뤄질 수 없다. 나라들 사이에 호혜(서로 돕는) 무역이 어찌 가능할지 찾아보는 노력이 없는 한, 정의론을 놓고 왈가왈부하는 학자들의 토론은 민중에게 아무런 깨달음도 주지 못하는 한가로운 음풍농월(吟風弄月, 말놀이)을 벗어나기 어렵다.

고교 『생활과 윤리』 교과서는 정의의 개념을 풀이하면서 마르크스의 주장을 분배적 정의에 관한 생각의 하나로 소개했다. "능력에 따라 일하고 필요needs에 따라 분배받을 것"을 제안했다는 단 한마디만 살짝 넣어줬다. 글쎄, 분배에 관한 얘기인 것은 맞는데 그의 말이 '분배적 정의'를 말하는 것일까? 분배적 정의란 '저마다 (일한 만큼) 제 몫을 누리라'는 얘긴데, 마르크스 얘기는 그따위 틀일랑 뛰어넘자는 어마어마한 주장이다.[65]

> 누구에게 집이 필요하면 그가 일을 많이 했건 적게 했건 그가 집 한 채를 장만하도록 우리 사회가 도와야지, 그가 벌어들인 것이 얼마나 되는지 왜 꼭 주판알을 튕긴다는 말이냐!

65. 분배적 정의론은 출발부터 곤란을 겪는데 '몫'이란 개념이 그렇게 분명한 뜻이 아니라서다. '자기 몫'이 얼마인지에 대해 시원하게 합의를 끌어내는 것은 거의 불가능하다. 또한 나라 안에서는 따질 수 있어도 지금으로서는 세계적 차원에서 실행할 길이 없다. 국민경제끼리 서로 다툼을 벌이고 있어서다! 아리스토는 아테네만 놓고서 그것을 궁리했겠는데 우리는 세계 차원에서 정의 실현을 숙고해야 한다. 그가 우리에게 일깨워줄 대목은 많지 않다.

그게 쉬운 목표가 아니기 때문에 자본주의를 넘어선 대안적인 alternative 사회에서도 아주 높은 단계에 가서나 엄두를 낼 수 있다(장애인 돌봄처럼 일부 영역에서는 먼저 시작할 수 있지만). 그러니까 그의 제안은 분배적 정의보다 차라리 교환적 정의를 묻는 얘기다.

'내 몫'을 온전히 따질 수 있을까?

그런데 이런 엉뚱한(?) 제안을 과격하고 음침하고 비뚤어진 악마(곧 마르크스)만 별쭝맞게 꺼낸 것이 아니다.[66] 대동大同 세상과 무릉도원과 이소노미아와 유토피아를 꿈꾸던 옛 지성知性들, 에덴동산(실락원)과 엘도라도와 청학동과 이어도를 그리던 옛 민중들이 너나없이 갈구한 참세상을 그가 과학적인 언어로 나타냈을 뿐이다. 구약 성서를 들춰본다. 포도밭 주인이 하루 품삯을 동전 데나리온 한 닢으로 정하고, 일꾼 셋을 부렸다. 그리고 아침 7시부터 일한 사람이나 아침 9시부터 일한 사람이나, 심지어 오후 5시부터 일한 사람까지도 똑같이 데나리온 한 닢씩 건넸다. 오후 5시에 온 사람은 게을러서 그때 온 것이 아니라 일자리가 없어서 방황하던 그를 주인이 뒤늦게 데려온 것이다. '필요에 따른 분배'를 일찍이 성서가 일깨웠지 않은가. 비록 비유적인 우화로 에두른 것이긴 해도 말이다.

21세기의 신학자 제닝스는 신약 성서 로마서 3장 24절을 곱씹어 읽었다. "그들은 이제 선물present로서의 하나님의 은총을 통해 정의롭게 됩니다." 자기 삶에만 갇혀 있는 크리스천들은 이 구절을 "하나님

66. 요즘은 그를 다들 탁월한 사상가로 꼽지만, 19세기 유럽의 지배층은 그를 악마 보듯 했다.

의 은총을 통해 누군가가 도덕적으로 새로운 삶을 사는 사람으로 거듭 태어난다"는 뜻으로 속 좁게 읽어왔다. 하지만 제닝스는 이 구절을 정의론의 맥락에서 읽었다. 하나님의 은총을 통해 비로소 정의로운 사회가 이뤄진다는 것이다. 은총은 세상을 깡그리 바꿔내서 우리들 가슴을 벅차오르게 하는 우렁찬 천둥 번개 같은 것이다!

그 말을 일러준 바울에 따르면, 율법(곧 죄의 법)이 다스리는 세상은 의롭지 못한 세상이다. 율법 자체에 불의不義가 들어 있다. 율법律法이란 '교환과 계약의 원리'를 가리키는데 그 밑바탕에 '내 몫'이라는 관념이 깔려 있다. "교환하거나 계약할 때 내 몫이 침해당해서는 안 된다오!" 그런데 과연 '내 몫'이라는 것이 있기나 한가? 제닝스가 성서를 읽어본 바에 따르면 바울이 꿈꾼 세상은 '내 몫'이라는 전제 자체가 하릴없어진 세상이다.[67] 모든 것이 '내 것'이 아니므로 내가 그것을 남에게 주더라도 대가를 받을 수 없다. 우리는 선물만을 주고받을 뿐이다. 그런 곳에서 남들과의 관계는 하나님의 인간에 대한 관계와 하나가 된다. 하나님이 사람들에게 거저 은혜(은총)를 베풀 듯이 사람도 남들에게 대가 없는 선물을 베풀어야 한다. 칸트가 '남들을 목적으로 섬기자'고 말한 것도 같은 맥락이다.

선물을 주고받는 사회만이 정의롭다

어려운 이야긴가? 현실에서 당장 '선물을 대가 없이 주고받는 사회'를 이뤄낸다는 것이 꿈같은 목표인 것은 분명하다. 누가 선물을 건네

67. 글(책)을 제대로 읽느냐, 아니냐에 따라 얻는 앎이 달라지는 대표적인 경우가 '성서 읽기'다.

고, 상대방이 똑같은 정도로 답례를 하게 되면 그 순간, 선물과 답례는 계약과 합의로 변질돼버린다. 그러므로 율법의 사회를 당장 넘어서는 것은 불가능한 일이다. 하지만 뒤집어 생각해보자. 선물 사회에 대한 꿈이 없이, 이놈의 율법 사회가 지탱될 수 있었을까? 율법 사회의 기초는 '내 몫'이라는 관념인데 그 몫을 결정하는 것은 불가능하다. 어떤 계약과 합의든 어느 한쪽의 희생이 들어 있다. 이를테면 어머니의 희생 없이 가족제도는 단 1초도 지탱될 수 없었다. 최근 300~400년간 자본이 황금시대를 노래해왔거니와, 그것은 수많은 사람들의 노동을 빼어간 것의 결과다. 빌 게이츠가 무슨 마법의 열쇠를 쥐고 있다고 그렇게 거부巨富가 됐을까. 노동자들이 그 희생을 묵묵히 받아들인 한에서 자본 체제는 지탱될 수 있었다. 노동자들의 선물에 자본가가 무엇이라도 답례를 되돌려줘야 율법 사회가 비로소 지탱되는 것 아닐까. 물론 여기서 '선물-답례' 관계는 부정적인 모습으로 일그러져 있기는 하다. 그래도 그것은 율법(교환과 계약의 원칙)이 저 혼자 굴러가는 양 뽐내지 말라는 꾸짖음을 우리에게 건네준다.

제닝스의 얘기가 모호하고 사변적인 얘기이기는 하다. "선물 사회가 사실은 불가능하다며? 그럼 어쩌라고? 당신 얘기는 혹시 사랑의 환상으로 폭력의 현실을 견디라는 얘기가 아닌가?" 비유를 하나 들겠다. 두 남녀가 결혼하자고 서로 계약을 맺는다고 치자. 네 몫은 무엇이고 내 몫은 무엇이고, 얼마쯤 확정짓는다. 하지만 누구 몫인지 불분명한 부분이 엄연하게 있고, 그 나머지 부분은 그때그때 서로에 대한 사랑에 의거해서 타결 짓기로 다짐하자는 것이다. 제닝스의 문제의식을 현실에 들이대면 다음과 같은 정치적 결론이 나온다. 유럽 사회에 (아시아, 아프리카에서 건너온) 이주민들을 미워하는 사회 기류가 요즘 들어 부쩍 심해졌는데 제닝스는 '유럽인들이 그들을 환대해야 한다'고 메시지를 전한다. 하나님의 은총에 답례하려면 그래야 한다는 것이다. 그가 우리한테도 나지막하게 권유하지 않았을까? "당신들이 (얍삽하게) 비웃고 경멸하는 북한 동포들에 대해 환대하는 마음을 품어달라. 대가를 바라지 말고 선물을 베풀라. 사람답게 살려는 사람에게 그것은 빚 아닌 의무다"라고![68]

교과서는 사회계약론이 무슨 대단한 진리인 것처럼 소개해놨다. 그런데 일찍이 혁명가 바울이 사회계약론자 롤스의 한계를 일깨워줬다.[69] 그동안 자유주의자들은 계약과 합의에 의해 정의가 이뤄질 수 있는 것처럼 뺑구라를 일삼았다. 하지만 '자기 몫'을 정확하게 측정하는 것은 불가능하다. 바울은 율법의 사회와 선물(은총)의 사회를 날카롭게 견줘서 사회계약론의 한계를 들춰냈다. 몇 해 전, 독서 열풍을 불러일으킨 마이클 샌델이 '공동체의 가치'를 들고 나온 것도 자유주의 계약론의 한계를 비판하려는 것이었다. 공동체의 가치가 '자기 몫'의 측정을 보완한다는 것이다. 그 지적이야 옳지만 샌델은 그러면서 '자기 몫' 얘기로 돌아간다. 현존 사회를 넘어서려는 전망이 없다.

지금은 나무가 아니라 숲을 볼 때다. 21세기의 인류 사회는 세계적 차원에서 양극분해가 벌어져 무산자無産者들의 설움이 깊어갈 뿐만 아니라, 생태계 파괴의 위기가 날로 깊어져서 인류의 미래 살림살이가 염려스러울 정도다. 당장 거덜 날 것은 아니지만 말이다. 그런데 그 위기가 자본 체제, 다시 말해 돈벌이에만 여념 없는 눈먼 자본 축적 기계가 몇백 년을 굴러온 결과라는 것을 누구도 부인하기 어렵다. 사람

68. 제닝스의 글에 대한 (『민중의 소리』에 실린) 이병창의 서평(칼럼) 참고.
69. 롤스가 늙어서는 칸트 사상을 받아들여 자유주의자로서의 한계를 뛰어넘어 자본주의를 대체할 '리버럴 사회주의'를 주장했다(추상적인 의견에 머무르기는 했지만).

이 사람을 마음대로 부려먹고 착취하는 것을 당연하게 여기는 사람은 생태계 파괴도 아랑곳하지 않는다.[70] "이 숲(전체)을 어찌할까?" 하고 큰 물음을 던지지 못하는 정의론은 제아무리 머리를 싸매고 궁리를 짜낸들 공허한 말잔치에 그칠 것이다.

70. 일본 후쿠시마 원전의 사고로 죽은 사람보다 그 사고가 난 뒤, 절망해서 (스스로) 죽은 사람이 훨씬 많다고 한다. 그곳 어린이들의 암 발병률도 높아졌다. 그런데 권세 높은 지배층은 그늘진 곳에서 울음을 참는 사람들에 대해 무신경하다. 힘센 놈만 살아남는 자본 체제를 뿌리부터 따져봐야 한다.

4 자본주의와 사회주의

몬드라곤 공동체는 이윤 벌이 아닌
경제의 가능성을 보여줬다.
자본주의의 미래가 닫혀버린 시대에는 주식회사보다
협동조합을 키워내는 것이 인류의 대안이다.

교과서를 간추려 옮기는 것으로 시작하자.

- 자본주의는 부르주아가 탄생하고 칼뱅주의가 생겨나서 자리 잡았다. 그 덕분에 개인의 가치와 인간의 자유가 높아졌다.
- 자본주의는 자유 경쟁을 통해 사람의 자율성과 창의성을 북돋았다. 삶의 질이 높아졌다.
- 하지만 경제적 불평등이 생겨나기 마련인데 이것이 지나치면 사회통합을 가로막는다.
- 국가는 계층갈등을 극복할 여러 정책과 제도를 마련하고, 시민사회는 시장의 도덕적 타락을 막도록 건전한 문화를 북돋고, 개인들도 진취적인 자본주의 정신을 되찾자.
- 자본주의에서의 경제적 불평등에 대한 반발로 평등사회를 추구하는 사회주의가 생겨났다.
- 하지만 마르크스 이론은 인간 본성과 현실을 고려하지 못했고 사회주의 국가들이 자기 한계에 부딪쳐 스스로 무너졌다.
- 사회주의 사상은 자본주의의 문제점에 경종을 울리는 보완적 역

할을 수행한다.

• 자유와 평등의 조화를 추구하려면 관용의 미덕이 필요하다.

크게 빗나간 얘기는 없다. 우리 사회의 지배세력 가운데 양식良識 있는 분들이 생각함직한 내용이다. 이런 얘기를 우리는 신문과 방송에서 귀 따갑게 듣는다. 하지만 한번쯤 그 말을 의심해보라. 위 얘기는 인류 사회의 현실을 겉핥기로 얼렁뚱땅 살핀 탓에 후손들에게 깊은 깨달음을 주지는 못한다.

먼저 교과서의 기본 입장은? '인간의 얼굴을 한 자본주의'를 만들어 가자는 얘기다. 그것으로 충분하단다. 이 입장(생각)은 기꺼이 수긍해 줄 만큼 강력한 근거를 갖고 있는가?

다들 알다시피 사회주의 국가들이 대부분 무너졌다. 이 사실을 들어서 호기롭게 숙명론을 떠드는 사람들이 많다.

"그것 봐라! 사회주의는 공상일 뿐이잖아! 미우나 고우나 자본주의 체제를 지탱하는 게 현실적인 길이야!"

얼핏 생각하면 말이 된다. 하지만 이런 숙명론(체념)이 자본주의를 지켜내는 데에는 도움이 될지 몰라도, 수많은 사람들에게 삶의 희망을 불어넣을 수는 없다.

"사람은 본래 이기적이잖아! 그러니까 자본주의가 딱 적당해! 이대로 체념하고 살아야지 뭐!"

자본주의 체제를 두둔하려면 그 자체의 좋은 점을 자세히 들춰내서 자기주장의 근거로 삼아야 한다. 저놈이 엉터리니까 나는 괜찮은 놈이라고 말해서는 안 된다. 나는 엉망이지만 저놈(대안 제시)도 아직 미덥지는 못하다고 말해야 무게 있는 자기 성찰이 되지 않는가? 왜 사회주의자들이 나왔겠는가? "자본주의가 계속되면 인류가 망하겠구나!" 싫어서 대안代案을 들고 나왔다. (교과서가 슬며시 깎아내렸듯이) 단순히 경제적으로 불평등한 세상에 사는 것이 불만스러워서 사회주의를 하자는 게 아니었다. 그렇다면 자본주의가 계속되어도 인류가 망하기는커녕 더 번영할 것이라고 현실적인 근거를 대야지 (사회주의 사상이 너무 이상적이라는 둥) 남의 흉을 보면 안 된다. 남을 깎아내린다고 내가 올라가는 것이 아니다.

자본주의 초창기에 자유주의자들은 무척 당당했다. 당장은 빈부 격차가 커진다 해도 그 대신에 생산력(과학기술문명)이 커지고 있으므로 나중에는 가난한 민중들도 그 혜택을 볼 것이라고 믿었기 때문이다. "조금만 기다려봐! 너희도 잘살 수 있어!" 그런데 그러려면 경제가 계속 커나가서 자본이 쏠쏠하게 돈벌이를 해야 한다. 성장이 멈추면 그렇게 미래를 약속해줄 수 없다. 그런데 자본주의가 언젠가는 성장을 멈출 거라고 일찍이 애덤 스미스도 예견한 적 있다.

그동안 자본주의가 거리낌 없이 성장의 길로 치달았던 비결은 끌어다 쓸 자연자원(외부 자연)이 무궁무진하게 널려 있고, 품팔이꾼으로 부려 쓸 인구人口도 방대하고, 기술혁신이 계속됐던 데 있다. 1990년대가 고비였다! 하강 곡선을 긋기 시작한 변곡점! 이때에 중국과 인도가 자본주의 경제로 완전히 탈바꿈했다. 그래서 헐값에 부려 쓸 노동인구가 대부분 바닥이 났다. 또 석유 생산이 하향 곡선을 긋는 등, 자연자원이 바닥을 드러내기 시작했다. 생태계 파괴로 사막화와 지구 온난화도 심해졌다. 자연을 더 착취했다가는 지구가 거덜 난다. 기술혁신이 멈춘 것은 아니지만, 그렇게 상승세를 이어가는 것도 아니다. 기술혁신은 자본 간의 경쟁이 치열할 때 빨라지는데 덩치 큰 자본이 덩치 작은 자본을 많이 잡아먹었던 것이다. 2008년에는 드디어 세계경제대공황이 불거졌는데 미국과 유럽이 4~5조 달러를 쏟아부었는데도 그 원인(=과잉생산과 과소소비 간의 격차와 모순)이 해소되지 못한 채 경제 침체가 계속되고 있다. 이 침체가 언제 끝날지 우리는 알지 못한다. 자본주의의 앞날(곧 성장 가능성)이 닫혀버린 시대를 우리는 살고 있다. "자본주의, 믿어보자!"는 주장은 이런 현실에 비춰서 판단돼야 한다.[71]

자본주의의 미래가 20년 전에 닫혔다

아직 한국(과 세계)의 지배세력은 '자본주의의 미래가 닫혔다'는 사실을 겸손하게 수긍할 마음의 태세가 되어 있지 못하다. 여태껏의 관성(습관)에 따라 "어떻게든 되겠지, 뭐!" 하고 건성으로 세상을 내다볼 뿐이다. "내가 죽은 뒤에 대홍수가 나건 말건!" 자식 세대에게 이 사실을 있는 그대로 알려줄 용기는 더더욱 없다. 교과서는 "다 같이 노력하면 자본주의의 문제점도 고치고, 우리 잘될 수 있어!" 하고 아이들을 다독거리기 바쁘다. 자본 자체가 위기의 진앙(=지진이 생겨난 중앙)인데 겉에 드러난 곁가지 문제들만 괜스레 건드리고 있다.

1970년대까지는 "경제 불평등? 차츰 좋아질 거야!" 하는 낙관론이 나올 수도 있었다. 20세기 중후반에는 (전쟁과 혁명 덕분에) 인류 사회의 경제적 불평등이 상당히 줄어들었으니까 말이다. 하지만 1980년대 레이건(미국 대통령)과 대처(영국 수상)가 앞장선 자본가들의 공격으로

71. 정권과 언론이 자본의 돈벌이에 앞장선 두 사례: 4대강 사업은 건설사들에게 돈을 거저 퍼주려고 억지로 꾸민 이명박 정권의 작품이었다! 또 정권/언론이 합작해 "집값, 바닥 쳤어요! 집 사세요!" 하고 떠드는 것에도 속아서는 안 된다. 신문 광고의 큰 몫을 부동산 광고가 차지한다. 그래서 언론은 엉터리 기사를 써서 호객행위(삐끼 짓)를 한다. 국민 가계빚이 최근 급증해서 1,000조 원이 웃돌게 된 데는 그 탓도 크다. 가계 부실(=가계빚+전세금)이 1,600조 원이라는 사실을 주목하라는 경고도 있다. 전세금의 태반이 은행에서 빚을 얻은 것인데 전세금 규모가 900조 원이 넘는다는 추정도 있다.

빈부 격차가 다시 늘어나면서 세계경제는 불평등이 차츰 가팔라지는 장기적 흐름으로 되돌아갔다. 사회 양극화는 단순히 양극화에 그치지 않는다. 과잉 투자 과잉 생산에 빠진 자본가들은 더 공장을 지을 생각을 포기하고, 지갑이 말라붙은 대중은 소비를 멈추게 된다. 그 날카로운 불균형이 공황(불황)을 초래한다. 2008년에 터진 세계대공황이 아직 진행 중이다. 일본도 2013년부터 국채government bonds를 마구 사들여서 돈을 푸는, 교활한 용어로 '양적 완화'라 일컫는 디플레 탈출 정책(=아베노믹스)를 들고 나왔다. 유로존에서는 그리스와 스페인에 구제금융을 제공하고 사상 처음으로 마이너스 금리까지 단행했다. 그러나 2015년 초 현재, 어느 나라든 경제 성장률과 물가 상승률이 동시에 마이너스로 굴러떨어지는 '디플레이션 직전' 상태에 이르고 말았다. 대불황의 길은 피할 수 없다. 어떻게 얼마나 추락하느냐는 차이만 있을 뿐이다.[72] 한국 민중은 새로 맞닥뜨릴 환란(우환과 변란)을 과연 씩씩하게 견뎌낼 수 있을까?

자본주의 체제는 '달리는 자전거'와 같다. 급브레이크를 밟으면 곤두박질친다. 1929년 세계대공황의 경우다. 그렇지는 않다 해도 속도가 느려지면, 다시 말해 성장률이 제로에 가까워지면 사회가 위험하게 비틀거린다. 요즘이 그런 시절이다. 문 닫는 기업이 늘어나므로 실업자가 덩달아 늘어난다. 일자리를 잃으면 앞날에 대한 희망도 사라진다.

자본가들은 돈벌이 기회를 다시 얻으려고 무슨 수를 쓸까? 같은 편끼리 블록을 짠다. 유럽연합이 생겨난 것도 미국과 일본 자본에 맞서 유럽 자본들이 똘똘 뭉치자는 거였다. 이것은 자유무역 시스템을 거스르는 짓이니, 자본주의가 자유주의자들이 내세우는 이념과 어긋나

72. 한국은행이 2015년 3월 중순, 사상 처음으로 1% 대의 저금리를 단행한 것도 그래서다.

는 방향으로 나아가는 셈이다(겉 다르고 속 다르고!). 또 자기 돈벌이 기회를 빼앗기지 않으려고 나라끼리 툭하면 다툼을 벌인다. 여러 해 전부터 프랑스가 아프리카의 여러 나라에 군대를 보낸 것도 아프리카의 시장을 중국에게 빼앗기지 않으려는 속셈에서다. 미국이 서해에 항공모함을 보내려 한 적 있는데 중국이 맹렬하게 반발해서 그만뒀다. 미국이 중국 포위 전략을 쓰는 까닭은 군사력을 휘두르면 경제적으로 얻는 게 많기 때문이다. 가령 자기들한테 유리하게 '환율'을 고칠 수 있다.[73] 이것, 다 자본 체제의 위기가 불러낸 결과들이다. 경제가 안 굴러가면 나라들 사이가 나빠지고, 전쟁의 위험이 높아져간다. 그러니까 현실을 조금만 들여다보더라도 "자본주의, 이대로 괜찮아! 조금만 고치자고!" 하는 얘기가 순식간에 빛을 잃는다.

교과서는 마르크스의 이론을 너무 겉핥기로 살핀다. '(그가) 인간 본성을 모른다'는 판단은 얄팍한 생각이다. 그렇게 여긴 사람들이 많기는 했다. "이타적인 사람이라야 사회주의를 할 텐데 대다수 사람은 이기적이지 않으냐!"는 것이다. 얼핏 보면 그렇다. 하지만 사람은 영혼이 있는 존재라서 사람됨이 놀랍게 바뀌기도 한다. '새 사람이 돼라!'고 보편 종교가 사람들을 불러 세우지 않았는가. 혁명의 용광로는 사람들을 거듭나게 만든다. 그러니까 교과서는 '사람은 이타적이 될 수 없다'고 비관론(체념)을 말하는 것이고, 그 이기성이 자본주의 사회에서 더 부풀려졌다는 사실도 헤아리지 않는다.

73. 1985년 미국이 일본에게 '플라자 합의(미국에 유리한 쪽으로 환율 변경)'를 강요한 뒤로, 일본 경제가 장기 침체에 들어갔다. 중국도 끊임없이 환율을 고치라는 압박을 미국으로부터 받아왔다. 그런 힘자랑이 아니라도 달러가 세계 기축통화라서 미국은 연간 150억 달러의 발권이익(시뇨리지)을 얻고 있고, 세계경제가 불안한 탓에 안전 자산인 '미국 국채'를 각국이 엄청나게 사들였다. 자본주의가 망하기 전까지 미국은 망하지 않는다. 요즘 미국 경제 형편이 딴 나라들보다 나은 것도 그 끗발 덕이다.

또 그의 이론이 너무 이상적인가? 그가 바보가 아닌데 사회주의가 하루아침에 이뤄지지 않는다는 사실을 모를 리 없다. 교과서 필자는 당사자가 어떻게 생각했을지는 헤아려보지도 않고 멋대로 넘겨짚었다. 칸트는 어떤 이념을 두 가지로 읽을 수 있다고 했다.[74] "지금 이 사회를 이러저러하게 당장 바꿔봐라!" 하는, 당장 써먹히는 처방전으로 읽을 수도 있고(이를 '구성적 이념'이랬다), "어느 방향으로 나아가라!"는 길라잡이(=규제적 이념)로 읽을 수도 있다. 마르크스는 '사회주의가 뭐냐?'고 누가 묻자, 먼 훗날의 설계도를 미리 그리려고 하지 말라고 퇴짜를 놨다. 이념은 우리가 눈앞의 현실을 어느 쪽으로 타개해가느냐만 말해준다는 것이다. '필요에 따른 분배'는 우리가 지향할 높은 방향이지, 당장의 처방전이 아니다. 쪼금 시도해볼 수는 있지만(가령 장애인들을 돌보는 일), 민중의 살림살이 모두를 당장 그렇게 꾸리는 것은 불가능하다.

사회주의가 당장의 처방전(=구성적 이념)이라고 여긴 사람들도 있었다. 1917년 사회주의 혁명을 성사시킨 소련 공산당 사람들이다. 그들의 주장에 허점이 많았다는 것은 1990년 소련이 스스로 무너짐으로써 입증됐다. 하지만 마르크스 자신은 사회주의를 당장의 설계도로 여기지 않았다. 구성적 이념으로서 허점을 보였다고 해서 그 방향(규제적 이념)을 포기할 이유는 없다.

그럼 스탈린(옛 소련공산당 서기장)은 그렇다 치고 마르크스의 이론(생각)은 완벽하다는 말인가? 그렇지 않다. 소련 사회주의가 빗나간 까

74. 칸트는 이념이 가상假像이랬다. 어디 실제로 있는 것이 아니다. 하지만 그 가상이 없으면 사람이 정신적 실조失調에 빠진다. 아무리 허튼 것일망정 이념이 있어야 삶을 지탱하고, 이념이 없다면 눈먼 종교에라도 기대야 한다. 그러므로 이념은 제거할 수 없는 초월론적 가상이다. 과학에서 모든 형이상학(이념)을 추방해버리려는 영미 쪽의 경험주의 철학은 인간을 협소하게 바라보는 것이다.

닭의 일부는 마르크스에게도 있다. 그의 국가론이 좀 허술해서 그렇게 됐다. 그는 "머지않아 국가가 문 닫을 수 있다"고 좀 쉽게 내다봤다. 국가를 그 내부에서만 살폈기 때문이다. "대다수 사람들은 자유평등의 세상을 바라므로 일부 사람들이 반발하더라도 옳은 길로 금세 갈 수 있다!"고 그는 생각했다. 하지만 국가는 딴 국가들과 맞서려면 힘을 키워야 한다. 국가가 커지면 국가 관료의 힘이 세지고 이것은 민중이 주인으로 나서는 것을 가로막는다. 이 간단치 않은 대목에 대해서는 그가 생각을 건너뛰었다.[75]

현실에서 어땠는가? 러시아에 혁명정권이 들어서자 유럽과 일본이 이를 훼방 놓으려고 군대를 보내서 격렬하게 내전(內戰, civil war)이 벌어졌다.[76] 새 국가가 당연히 힘을 키웠고 그 결과로 애당초 자기들이 내세운 길에서 차츰 벗어났다. 프랑스혁명 때도 마찬가지다. 혁명은 왕의 자리를 없애자는 거였는데, 나폴레옹이 도로 황제의 자리를 꿰찼다. 유럽의 여러 나라가 혁명정부를 무너뜨리려고 덤볐고, 외국 군대와 싸우다 보니 국가 지도자(나폴레옹)의 권력이 월등하게 커졌다. 그는 공화국의 정신과 동떨어진 길로 갔는데 이것도 국가가 쉽게 민주화되거나 사그라들 수 있는 것이 아님을 말해주는 사례다.

아무튼 인류의 현대사는 사회주의가 쉽게 달성되지 못한다는 사실을 분명하게 밝혀줬다. 사회 변화의 물결이 한두 나라에서 일어나는 것으로는 성공하지 못한다. 여러 나라 여러 민중이 동시에 나아가야 한다. 소련 사회주의가 자신의 이념에서 벗어나게 된 것도 혁명이 한 나라 안에 고립돼버렸기 때문이다. 왜 그것이 그렇게 어려운 일일까?

75. 목표 달성을 쉽게 생각한 덕분에 러시아 사회주의자들이 더 쉽게 나선 면도 있다. 일종의 역설.

76. 연해주에 살던 한인韓人들이 1930년대에 중앙아시아로 강제 이주된 것도 일본의 훼방과 관련된다.

가리타니 고진은 근대 사회로 오면서 자본주의와 네이션(민족)과 국가가 하나의 바윗돌로 달라붙어 한 덩어리로 굴러가기 때문이라고 했다.[77] 이 셋을 한꺼번에 극복하는 일이라서 간단하지 않다.[78]

그렇더라도 우리는 '자본 너머'의 가능성을 찾지 않으면 안 된다. 단지 경제적 평등이 좋아서가 아니다. 자본이 주인이 된다는 것은 대다수 민중이 '남의 부림을 받는 수동적인 존재'로 살아야 한다는 뜻이다. 사장님(상사)의 비위를 거스르지 않으려고 늘 조바심을 내는 옹졸한 삶! 근대 초기에 가난한 민중들이 집 없이 거리를 떠돌망정, 공장에 붙들려 품팔이하는 것을 그렇게 거부했던 까닭은 그런 존재로 살아서는 도무지 살맛이 나지 않았기 때문이다. 사람에겐 제 삶의 주인이 되고 싶은 뿌리 깊은 욕구가 있다.

남의 부림을 받지 않을 길이 무엇인가? 중세 유럽에서 자유를 숨쉴 수 있었던 곳은 곳곳에 섬처럼 생겨난 (자유)도시였고, 그 기초는 상인이나 수공업자들의 조합(길드)이었다. 자본가 한 사람에게 매여 살지 않으려면 여러 사람이 다 같이 (공동의) 주체로 나서야 한다. 함께 무엇을 이뤄나가는 곳에서라야 사람은 자신을 사회의 주체로 느낄 수 있다. 사회주의는 대다수의 기업이 '국가의 것'이 되는 체제가 아니라 주식회사가 대부분 협동조합으로 바뀌는 체제다.[79] 국유화國有化는 잠깐 거치는 과정일 뿐이고 그 핵심은 사회화社會化다. 협동조합은 사회의 것이자 개개인들의 것이다. 옛 소련과 같은 국가사회주의(=국가가 명령하는 체제)를 사회주의의 본령으로 착각해서는 안 된다.

77. 그가 쓴 『세계사의 구조』(도서출판 b 펴냄)를 참고하라.
78. 그래서 사람들이 '사회 전체'의 변화에 대한 낙관을 잃고 다들 제 앞가림에만 몰두한다. "위기가 깊다고? 안 믿어!" 하는 물신적物神的 부인과 냉소주의에 찌들어 있다. 문제를 직시하지 않는다.
79. 소련이 국가 위주의 체제에 머무른 탓에 '사회주의=국유화'라는 오해가 생겼다.

몬드라곤이 늘어나야 앞길이 열린다

몬드라곤 공동체(생산협동조합) 같은 실험이 그저 부럽기만 한 '그림의 떡'으로 치부될 수 없는 까닭은 세계 곳곳에서 자본 체제가 흔들거리기 시작했기 때문이다. 자본이 쏠쏠하게 돈벌이를 계속하는 한, '그것, 뜯어고치자'는 목소리가 힘을 받기 어렵다. 회사에 취직한 덕분에 그럭저럭 먹고사는 사람들이 굳이 딴 길을 찾지 않아서다. 그런데 자본에게 돈벌이 기회가 가로막히면 문제가 달라진다. 자본주의 기업은 이윤을 내지 못하는 순간, 무너진다. 그런 사태를 피하려고 국가가 나서서 갖가지 파괴적인 몸부림(전쟁 도발 등등)을 벌일 수 있다.

이와 달리, 협동조합은 이윤 벌이를 위한 기구organization가 아니다. 한동안 빚을 안고 굴러간다 해도 그 구성원들이 허리띠를 졸라 매고 기업을 살려낼 수 있다.[80] 이윤 벌이의 여지가 쪼그라든 낮은 성장의 시대를 능동적으로 헤쳐 나갈 주체는 자본주의 기업이 아니라 협동조합이다.[81]

스탈린은 사회주의 국가를 만들었다는 자랑에 도취된 나머지 "사회주의로 가는 길은 필연必然"이라고 떠벌렸다. 자기들이 그런 역사를 만들어가는 도구道具랬다. 헤겔의 말을 따라 했다. 한참 뒤에 태어나서 역사의 흐름을 지켜본 우리는 그 길이 우리가 어김없이 맞닥뜨릴 필연의 길이 아님을 잘 안다. 인간 해방의 길로 나아가려고 우리가 끊임없이 애쓸 뿐, 지금과 전혀 다른 사회를 만들어낼 수 있을지 말지는 장

80. 베네수엘라와 아르헨티나에는 파산한 기업을 노동자들이 협동해서 살려낸 사례가 여럿 있다. 대다수 민중이 사회의 능동적인 주체가 되게 북돋는 것이 사회주의다.
81. 자본주의 기업들 틈바구니에선 협동조합이 크기 어렵다. 그러므로 협동조합들이 커갈 수 있도록 국가가 밑자락을 깔아줘야 한다(법률 개편 등). 정치혁명이 필요한 까닭은 그래서다.

담할 수 없다.

우리가 정작 두려워해야 할 것은 어떤 긍정적인 변화의 싹도 마련하지 못하고 인류 사회가 침몰해가는 길이다.[82] 미국 사회는 세계대공황(1929)의 위기 속에서 지배세력과 밑바닥 민중이 한때 계급타협(루스벨트의 뉴딜 정책)을 이뤄낸 덕분에 공황에서 벗어날 수 있었다. 그때의 계급타협은 어디까지나 한 나라 안에 한정된 타협인데, 지금의 인류 사회에서 당장 절실한 것은 남과 북 사이의 세계적 계급타협이다. 그래야 자본 체제 자체가 초래하는 사회적 위기를 땜질이라도 할 수 있다.

그런 진취적인 모색조차 없다면 어찌 될까? 두 쪽이 다 공멸共滅하는 길로 접어든다. 20세기 초반에 로자 룩셈부르크(독일의 혁명가)는 인류가 "사회주의냐, 아니면 야만이냐"의 갈림길에 서 있다고 부르짖었다. 자본주의의 눈먼 경쟁이 1차 세계대전을 불러냈을 때 이야기다. 지금 우리는 "공멸이냐, '자본 너머'의 싹이라도 틔울 거냐?"의 두 갈래 길 사이에서 선택을 강요당하고 있다. 자본 위기는 머지않아 국가들 사이의 전쟁 위기로 번질 것이고, '자본 너머'를 지향하는 목소리가 모여들어야 그런 정치군사적 경제적 위기를 벗어날 잠깐의 타개책(국가들 사이의 타협)이라도 내놓을 수 있을 것이다.

82. 디스토피아(잿빛 미래)를 그리는 대중 영화가 자꾸 나오는 것도 그런 대중의 비관적 정서를 반영한다.

덧대기 1

(정부 산하 기구인) 통일준비위원회 부위원장이 '흡수 통일 준비팀'을 만들었다고 솔직히 밝혀서 소동이 벌어진 적 있다(2015년 3월 11일 『중앙일보』 기사).[83] 청와대는 '그런 일 없다'고 짐짓 부인했으며, 보수언론은 뭘 굳이 부인하느냐며 혀를 찼고, 경실련(시민단체)은 이 사실에 항의해 시민 자문단에서 탈퇴했다. 남한 지배세력이 '흡수 통일'을 준비하고 있음이 드러난 사건이다. 극우단체들이 북녘에 풍선을 날려 보내는 것을 (북한의 항의에도 불구하고) 묵인하는 것도 그런 속내의 표현이다.

그의 말에 따르면 "지금 북한을 움직이는 것은 (삐걱거리는) 국가가 아니라 시장"이란다. 북한의 사회주의 경제가 변변히 굴러가지 못하고 있는 것은 사실이겠다. 왜 그렇게 됐는지, 한두 마디로 지레 넘겨짚어서는 유익한 교훈을 얻지 못한다. 그것은 누적돼온 역사(=세계사와 민족사)의 결과다. 어찌 됐든 북한 정권과 민중은 자기들의 경제와 사회정치를 제대로 되살리고 북돋아야 할 큰 고민거리를 안고 있다.

문제는 '(자본 체제로의) 흡수 통일'이 과연 그들의 진짜 활로냐는 것이다. 또 묻는다. 미국과 남한 지배계급이 과연 북한 사람들을 도우려고 흡수 통일을 꾀하는 것일까? 자본 체제만큼 '자기 이익 위주'로 굴러가는 체제가 없다. 눈앞의 북한 경제가 가라앉아 있는 데에 눈길이 현혹되어서는 안 된다. 그들이 활로를 찾을 딴 길이 얼마든지 있고, 딴 나라들이 경제봉쇄가 아니라 호혜무역으로 (그들을) 돕는다면 바람직한 변화를 앞당기는 것도 그렇게 어렵지 않다.

또 다른 질문도 던지자. "남한 자본 체제가 요즘 아무 탈 없이 호경기를 누리고 있느냐? 학문의 세계를 찾아야 할 대학 신입생의 머릿속에 취업 준비 걱정밖에 없을 정도로 청년세대에게 미래가 보이지 않는다. 일자리도 베풀지 못하는 사회는 무너지지 않겠느냐. 자본 체제가 민중의 삶을 과연 건사해줄지, 근본 질문이 필요하지 않으냐!" 흡수 통일 어쩌고 하는 난리굿은 남한 사회가 지금의 사회경제적 위기를 벗어날 옳은 길 찾기를 파토 놔버린다. 북한을 강제로 남한(과 미국) 경제에 편입시키는 것은 우리 사회의 위기를 해소하는 길이 아니라 더 큰 모순(불합리)을 떠안는 길이라서다. 민족과 인류 사회가 어느 길로 나아가야 할지, 더 깊은 지혜가 요구되는 시절이다. 어디까지나 자본 체제에 사로잡힌 민중을 구원하기 위해서 사회주의 이념이 태어났다는 사실을 잊어서는 안 된다.

덧대기 2

신문방송은 인플레와 디플레가 서로 반대라고 말한다. 물가price의 상승과 하락이라서! 그런데 이것은 어설픈 정의definition다. 16세기에 아메리카의 금은金銀이 유럽에 쏟아져 들어와 물가가 확 뛰었을 때는 인플레라 일컫지 않는다. 1929년 대공황 이후, 유럽 국가들이 돈을 마구 찍어냈을 때가 인플레다. 전자는 (금은의 증가로) 물가가 실질적으로 올랐지만, 후자는 (유통 필요량 이상으로 지폐를 찍어낸 탓에) 물가가 명목名目으로 부풀려진inflated 것이다. 이와 달리, 디플레는 화폐량이 적어서 물가가 명목으로 떨어진 것이 아니라, 노동생산성이 크게 늘거나 상품 수요가 크게 줄어서 돈이 안 돌고 물가가 실질적으로(!) 떨어진 것이다. 2015년 들어서 세계 여러 나라가 '디플레 직전'에 다다랐다. 화폐량이 적어서 그리 되었는가? 천만에! 2008년 공황이 터진 뒤로 열강이 4~5조 달러의 돈을 찍어냈으니 심각한 인플레가 일어나야 마땅한데 그럴 리가! 상품을 사려는 사람이 없어서 공장(기업)이 변변히 굴러가지 못하니 찍어낸 돈의 대부분이 은행 금고 안에서 줄곧 잠잤던 것이다. 주요국가 중앙은행의 자산만 3~5배로 늘어났다.

세계 민중은 돈 찍어낸 부담을 결국 자기들이 짊어지리라는 사실을 까맣게 모르고, 이른바 '양적 완화(돈 찍어내기)'를 멀거니 구경만 했다. 만일 상품 수요가 확 늘어난다면? 공장 형편이 풀리니 실업자들이 많이 구제되겠지만, 그 대신에 은행 안에서 잠자던 지폐들이 기어 나온다. 그래서 물가가 미친 듯이 뛸 터이니 가난한 민중이 죽어난다. 자본가들은 디플레를 두려워할 뿐, 웬만한 인플레는 흐뭇하게 반긴다. 이와 달리, 민중에게는 디플레든 인플레든 다 저승사자 같은 것이다. 더욱이 인플레는 민중의 호주머니에 들어 있는 부를 자본가들이 긁어 가는 것이라서 몹시 반동적이다.

지금 세계는 디플레를 겪고 있지만 이것이 혹시라도 물러가면 다음에는 미친 듯한 인플레가 다가올 터. 요즘 경제 침체에서 벗어나려고 모든 나라가 저금리에, 통화 전쟁을 벌이고 있는데, 그 결과가 어떻게 될지 우리

83. 그동안 '중앙'이나 '조선'의 1면을 대부분 차지한 기사는 "누가 돈벌이를 잘했다더라"는 것이다. "우리 경제, 잘나가니까 믿으라!"고 대중을 세뇌하고 싶은 게다. 돈벌이에 가린, 그늘진 곳의 삶들을 돌아보자는 얘기는 거의 없었다. 한국 지배층이 얼마나 자기중심적으로 세상을 보는지를 말해준다.

는 전혀 알 수 없다. 자본주의를 찬양해온 부르주아 언론들마저 세계경제가 "불확실한 위험을 향해 브레이크 없이 질주하는 느낌"이라고 털어놓은 적 있다. 요컨대 우리의 앞날은 안갯속이다. 세계 자본 체제를 지탱해온 이념 틀이 순전히 허구라는 사실이 드러난 반면(=정신분석학의 용어로 상징계의 붕괴), 거기서 헤어날 다른 미래에 대한 길찾기는 아직 지지부진하다. 세계의 지배세력은 자기들의 '비전 없음'을 뻔뻔스레 숨기고서, 하루살이처럼 '오늘 살 일(당장의 자본 살리기)'만 떠들어댄다. 2011~12년, 영국과 프랑스에서 터져 나온 (사회로부터 소외된) 젊은이들의 눈먼 폭동 같은 것들이 이렇듯 미래 없는 세대의 절망을 표현하고 있다.

덧대기 3
중앙일보는 삼성(한국 최대 재벌)을 도우려고 생겨난 신문이다. 박정희를 찬양하고 이승만을 복권시키는 데 열을 올린다. 미·일·한 군사동맹을 영원한 자연법칙으로 거룩하게 받들어 모신다. "힘센 놈과 친하게 지내야 우리(=한국 자본)한테 이익이야!" 그런데 민족의 줏대(자주성)에 대한 자각이 병아리 발톱만큼은 있어서 다음 얘기도 어쩌다가 나지막하게 웅얼거린다(2015년 3월 21일자).
"달러는 미국 통화이지만 국제 통화이기도 하다. 미국은 이에 따른 엄청난 특권을 누린다. 미국의 통화정책은 전 세계에 큰 파장을 미치는데 언제나 자국의 경제 상황에 입각해 (일방적으로) 결정돼왔다……."

덧대기 4
자본 체제의 근본 문제는 한 나라 안의 빈부 격차가 아니라 세계 전체의 빈부 격차(더 정확히는 민족 간의 불균등 발전)이다. 한 나라 안에서는 국가가 '지배의 정당성'을 얻으려고 쪼금이나마 분배적 정의에 신경을 쓰기 마련이다. 하지만 세계 전체는 (정글 속 약육강식 게임과 다를 바 없는) 제국주의/식민지 관계에서 별로 벗어나지 못했다. 이를테면 미국 군대는 아프가니스탄이나 파키스탄 민중의 삶이 어찌 되건 말건 자기나라 독점자본의 이익을 위해 거기다가 걸핏하면 폭탄을 떨어뜨린다. 동남아시아로부터 목재 펄프와 새우를 잔뜩 사들이는 일본인들은 그 때문에 인도네시아의 열대림과 태평양의 망그로브 숲이 거덜 나는 데 대해서는 비용을 치르지 않는다. 동남아시아 경제가 세계 자본 체제에 포섭돼 있는 덕분에 (그것들을) 헐값에 사들일 수 있다는 사실을 생각해본 적 없다. 자본주의가 자리 잡기 이전만 해도 세계 곳곳의 지배세력이 누린 부富라는 것이 별것 아니었다. 요즘의 억만장자들과 견주자면 어린애 껌 값이었다. 뒤집어 말하자면 요즘의 독점자본은 세계 곳곳의 밑바닥 민중에게서 (시장 메커니즘을 통해) 그들의 피땀을 살살이 빨아들이는 덕분에 엄청난 부를 쌓는다. 세계적 빈부 격차는 갈수록 더 가팔라진다. 자본 체제를 돌려세우지 않는 한, 가까이는 80%의 인류에게, 멀리는 인류 전체에게 몰락의 운명이 다가온다. 쿠오 바디스 도미네(주여, 어디로 가시나이까)?

2부

고전 읽기

1 그리스 문학을 알아야 세상이 보인다

『오디세이』에 나오는 마녀 사이렌 에피소드. 그는 못 말리는 호기심 때문에 돛대에 제 몸을 묶고서 사이렌들의 노래를 들었다.

옛 그리스인들의 교과서, 『일리아드』

'일리아드'는 일리오(트로이)의 노래라는 뜻이다. 민중 사이에 입으로 전해오던 이야기를 모아서 기원전 8세기에 호메로스가 이오니아(그리스의 식민 지역, 지금 터키의 서쪽 바닷가) 방언으로 썼다.[84] 시간 순서대로 줄거리를 옮기면 다음과 같다.

불화不和의 신 에리니스가 펠레우스와 여신 테티스의 결혼식(나중에 아킬레우스를 낳는다)에 자기만이 불청객임을 알고는 부아가 났다. 피로연 자리에 황금의 사과를 던지고는 최고의 미인에게 주라고 외치고 사라진다. 여러 여신들이 모두 이것을 차지하려고 다투는 바람에 거북해진 제우스는 트로이 왕 프리아모스의 아들 파리스에게 그 판정 일을 떠넘긴다. 여신들이 다들 파리스의 환심을 사려고 애썼는데 파리스는 아프로디테의 손을 들어줬다. 파리스는 아프로디테에게 자

84. 그가 누군지, 언제 적 사람인지 추측이 무성했다. 『오디세이』는 그가 안 썼다는 추측도 있다.

기와의 약속대로 헬레네와 인연을 맺게 해달라고 졸랐다. 그녀는 아가멤논 왕의 동생인 스파르타 왕자 메넬라오스에게 시집간 유부녀였다. 파리스는 헬레네를 납치해서 트로이로 데려갔다.

아내를 잃고 분노한 메넬라오스가 형(아가멤논 왕)과 상의해서 트로이 원정군을 꾸렸다. 여러 영주들(아킬레우스, 오디세우스, 디오메데스, 아이아스 등)이 저마다 부대를 이끌고 참가한다. 아울리스에 10만 대군이 모였다. 그런데 아가멤논이 사냥 중에 아르테미스 여신의 사슴을 죽인 탓에 노여움을 사서 갑자기 해풍이 잠잠해졌다. 그리스 함대가 항구에 발이 묶였다. 예언자의 말로는 아가멤논 왕의 맏딸 이피게니아를 제물로 바쳐야 아르테미스의 노여움이 풀린댔다. 오디세우스에게 시집을 보낸다는 구실로 아가멤논이 맏딸을 보내서 희생시키자 바람이 다시 불었다. 아가멤논의 아내 클리타임네스트라는 이 잔인한 희생을 알고는 영영 남편을 용서하지 않는다.

트로이 섬에 도착한 그리스 군은 바닷가에 진을 치고 트로이 성에 9년이나 쳐들어갔다. 트로이 왕 프리아모스는 이미 늙었으나 아들 헥토르가 분투하고 이웃 나라 동맹군의 도움도 받아 끈질기게 버텼다. 그들은 그리스군의 아킬레우스를 두려워하여 들판에 나가 그와 싸우는 것을 꺼렸다. 신들은 변덕스럽게 이편을 도왔다 저편을 도왔다 한다. 사상자가 늘어나고 격렬한 싸움이 이어졌으나 트로이 성의 함락은 여전히 어려웠다. 게다가 그리스군 내부에 영웅들 사이에 불화不和가 생겨났다…….

사실史實부터 살피자. 19세기 말 슐리만이 터키 북동쪽 헬레스폰토스 해협 근처 언덕에서 트로이의 유적을 발굴했다. 그래서 미케네(아테네 남쪽) 사람들이 이곳을 침략한 적이 있다는 사실은 밝혀냈지만 트로이가 그 침략으로 말미암아 무너졌는지 어떤지는 알 수 없다. 아무튼 전쟁은 있었고, 이곳이 바닷길의 길목이라는 것과 연관될 것 같다. 하지만 '10만 대군 어쩌고……'는 뻥구라다. 당시의 그리스인들은 이 전쟁이 기원전 12~14세기에 있었을 것으로 짐작했는데 그 시절의 사람들 경제 규모가 10만 명의 군인을 지탱할 수는 없었다.

헬레네를 서로 차지하려고 다퉜다는 것도 당연히 픽션(허구)이다. 그런데 이 얘기나 아가멤논이 자기 딸을 신에게 제물로 바쳤다는 것으로 봐서, 그때 여성들이 가부장제도 밑에서 얼마나 억눌려 살았을지 넉넉히 짐작이 간다. 정복자들의 외래 신화인 올림포스 신화 이전에 토착민들의 티탄족 신화가 있었는데 토착민 사회에서는 가부장제도가 덜했을 것이다. 아시아든 유럽이든 옛날에 사람 제물 이야기가 참 많다. 성경에는 아브라함이 자기 아들 이삭을 바치는 얘기가 나오고 우리의 심청이도 있다. 그 사회에서 덧없이 희생당하는 사람 얘기를 '신에게 바친다'는 그럴싸한 구실로 덧칠하여 꾸며댄 것으로 보인다.

그런데 『일리아드』는 정복전쟁에 나선 지 10년째 되던 해부터 이야기를 시작한다. 옛날이야기들은 대부분 전기(傳記, biography)처럼 "언제 태어나서 어떻게 살다가 언제 죽었다." 하는 식으로 평범하게 전개되는데, 『일리아드』는 등장인물들 사이의 갈등이 심해질 때부터 이야기를 시작한다. 플롯plot 구성이 근대 소설을 선취한 셈이다. 근대 소설은 지금 이야기에서 시작해 중간에 과거를 넘나들 때가 무척 많다. 비극 『오이디푸스 왕』도 마찬가지로 이야기의 핵심 대목만 압축해서 보여줬다. '플롯'은 그리스 말 미토스mythos를 영어로 번역한 것. 이야기의 얼개(구성)을 가리킨다.[85] 실제의 『일리아드』는 다음의 플롯에 따

85. 미토스의 본래 뜻은 이야기, 신화神話이고, 영어 myth가 이 낱말을 그대로 이어받았다.

라 이야기가 이어진다.

> 어느덧 전쟁이 10년째를 맞이했을 때, 아폴로 신의 노여움을 사서 그리스군 막사(텐트)에 역병(전염병)이 돈다. 그리스군이 아폴론을 모시는 사제의 딸을 납치한 데다가, 사령관 아가멤논이 그 딸을 돌려보내기를 고집스레 거부했기 때문이다. 이에 아킬레우스가 아가멤논을 비난하며 사제의 딸을 돌려줄 것을 요구하자, 아가멤논은 아킬레우스가 얻은 여인 브리세이스를 대신 데려간다. 망신살이 뻗친 아킬레우스가 그리스군을 돕지 않겠다며 자기 천막에 틀어박힌다. 그 뒤로도 두 군대가 엎치락뒤치락하는 가운데 그리스 장수들이 잇따라 부상을 당한다. 그러자 아킬레우스의 벗 파트로클로스가 아킬레우스의 갑옷을 대신 입고 싸우러 나갔는데 아킬레우스의 충고를 묵살하고 트로이군을 성벽까지 추격했다가 트로이의 장수 헥토르에게 죽임을 당한다. 이에 분노한 아킬레우스가 싸움터로 뛰쳐나가 헥토르를 죽이고 그 시체를 전차에 붙들어 매고 끌고 다니며 모독한다. 밤을 틈타 찾아온 프리아모스 왕(헥토르의 아버지)이 아들의 주검을 돌려줄 것을 호소하자 아킬레우스가 허락한다…….

이야기 속에서는 시간의 흐름이 매우 짧다. 실제로 사건이 벌어진 때는 보름 남짓에 불과하다. 중간 중간에 옛날을 회고하고(되돌아보고) 앞으로 벌어질 얘기도 암시한다. '트로이의 목마'를 비롯해 전쟁의 결말 부분은 중간에 살짝 암시되는데, 성이 함락되는 대목은 잃어버려서 알 수 없다.

아가멤논이 아르테미스 여신의 노여움을 샀다? 실제로는 그 여신을 모시는 신관(사제)들이 왕에게 불만을 나타냈던 것으로 읽을 일이다.

파트로클로스는 아킬레우스의 애인이라는 추측도 있다. 옛 그리스에는 싸움터에서 동고동락하다가 동성끼리 애인이 되는 일이 많았다.

등장인물들은 대부분 덕virtue이 있는 영웅과 거리가 멀다. 아가멤논은 혼자 잘난 체하는 인물이고, 파리스는 저 때문에 전쟁이 벌어졌는데도 헬레네를 돌려보낼 수 없다고 우긴다. 아킬레우스도 제 자존심이 짓밟히자 전쟁을 '나 몰라라' 했다. 신들도 부도덕하게 묘사됐다. 인간과 마찬가지로 질투에 휩싸이고 공연히 화를 낸다. 그래서 플라톤이 이 서사시를 못마땅하게 여겼다고 한다. 그런데 뒤집어 생각하면 신들이 인간 위에 근엄하게 군림하지 못한다. 그때 그리스인이 자연세계를 크게 두려워하지 않고, 신비스러운 신 이야기 대신에 인간 자신의 삶을 들여다보는 쪽으로 생각이 옮아갔다는 것을 말해준다.

그리스군의 장수들에게 아가멤논은 왕이 아니다. 그리스의 여러 도시국가들이 누가 대장 노릇을 하지 못하는, 다들 고만고만한 존재였다는 얘기다. 올림포스 신화는 이런 단계의 사회를 반영하는 이야기다.

『일리아드』의 주인공은 아킬레우스다. 그는 나중에 발꿈치에 화살을 맞고 죽는다. 제가 죽을 운명일 줄 알면서도 '복수'를 위해 싸움에 나서는 의기義氣가 있다.[86] 이야기의 절정(클라이맥스)은 그가 헥토르를 죽이는 사건이다. 아들을 잃은 프리아모스 왕이 어둑해질 무렵 남몰래 아킬레우스의 막사로 찾아와 그의 무릎을 잡고 두 손에 입을 맞추고는 말을 건넸다. "그대 아버지는 그대가 살아서 돌아오기만을 기다릴 것이오. 그대 아버지를 생각해서 나를 동정해주시오! 내 손으로 내

86. 죽을 줄 알면서도 싸우는 사람은 숭고하다. 1980년 5월, 광주 시민군은 역사에 증언하려고 끝까지 전남 도청에 남았다. 1944년 스페인 마키스 게릴라들도 패배할 줄 알면서 파시스트 프랑코에 맞섰다.

아들의 주검을 묻게 허락해주시오." 그가 제 친구를 죽인 원수의 아버지에게 마음의 문을 열고 그가 겪는 슬픔을 공감하는 장면이 이 이야기의 백미(白眉, 가장 멋진 대목)이다. 사람은 남의 슬픔에 공감할 줄 알게 될 때 성숙한 사람이 된다.

헥토르와 아킬레우스는 저마다 부성(父性, 아버지 됨)과 원시적인 남성성을 상징하는 인물로 읽을 수 있다. 헥토르는 가족을 걱정하고 자식을 염려하는 전형적인 아버지의 모습이다. 아버지는 인류가 가족(씨족) 단위로 생활을 꾸린 뒤에 탄생했다. 어머니가 혼자 자식을 돌볼 때에는 아버지의 존재가 없다. 그러니까 부성은 사회와 문화에 의해 나중에 생겨났다. 반면에 남성성은 그저 생물학적 존재이고 파괴적, 공격적 충동에 지배된다. 아킬레우스는 처음에 남성적인 힘의 분출 욕구만을 따르는 거친 전사戰士였다. 『일리아드』에서는 부성이 남성성에 여지없이 패배한다. 하지만 헥토르의 주검을 거두는 과정에서 아킬레우스도 남의 슬픔에 연민할 줄 아는 문화적인 인간으로 바뀐다. 뒤이어 소개하겠지만 트로이 함락 이후, 오디세우스의 귀향을 그린 『오디세이』는 부성父性이 결국 빛을 본다. 마침내 고향(집)으로 돌아가겠다는 의지는 아버지의 의지가 아닌가. '고개 숙인 아버지들'이 크게 늘어난 후기 자본주의 시대에 『오디세이』는 우리에게 씁쓸한 향수를 자아낸다.

『일리아드』는 밝은 이야기인가? 헥토르도 아킬레우스도 다 허망하게 죽었다. 사람들은 카산드라의 예언을 믿지 않았다. '트로이의 목마'라는 협잡도 등장했다. 비극까지는 아니지만 슬프고도 냉혹한 이야기다. 이 이야기는 무슨 교훈을 퍼뜨릴까? 그리스인들은 사람은 불사不死의 신들과 달리 언젠가 죽는 존재라는 것을 많이 생각했다. "위대한 영웅도 결국엔 덧없이 죽는구나!" 하는 쓸쓸한 정조情調가 서려 있다.

『일리아드』에는 여러 가지 재미난 일화도 담겨 있다. 아킬레우스가 아무리 해도 헥토르를 잡을 수 없어서 쩔쩔매는 대목이 나오는데 이 일화의 맞짝이 이솝 우화에 나오는 토끼와 거북이 얘기다.[87] 제논은 여기서 영감을 얻어 "토끼는 거북이를 따라잡을 수 없다"는 역설(패러독스)을 지어냈다. 아가멤논의 아내 클라임네스트라가 딴 사내와 놀아나 남편을 죽이고 자식들이 제 아버지의 죽음에 앙갚음하는 얘기에서 나중에 '엘렉트라 콤플렉스'라는 심리학 용어가 나왔다. 엘렉트라는 아가멤논의 딸로서, 아버지를 사랑하고 어머니를 미워했다.

성서에는 글쓰기를 말한 곳이 430곳이나 된다는데 『일리아드』에는 한 군데밖에 없다. 구약 성서가 200여 년 뒤(곧 유대인들이 바빌론에 포로로 붙들려 있을 때)에 쓰이기도 했지만, 그 시간상의 차이가 큰 게 아니다. 원래 나라가 망하면 그 구성원들이 믿던 국가종교도 가라앉게 돼 있다. 유대인들은 나라가 망했는데도 종교를 일으켰으니 국가종교로부터 보편 종교로 대단한 정신적 혁신을 했던 셈이다. 유대 민족은 국가의 울타리가 없는데도 오직 같은 신앙을 갖는다는 것만으로 민족을 이뤄냈다. 그랬기에 누구나 글을 쓰고 읽을 것을 장려했던 것이다.

이와 달리 호메로스 시절의 그리스는 페니키아 문자를 받아들여 저희 알파벳을 만들기는 했어도(호메로스가 창안했다), 민중 대다수는 구술(口述, 입으로 주고받기) 문화에 폭 빠져서 살았다는 얘기다. 입으로 전하는 얘기는 "그리고 말이야……." 하고 끝없이 이어진다. 냉정하게 사물을 살피는 얘기보다 현실에 뛰어들어 자기감정을 불어넣는다. 차분히 따지기보다 입씨름을 즐긴다. 추상적인 얘기를 싫어한다. 『일리아

87. 『일리아드』에는 이렇게 서술돼 있다. "꿈속에서 그렇듯 추적자(아킬레우스)는 그가 뒤쫓는 도망자에게 접근하긴 해도 결코 따라잡지 못한다. 또 도망자(헥토르)도 추격에서 완전히 벗어나지 못한다."

드』에는 어린 아킬레우스가 선생(개인교사)한테 배운 얘기가 나오는데 무술武術과 말하기(변론술)뿐이다. 학교라는 것이 없고 주로 아버지가 아들을 가르쳤다. 그리스인들에게 유일한 교과서는 『일리아드』와 『오디세이』뿐이었다.[88]

고대에 살았던 근대인 오디세우스

먼저 줄거리부터 옮긴다.

오디세우스는 부하들과 함께 배를 타고 고향 이타카로 떠났으나 가는 곳마다 온갖 해괴한 일이 벌어진다. 고향에서는 이타카 영주 자리를 노리는 놈들이 그의 아내 페넬로페를 차지할 기회를 엿보려고 그의 집에 아예 눌러앉아 그의 재산을 탕진하고 있었다. 페넬로페는 시아버지의 수의壽衣를 짤 때까지 청혼을 기다려달라고 연막을 치고는 낮에 베를 짠 것을 밤마다 도로 풀렀다. 나이 어린 아들 텔레마코스가 배를 타고 이 섬 저 섬으로 아버지를 찾으러 다녔다.
귀향길에서 다음과 같은 사건이 벌어졌다. 외눈박이 괴물 키클롭스에게는 자기 이름이 Nobody라고 거짓말로 둘러대서 가까스로 목숨을 건진다. 하지만 아들 키클롭스의 얘기를 전해 들은 포세이돈 신의 노여움으로 한동안 풍랑을 겪었다. 마녀 키르케를 만났을 때는

88. 학교는 근대 사회에 와서야 널리 자리 잡았다. '교육을 통해 사회 변혁을' 이뤄내자는 계몽사상이 교육학의 밑바탕이다. 그런데 과연 그럴 수 있는지, 교육자 자신은 어떻게 교육받아야 하는지 근본 물음이 제기된다(마르크스의 포이어바흐에 관한 테제). 사람을 해방된 주체로 만드는 것은 학교 아닌 '민중의 자기 교육'이라는 명제에 비추어 소크라테스의 '현인'이든, 근대 교육학이든 되살펴야 한다.

그의 부하들이 모두 돼지가 돼버렸다가 나중에 풀려난다. 바람을 다룰 수 있는 아이올로스에게 귀향길을 훼방 놓을 바람을 다 가둬둔 푸대 자루를 받는데 그가 잠든 사이에 그게 보물인 줄 알고 부하들이 푸대를 풀어버려서 도로 처음 자리로 되돌아왔다. 잠깐 저승에 들러서 죽은 동료들도 만난다.

아름다운 노래로 뱃사람을 홀리는 마녀 사이렌을 만났을 때는 제 몸을 돛대에 묶어서 그 유혹을 견뎌냈다. 장님 예언자 테이레시아스가 태양신 헬리오스의 가축을 먹어치우지 말라고 경고했는데도 이를 아랑곳하지 않은 그의 부하들이 몽땅 죽임을 당하기도 했다. 칼립소 섬에 들렀을 때는 그곳의 님프가 그에게 반해서 7년 동안이나 붙들고 놓아주지 않았다. 님프와 달콤한 삶을 누리느라 옛 생각을 잊고 지내던 그는 어느 날 문득 고향을 떠올리고는 펑펑 울었다. 신들에게 도움을 청해서 간신히 풀려났다. 파이아케스 섬에 표류해서 영주 알키노스의 딸 나우시카와 마주친다. 그녀를 따라 영주의 집에 가서 도와줄 것을 청했고 천신만고千辛萬苦 끝에 고향 이타카의 땅을 밟는다. 무려 20년이 걸렸다![89]

자기 집은 구혼자들이 차지하고 있었다. 늙은 개와 유모만 변장한 그를 알아봤다. 몰래 들어가서 아들과 만나 복수를 꾸민다. 페넬로페의 새 남편을 결정하는 자리에서 무예武藝를 뽐내고 구혼자들을 죽여버렸다. 진짜 남편인지 알아보는 페넬로페의 시험에도 붙어 마침내 행복한 결말을 이뤄냈다.

먼저 그의 아내. 죽었는지 살았는지도 모를 남편을 20년이나 기다린

89. 실제로 서사시 속에 선보이는 얘기는 40일 동안의 이야기다.

것이 눈물겹다. 구혼자들을 '아직 베 짜기가 덜 됐다'고 거짓말로 속여 넘기며 살아야 할 만큼 고단한 삶이었다. 한 집안(가부장제도)을 지탱하려면 여성이 얼마나 희생을 치러야 하는지, 본보기로 알려준다. 아들 텔레마코스도 구혼자들의 암살 음모를 겪어내고 스스로 눈이 빠져라 아버지를 찾아 나섰다. 『오디세이』에는 어린 사람의 성장 이야기도 담겨 있다.

키르케의 마법에 걸려서 돼지가 된 오디세우스의 부하들은 돈독(상품 물신숭배)에 빠진 현대인에 대한 은유(메타포)로 읽힌다. 몸은 돼지가 됐지만 머리는 아직 생각할 줄 아는 사람이어서 그들은 고통스러웠다. 아도르노(20세기 독일 학자)는 사이렌한테 홀리지 않으려고 오디세우스가 배의 돛대에 제 몸을 묶은 것에서 놀라운 계몽적(근대적) 합리성을 읽어냈다. 왜 그는 자기 귀를 틀어막지 않았을까? 못 말리는 호기심 때문이다! 부하들한테는 귀를 틀어막고 노를 젓게 했다. 그들은 그녀의 매혹적인 노래를 맛볼 기회를 부여받지 못했다. 오디세우스 자신은 그 노래(예술, 쾌락)를 즐기되, 치명적인 위험만 멀리하게끔 꾀(책략)를 부렸다. 사이렌은 신화의 세계를 대표한다.[90] 신화myth의 해로움을 덜어내고 길들이는 합리적 인간이다. 생명공학의 지식을 무더기로 쌓은 현대의 인류는 '유전자 조작' 따위가 빚을지도 모를 치명적인 위험에 빠지지 않은 채 과학놀이를 계속해갈 수 있을까? 똑똑한 부하라면 사이렌의 노래를 혼자 들은 오디세우스가 괘씸하게 느껴졌을 것이다. "우리는 귀를 싸매고서 노만 저으라, 해놓고 자기만 들어?" 배불리 먹고사는 사람들만 예술을 누리는(향유하는) 세상을 비꼰 얘기로도 읽힌다.

90. 사이렌siren은 '유혹, 경적 소리'란 뜻이다. 마녀 사이렌의 에피소드에서 비롯된 낱말이다.

칼립소 섬의 이야기도 '망각과 기억'의 주제를 건드린다. 키르케의 돼지가 돼버린 오디세우스의 부하들과 마찬가지로 그에게도 풍요로운 고장에서 님프와 함께 살아가는 것은 무척 행복했다. 행복의 양量만 따지자면 공리주의자 벤담한테 표창장을 받을 일이다. 그가 고향과 자기가 살아왔던 세월만 깡그리 잊어버린다면 그러한데, 어느 날 문득 옛 기억을 떠올린 그는 바닷가에 주저앉아 고향 쪽을 바라보며 하염없이 눈물을 흘렸다. 그가 고통스러웠던 까닭은 옛 기억을 아예 저버릴 수 없고, 제가 살았던 옛 삶에 어떻게든 응답해야 했기 때문이다. 영웅들만 주인공으로 등장하게 돼 있는 옛 문학작품 중에 주인공이 나약하게 울어댄 이야기는 『오디세이』밖에 없다. 근대 소설을 선취先取했다.

오디세우스는 파이아케스 섬의 영주의 환대를 받고 답례하는 뜻에서 제가 겪은 이야기를 한참 동안 들려준다(그런 형식으로 모험담이 서술됐다). 여기서 그 환대(따뜻한 대접)에 담긴 뜻을 읽어보자. 요즘 우리가 낯선 도시에 가서 아무 집이나 문을 두드리고 하룻밤 재워달라고 하면 아마 집 주인은 우리가 미친놈이라고 여겨 대뜸 경찰서에 전화를 걸 것이다. 하지만 조선시대에는 그래도 됐다. 대문 옆의 외양간이라도 기꺼이 자리를 내줬다. 호메로스 시절에 그리스에는 "모든 나그네와 거지는 제우스신한테서 온 것이니까 업신여기면 안 된다"는 격언이 퍼져 있었다. 이것을 "사람들이 착했구나!" 하고 읽는 것은 겉핥기 독서다. 그것의 본질은 경제 관습이다. 그때는 선물을 주고받는 경제가 기본이었다. 낯선 나그네한테 내가 친절을 베풀어야 나도 낯선 곳에 갔을 때 그 보답을 받는다. 하나 더. 고대 사회에는 '거지를 환대해야 한다'는 도덕규범이 작동했다. 거지가 돌아다닌다는 것은 그 공동체에 빈부 격차가 생겼다는 뜻이다. 공동체가 깨지면 다들 피곤한 삶을 살게 된다는 것을 알고 있어서 거지를 '나 몰라라' 하지 않았다. 고교 윤리 교과서는 존 롤스의 정의론을 대문짝만하게 소개해놨는데 이 사람의 결론이 별것 아니다. '거지들한테 밥 한술은 꼭 챙겨서 줘야 한다'는 수준일 뿐이다. 요즘 선진 자본주의 국가에서 그 정도의 복지 예산을 쓰기는 하는데 옛날과 달랐던 것은 호메로스 시절에는 '거지들을 돌보는 것이 제우스 신의 뜻'이어서 사람들이 거지를 경멸하지 않았던 것과 달리, 20~21세기 유럽 국가들의 지배세력은 "일할 생각은 아니하고 복지 기금만 타 먹으려고 하는 밥벌레들!"이라고 그들에게 심하게 손가락질을 한다는 것이다.[91] 그래서 자존심이 상한 사람들이 실업자로 관청에 등록하지 않고 견디며 사는 일도 많았다. '신神의 뜻'은 누구의 뜻인가? 민심民心이 천심天心이랬다. 그때 사람들이 합의해놓은 정신(규범)이다.

그런데 누구나 웃는 낯에 마주 웃어주고 찡그린 낯에는 마주 찡그린다. 이타카 섬의 구혼자들은 오디세우스를 환대할 생각이 없었다. 환대가 깨지면 앙갚음이 시작된다. 그때 사회는 환대도 아주 융숭했고 복수도 아주 격렬했다. 이것은 국가사회의 원리가 아니고 씨족사회의 원리다.[92] 물론 국가가 생기고 난 뒤에도 그 원리가 계속 얼마쯤 존속돼왔다. 그래야 국가 지배층한테도 보탬이 되니까.

91. 최근 영국에서 나온 책 『차브』는 영국 중산층이 가난뱅이 노동자들을 얼마나 야멸차게 비웃는지 생생한 사례들을 조사해놓았다. 언젠가 독일 TV 기자가 어느 중년 부부에게 '왜 실업자 수당을 타먹지 않냐'고 묻자 그 부부가 눈물을 흘리는 장면이 나왔다. 사회에서 손가락질 받고 싶지 않아서였다.
92. 가리타니 고진은 이것(선물 또는 증여경제)을 교환양식 A라 이름 붙였다.

신화에서 벗어나 계몽의 시대로

오디세우스는 어떤 사람인가? 한마디로 말해 반反영웅이다. 옛이야기들은 너나없이 고귀한 핏줄에, 용맹무쌍하고 착한 사람(곧 영웅)을 주인공으로 받들었는데, 이 이야기만 남다르다. 그러니까 전형적(典型的, typical)인 주인공이 아니다. 그는 아킬레우스처럼 무예가 출중하게 뛰어나지 않다. 아킬레스가 친구의 죽음에 대해 원한을 갚으러 제가 죽을 줄 알면서도 나섰고 적장敵將의 아버지를 동정할 줄 알았던 이상적인 영웅인 반면, 그는 권모술수에 밝다. 꾀가 많고 말재주가 뛰어나고 사람을 잘 다룬다. 그래서 믿음을 살 때도 있지만 미움을 (특히 신들에게) 살 때도 많았다(가령 포세이돈 신의 노여움). 이름 자체가 '미움 받는 자'라는 뜻이다. 그가 트로이 전쟁에 출전하라는 통지서가 날아왔을 때, 병역을 피하려고 갖은 꾀를 다 쓴 것을 아는가? 임순례가 만든 영화 「세 친구」에는 한 청년이 병역 의무를 피하려고 파란색 잉크를 들이마시는 장면이 나온다. 엑스레이에 '이상異常 있음'으로 나올까 기대해서다. 오디세우스도 그런 비슷한 꾀를 부렸지만 들통이 났다. 이것, 보통사람의 몰골이다.

트로이의 목마 아이디어도 그가 꺼낸 잔꾀다. 그때 폴리스와 폴리스끼리는 전쟁도 벌이지만 서로 손을 잡을 때도 많았다. 서로 철천지 원수는 아니었다는 말이다. 그런 시절이었음을 떠올려보면 목마木馬를 가짜로 넣어서 적군을 속이겠다는 것이 '좀 야비한 짓 아닐까' 싶기도 하다. 싸움에도 법도rule가 쪼금은 있지 않을까? 아무튼 이 이야기에는 그의 잔꾀 얘기가 잔뜩 나온다. 그러니까 호메로스의 선조들이 그런 남다른 주인공 하나를 지어낸 셈인데 아마 이오니아인들이 해상무역에 일찍 눈이 트이고 이재理財에도 밝았던 사실을 반영하는 듯하다.

그는 빈틈도 많았다. 키르케의 유혹에 덜컥 빠져들지 않나, 귀향해서도 남편으로서 위엄을 보이지 못하고 구혼자들과 어떻게 대적해야 할지 몰라 쩔쩔맸다.

오디세우스는 고대古代 사람 같지 않다. 근대인의 원형이라 할 만하다. 아도르노는 그를 가리켜 자연세계에 대한 두려움과 신화에서 벗어나 처음으로 자기의식을 품게 된 시민적 개인의 원형이라고 말했다. 그의 귀향길은 계몽적 주체가 신화적인 힘들과 맞서고, 거기서 도망쳐 나오는 길을 묘사했다. 휴머니즘과 리얼리즘(사실주의)을 표현하는 이야기다. 근대 시민혁명이 일어나기까지 낡은 종교와 미신에서 헤어날 것을 깨우치는 계몽주의 사상운동이 유럽에 활발했는데(볼테르, 디드로, 백과전서파 등), 그 정신은 신화의 껍질을 벗고 나온 사람을 처음 그려낸 이오니아의 시인 호메로스에 기원을 두고 있다. 200년 뒤에 이오니아 철학자들이 아르케(만물의 근원)를 캐묻기 시작한 것도 같은 맥락이다.

두 서사시를 견주자면 『일리아드』에는 자기를 따로 떨어진 존재로 바라보는 개인個人이 없다. 개인으로서 자기생각(의식)이 없다는 말이다. 자기가 몸담은 공동체가 곧 자기 자신이어서다. 자연과 초자연의 구별이 없고 신들과 사람이 하나의 세계에 어우러져 산다. 등장인물들이 마음속으로 갈등할 때에는 신의 음성을 듣고, 죽지 않으려고 발버둥 칠 때에는 짐승처럼 군다. 거울을 들여다보며 '나는 누굴까' 의문을 품어보는 일 따위는 없다. 그런데 신들은 영원한 지복至福의 삶을 누리고 인간은 언젠가 죽을 존재로서 이 둘 사이는 까마득하게 멀다. 이 서사시는 아킬레우스의 허망한 죽음에서 지혜를 찾으라고 민중을 일깨운다. 반면에 『오디세이』에는 개인이 있다. 아직 올림포스의 신들에게 절반쯤 기대지만 신화의 세계에서 벗어나 인간 문명을 건설하고 싶은 개인. 그는 하늘의 별을 우러르며 길을 찾고 삶의 의지를 불태웠다. 세상 누구로부터도 고립돼서 외롭고 슬픈 정서에 휩싸이는 보통사람의 모습이 그에게서 드러난다. 그래서 개개인을 주체로 내세우는 근대 문학의 선구자라 할 만하다.

루카치(20세기 헝가리의 철학자)는 서사시epic와 근대에 생겨난 소설novel을 견주어 살폈다. 서사시는 삶이 하나의 전체(총체성)를 이루던 시대의 문학인 데 반해 소설은 개개인들이 저마다 뿔뿔이 자기의 좁은 밀실에 조개처럼 갇혀 살아가는 시대의 움츠러든 서사시라는 것이다. 옛 그리스 사회와 같은 총체성을 회복하려고 안간힘을 쓰는 것이 소설이란다. 근대의 소설가들은 "이야기 하나"에 세상의 모든 모습(곧 총체성)을 다 담아낼 수 없다는 것을 잘 안다. 개개인이 전체 세상을 통째로(!) 경험하기가 어려워진, 푸대 속 고구마처럼 낱낱의 원자(아톰)들로 굴러다니는 시대에 살고 있기 때문이다.[93] 그 대신에 전체 삶에서 한 조각을 떼어내서 이것을 움켜쥐고서 세상을 그려내려고 애쓴다.

별빛을 바라보며, 아테나 여신의 도움도 받고 길을 찾았던 옛 선조 오디세우스와 달리, 근대의 개인들은 나아갈 길을 일러주는 신神도, 별자리도 없이 세상과 맞닥뜨려야 한다. 그래서 소설은 문제적인(문제를 잔뜩 떠안은) 고독한 개인이 자기 자신을 찾아가는 여행이다. 이 세상의 질서에 대해 내 영혼은 늘 마찰을 빚고 부조화不調和를 일으킨다.[94] 이런 개인들이 우리 세계의 온갖 문제를 해결하려고 애쓰는 이야기가 소설에 담겼다. 헤겔과 루카치는 소설을 가리켜 신神이라는 길라잡이 관념이 빛이 바랜 부르주아 시대의 서사시라 일컬었다.[95]

93. 혁명이 일어나 민중이 하나 돼서 세상을 이뤄낼 때라야 문학도 '삶의 총체성'을 담아낼 수 있다.
94. 총체성을 잃어버린 근대인은 세계와 알레고리(풍유)의 관계를 맺을 수밖에 없다.

『오디세이』에는 온갖 희한한 얘기가 다 나온다. 예컨대 그가 동굴 안에서 괴물 키클롭스에게 "There is nobody!" 하고 외쳐서 그를 속여 넘긴 장면은 멋진 말놀이(중의법)의 한 사례다. 그런데 이 말장난이 예사롭지 않다. 그 이름은 지배세력이 과학기술 데이터베이스까지 움켜쥐어서 개인프라이버시 정보도 다 털어가고, 유전자 정보를 거대 농사기업이 독점해서 농사꾼들도 자기들의 유서 깊은 지혜를 발휘할 길을 빼앗기고, 자동화 기계의 발달로 노동자의 일자리가 차츰 사라져가는 현대를, 다시 말해 인류 대다수가 프롤레타리아의 처지로 빠져들지 않을 수 없는 2,800여 년 뒤의 시대를 섬뜩하게 예기豫期하는 것 같다.

"우리는 아무것도 못 되는 자들(프롤레타리아)이지. 그래서 돈과 권세를 움켜쥔 자들은 우리가 세상에 있는 줄도 몰라. 무無가 유有로 바뀌는 기적을 한번 만들어야 하지 않을까?"

nobody라는 낱말은 '말(이름)이 뭐냐'도 생각하게 해준다. 누가 "여기, 아무도 없어!" 하고 아무리 벽력처럼 소리 지른다 해도 그런 말을 떠드는 그 '누구'는 엄연히 있다. 누군가의 말은 상황(조건)에 비춰서 판단해야 하지, 그 말을 곧이곧대로 믿으면 안 된다는 것을 사람들은 다 안다. 헤아리기 쉬운 상황에서는 말이다. 그런데 관념적인 얘기로 들어가면 어리둥절할 때도 있다. 자기 동네에 개가 있는지, 고양이가 있는지는 코흘리개도 안다. 그런데 개가 있듯이 애완짐승도 있는가? 모기가 있듯이 해충도 있는가? 내 무릎 위에 기어오르는 것이 내 사랑을 듬뿍 받는 어떤 개인가, 아니면 애완짐승인가? 까마귀를 어느 인간 종족은 길조吉鳥로, 어느 종족은 흉조凶鳥로 여긴다. 해충과 애완

95. 니체는 '신이 죽었다'고 했다. 근대 계몽사회에 와서 신이 중심 기표(시니피앙)가 되지 못한다는 뜻. 그런데 이 사실을 모르는 사람이 아직 많으므로 딴 얘기가 필요하다. 신神은 우리의 무의식이라는!

짐승과 길조, 흉조는 여럿을 묶어서 부르는 이름(관념)으로만 있지, 실제로 있지 않다는 생각을 유명론唯名論이라 한다.[96]

아무튼 『오디세이』는 재미나는 모험담의 원형이다. 가지가지로 상상하거나 유추(유비추리)할 대목이 넘친다. 모험길과 귀향길의 이 강렬한 모티브 곧 제재題材가 없었더라면 중세 유럽의 기사도 문학, 돈키호테와 셰익스피어의 문학도 활짝 꽃피기 어려웠다. 『일리아드』가 아킬레우스의 분노 모티브가 거의 전부인 데 반해, 이 이야기는 바다와 뱃사람들의 흥미진진한 모험을 비롯해 갖가지 일화가 다채롭다. 또 근대 유럽에서 청소년의 성장문학으로 괴테의 『빌헬름 마이스터의 수업시대』, 헤르만 헤세의 『데미안』, 샐린저의 『호밀밭의 파수꾼』 등이 꼽히는데 그 기원을 찾자면 텔레마코스(오디세우스의 아들)가 겪는 성장통(사춘기 시련) 이야기다. 『오디세이』는 1,000~2,000년 동안 구전口傳되고 글로도 옮겨진 고대 메소포타미아의 서사시 『길가메시』에서 힌트를 많이 얻었다고 한다. 수메르 남쪽의 도시국가 우루크의 초인超人에 가까운 왕 '길가메시'가 주인공이다. 신에게 도전하고 영원한 삶을 꿈꿔본 영웅 이야기다.[97]

『오디세이』는 후세의 문학가들에게 숱한 영감靈感의 샘물이 돼줬다. 등장인물의 하나인 장님 테이레시아스는 소포클레스의 『오이디푸스왕』에도 신들의 선견지명先見之明을 알려주는 예언자로 다시 등장한다. 사이렌은 안데르센 동화에서 인어공주로 부활했다. 20세기에 제임스 조이스는 이 서사시에 빗대어서 『율리시스』라는 소설을 썼는데, 현대

96. 중세 유럽에 실재론(리얼리즘)과 유명론(노미널리즘) 논쟁이 있었다. 개체가 먼저냐, 보편이 먼저냐?

97. 1200년쯤에 게르만 민족 이동기의 영웅을 노래한 서사시 『니벨룽의 노래』가 나왔는데 호메로스의 것보다 옹색하다. 무슨 커다란 메시지가 들어 있지 않다. 바그너의 「니벨룽의 반지」가 여기서 나왔다.

의 일상日常을 살아가는 고독한 개인들의 머릿속 모험 이야기다.[98] 나우시카 공주는 「바람 계곡의 나우시카」(일본의 애니메이션 만화)로 되살아났다. 키르케의 품 안에서 놀았던 돼지들은 마음껏 소비할 것을 부추기는 자본주의 체제에 푹 빠져 있는 노동자 계급을 떠올리게 한다. 오디세우스가 사이렌의 노래에 유혹당해 파멸할 위기 속에서 우직한 부하들 덕분에 가까스로 통과했던, 두 절벽 사이의 좁은 틈새는 지금의 인류가 헤치고 나아가야 할 험난한 바늘길(좁은 길)을 예시하는 것만 같다.

덧대기

호메로스는 자기 시대의 이오니아 시민들을 위해(!) 서사시를 지었다. 그 무렵 그리스 곳곳에는 도시국가(왕정 또는 귀족정)가 생겨나 서로 다툼을 벌였다. 호메로스는 자기 시대의 모습을 옛 트로이전쟁에 투사했다(덧씌웠다). 그래서 영웅 예찬이 아니라 그에 대한 부정(비판)으로 가득하다. 『일리아드』 곳곳에는 전쟁에 대한 여자들의 비탄(탄식)과 원망의 목소리가 깔려 있는데 이는 폴리스 사이의 끊임없는 다툼에 대한 비판이다. 두 서사시에서 눈여겨볼 대목은 아킬레우스와 오디세우스가 결국 복수(앙갚음)를 단념한다는 것! 폴리스끼리 적대적인 호수성(=당하는 만큼 앙갚음하기)을 끝장낼 수 있는 곳은 자유평등의 이소노미아가 깃든 이오니아 같은 곳이거나 도시국가를 죄다 통합해낸 거대 전제(專制=관료와 상비군을 갖춘) 국가다. "이에는 이, 눈에는 눈으로 갚으라"는, 기원전 18세기 바빌론의 함무라비 법전은 복수를 권하는 것이 아니다. 복수(앙갚음)의 한계를 정해서 사적私的 복수를 억누르려는 생각이다. 또 호메로스는 신화(신의 세계)를 숭배하는 대신, 광장에서 시민집회와 평의회가 열리는 사회를 그려내서 이오니아의 종교 비판과 자연철학의 첫발을 뗐다. 이 얘기는 3부 글 1로 이어진다.

98. 아일랜드 더블린 시의 세 사람이 단 하루 동안(!) 살아가는 얘기를 담았다. 율리시스는 오디세우스의 라틴어 이름. 의식의 흐름(생각이 흘러가는 대로 읊기) 기법을 쓰고 온갖 알레고리(풍유)를 담아서 알아듣기 어렵다. 누구나 즐겨 들었던 『오디세이』와 너무 다르다. 현대인의 몰골을 잘 드러낸다.

우리 모두 오이디푸스다

소포클레스가 지은 비극 『오이디푸스 왕』은 기원전 429년에 처음 아테네 원형극장에 올랐다. 꽃피는 4월 축제 때 열리는 디오니소스 비극 경연대회에는 만 2천 명의 관객이 모여드는데 소포클레스는 이 대회에서 수없이 1등 상을 받았다. 이것에 뒤이어 쓴 작품이 『콜로노스의 오이디푸스』와 『안티고네』다. 먼저 배경 설화를 옮긴다.

오이디푸스는 테베의 왕 라이오스와 왕비 이오카스테의 아들이다. 왕이 예언자한테서 자기 아들이 자기를 죽일 것이라는 예언을 듣고는, 갓난아기 오이디푸스의 발을 핀으로 단단히 묶어서 죽이라고 시종에게 시켰는데(오이디푸스는 '발이 부은 자'라는 뜻) 시종은 아기를 차마 죽일 수 없어 들판에 내버린다. 오이디푸스는 양치기에게 발견돼 자식이 없던 코린트왕 폴리버스의 품으로 건네진다. 나이가 든 오이디푸스가 자기가 코린트왕의 친자식이 아니라는 소문을 듣고 긴가민가했다. 그는 누가 자신의 친부親父인지, 아폴로 신전의 예언자에게 질문했다가 "너는 아비를 죽이고 어미와 맺어질 운명"이라는 답을 들었다. 그는 그 운명을 피하려고 코린트를 떠난다. 테베로 가는 길에 친부와 맞닥뜨렸다. 누구 전차戰車가 먼저 가느냐를 놓고 다투다가 친부를 죽였다. 테베 왕국은 스핑크스의 수수께끼에 시달리고 있었다. "아침에 발 넷, 오후에 발 둘, 저녁에 발 셋인 생물은?" 수수께끼를 푼 오이디푸스는 그 보상으로 마침 남편이 죽은 왕비 이오카스테를 차지하고 테베의 왕이 된다. 비극 『오이디푸스 왕』은 그로부터 여러 해 뒤, 테베에 역병(전염병)이 나도는 어느 날 벌어진 사건을 그려낸다.

이 비극도 지루하게 늘어지는 이야기story가 아니라 핵심만 압축해낸 플롯(plot, 구성)이다. 옛 그리스 비극은 플롯을 짜는 데에 다음의 원칙이 있었다. 한 장소에서 벌어지는 일만 다뤄야 한다. 종이책으로 읽는 소설이 아니라 무대 위에서 몸으로 보여줘야 하는 연극이라서 그렇다. 영화와 달리 연극은 무대 장면을 함부로 바꾸기 어렵다. 하루 동안에 벌어지는 일로 압축해야 한다. 그날의 사건을 통해 과거에 무슨 일이 벌어졌는지도 알게 해야 한다. 한 가지 중심 사건(행동)만 다뤄야 한다. 만 2천 명의 귀와 눈길이 한꺼번에 쏠리는 무대인데 군더더기 얘기가 끼어들면 관객들이 헷갈려 한다. 또 관객들은 오이디푸스 이야기를 이미 알고 있다. 그것은 오래전부터 입으로 전해오던 설화說話다.[99] 플롯을 정교하게 짜서 어떤 메시지를 전하는 것이 핵심이지, "어머나! 옛날에 그런 끔찍한 일이 있었대!" 하고 사건을 알려주는 것이 초점이 아니었다. 그래서 실제 플롯은 다음과 같이 전개된다.

머리말(프롤로그) 왕궁 앞에서 테베 시민들이 오이디푸스 왕에게 역병(전염병)에서 구해달라고 호소한다. 파국이 찾아올 것 같은 분위기를 자아낸다.

제1코러스(합창) 신들에게 테베를 지켜달라고 비는 노래

제1삽화(에피소드) 크레온(이오카스테의 오빠)이 '전왕前王 라이오스를 죽인 자를 벌하라'는 신탁의 응답을 갖고 돌아왔다. 왕이 불러서 장님 예언자 티레시아스가 왕궁에 왔다. 왕은 자기가 죄인이라는 것도 까맣게 모른 채 예언자에게 진실을 찾아달라고 청한다. 예언자는 진실을 알고 있어서 대답을 머뭇거리지만 왕이 자꾸 다그치

99. 기원전 7세기 헤로도토스의 기록에 따르면 오이디푸스 왕가는 스파르타의 주요 씨족의 하나였단다.

자 마침내 진실을 털어놓는다.

제2코러스 예언자가 테베 도시를 스핑크스에게서 구해낸 오이디푸스를 의심하고 괴롭힌다는 노래

제2삽화 하지만 왕은 그 말을 믿지 않고 오히려 크레온을 의심한다. 반역을 꾀하려는 마음으로 티레시아스를 추천한 것 아니냐고! 왕을 안심시키려고 이오카스테가 옛 신탁을 들려준다. 하지만 그 말을 듣고 왕은 더 불안해졌다. 그래서 사건의 증인으로 친부를 모셨던 시종을 찾아오라고 명령한다.

제3코러스 애국자(왕)를 보호해줄 것을 빌면서도 누구도 신의 화살을 피할 수 없다고 내비치는 노래

제3삽화 때마침 의붓아버지 폴리버스가 늙어서 눈을 감았다고 알리는 코린트 왕국의 전령(메신저)이 왔다. 전령은 오이디푸스를 새 왕으로 모셔 갈 생각이었다. 왕은 폴리버스가 자기 친부라고 믿고 있었다. 왕이 신탁의 예언(어머니와의 결혼)을 두려워해서 귀국을 머뭇거리자 전령이 그가 입양됐었음을 알려준다. 불길한 생각이 든 이오카스테가 '더 들춰내려고 하지 말라!'고 말리는데도 그는 '사실을 알지 못하고는 못 배기겠다!'고 부르짖는다.

제4코러스 왕의 출생의 비밀에 대해 의문을 던지는 노래

제4삽화 그러는데 양치기가 와서 진실을 털어놓았다. 진실을 금세 알아챈 이오카스테가 양치기의 증언을 듣다 말고 방으로 뛰쳐 들어가서 스스로 목을 맸다. 오이디푸스는 아내이자 어머니의 옷에서 브로치를 뽑아 자기의 두 눈을 찔렀다. 그는 크레온(새로 왕이 된다)에게 자기를 테베에서 추방해줄 것과 자기 아이들을 돌봐줄 것을 부탁한다.

결말(엑소드) 코러스가 무대를 떠나며 이렇게 노래한다. "지혜로워서

권세를 누린 오이디푸스가 겪는 비극을 봐라. 누구든 죽기 전까지는 행복하다, 불행하다 말할 수 없구나!"

인간의 지혜를 자랑하지 마라

나이 어린 학생 중에는 인간 세상에서 벌어져서는 안 될 끔찍한 사건 내용에 가슴이 철렁 내려앉아서 이 이야기를 곰곰이 따져 살피는 것조차 꺼리는 사람도 있을지 모른다. 하지만 이야기의 초점은 '근친상간, 왜 일어났지?' 따위의 궁금증을 푸는 일이 아니다. 그런 끔찍한 운명(신탁의 예언)과 맞닥뜨린 사람이 그 운명과 어떻게 대결해가느냐를 면밀히 살피는 일이다.

오이디푸스는 어떤 사람인가? 위에 간추려 놓은 줄거리에서 이를 말해주는 한 문장을 찾아보라. 자기가 누군지 알지도 못하는 어리석은 사람? 누가 반역의 마음을 품을지 몰라 불안해하는 왕? 아니다! 사실을 알지 못하고는 못 배기는 사람이다! 밝혀낸 사실이 자기를 구렁텅이에 빠뜨린다 해도 말이다. 앎에 대한 호기심을 멈추지 못하는 사람! 이는 그 무렵의 활달한 그리스인들에 대한 예찬이 아닌가.

그는 지혜롭다. 스핑크스의 수수께끼를 풀어서 테베 왕국을 재난에서 구하지 않았던가. 그런데 '인간은 늘 바뀌어가는 존재요, 태어났다가 결국 죽을 수밖에 없는 존재'라는 뜻이 이 수수께끼에 들어 있다. 그 맞은 편에 누가 있는가? 바뀌지 않고 영원히 살아가는 신들이 있다. 작가 소포클레스는 인간의 지혜와 신들(테이레시아스)의 지혜를 넌지시 견주고 있다. "그렇게 세상을 다 아는 지혜로운 사람이 자기가 누군지, 어떤 운명에 놓여 있는지도 모른다는 말이냐!"

이 이야기는 비극적인 아이러니(부조화, 괴리)로 가득 차 있다. 그는 자신의 불길한 운명을 피하려고 애쓸수록 그 운명에 더 깊이 빠져들었다. 친부모와 같이 살았더라면 원래 그런 일이 생길 리 없다. 제 운명(신탁)을 피하려고 또 의붓아버지의 집을 떠났는데 오히려 그 행동이 인륜을 짓밟는 행동을 가능케 했다. 전령이나 이오카스테나 '오이디푸스가 죄인일 리 없다'고 열심히 변호했는데 그 말들이 오이디푸스의 전력(前歷, 살아온 자취)을 더 드러냈다.[100]

그는 자신의 지혜를 뽐냈다. 장님 예언자에게 "네가 예언자라면서 변변하게 예언해낸 것이 있었느냐? 빛도 보지 못하는 장님이 뭘 알겠느냐?" 하고 퍼부었다. 예언자에 대한 불신은 신탁(신의 말씀)에 대한 불신과 닿아 있다. 눈에 보이는 것만 믿었던 그는 눈에 보이지 않는 지혜를 우습게 여겼는데, 결국 그는 무지無知했던 자신을 처벌하려고 스스로 제 눈을 찔렀다. 상징적인 자살自殺이다. 제 눈을 잃어버리고서야 세상의 깊은 진실을 소름 끼치게 깨달았다.

소포클레스는 누구를 겨냥해서 '인간의 지혜가 짧다!'고 말했을까?[101] 그는 소크라테스와 같은 시대를 살았다. 그 시대에는 소피스트들의 가르침이 대세大勢였다. 아테네의 지도자 페리클레스도 '인간이 만물의 척도(잣대)'라는 진취적인 지식론을 굳건히 믿고 있었다. "인간 지성의 발달이 제국帝國의 발판"이라고 찬양했다. 소포클레스 자신의 진리관(지식관)이 어땠는지 알려주는 자료는 없으나 인간의 지혜가 턱없이 부족하다는 생각을 품었던 것은 분명하다. 그는 『오이디푸스 왕』을 통해 소피스트적인 지혜를 찬양하는 시대 흐름에 경고를 던졌다.

100. 이 얘기는 사건의 급격한 반전(뒤집기)을 통해 관객들이 순식간에 진실을 발견케 한다.
101 그는 해군 대장으로도, 델로스동맹의 대표자로도 일한 적 있다. 아테네 시민들이 그를 숭배했다.

아테네는 오이디푸스처럼 자기가 지닌 지혜와 힘만 뽐내다가, 이 연극이 초연된 지 십여 년 뒤에 펠로폰네소스 전쟁에서 변두리 동네의 스파르타에게 여지없이 패배하고 나라가 급격히 기울어버렸다.

문학의 흐름을 살피자. 서사시는 사회 구성원들이 '하나의 이야기'로 다 모아지는 시대, 공동체 안에 뚜렷한 분열이 없을 때의 문학이다. 기원전 8세기, 이오니아의 좋았던 시절(다들 자유롭고 평등해서 지배층과 피지배층으로 나뉘지 않았던 때)에 『일리아드』와 『오디세이』가 태어났다. 그 뒤로 이오니아 식민사회에 이소노미아(지배 없음)의 진취적인 기풍이 차츰 가라앉고 삶의 총체성에 금이 가면서 서정시가 생겨났다. 자기가 속한 사회에 거리감을 느끼기 시작한 사람들이 개개인의 주관적인 감정을 읊게 됐던 것이다.

그리스는 기원전 6세기가 서정시lyric의 시대였다.[102] 사랑과 우애를 노래한 여류시인 사포를 꼽는다.[103]

> 누가 이 세상에서 가장 용감하냐고 묻는다면…… 나는 생각하네 사랑에 빠진 사람이라고.

비극은 기원전 5세기 아테네에서 활짝 꽃피었다. 술과 풍요의 신 디오니소스를 기리는 축제에 기원을 두고 있다. 아리스토텔레스는 비극을 가리켜 크기를 가진, 고귀하고 완전한 행동의 모방이라 했다. '고귀한 행동'이란 인간이 맞닥뜨리는 시련과 걸림돌 앞에서 정신이 무릎

102. 한국은 고구려 유리왕이 읊었다는 「황조가黃鳥歌」를 첫 서정시로 꼽는다(기원전 17년). lyric은 '리라(현악기)를 뜯으며 부르는 노래'라는 뜻. 중국은 부賦가, 한국은 시조時調가 lyric에 해당한다.

103. 이오니아의 레스보스 섬 출신. 숱한 전설을 낳았다. '레즈비언' 낱말은 그곳에서 유래했다.

꿇지 않는 것이다. 어찌할 수 없는 운명과 죽음의 위협 앞에서도 제 신념에 따라 자유로이 결단하는 행위가 비극을 낳는다. 국법보다 더 고귀한 자연법을 따른 안티고네가 전형적인 비극의 주인공이다.

비극의 구성은 크게 봐서 코러스와 삽화(대화), 둘로 나뉜다. 대화는 두세 명의 배우가 나와서 주고받는다. 배우 숫자가 차츰 늘어났다. 합창대(코러스)의 숫자는 12~15명쯤이다. 춤도 추고 가끔 사건 해설자 노릇도 한다. 코러스는 연극 속에서 벌어지는 사건에 대해 비판적인 거리를 둔다. 극 내용을 낯설게 바라봐서 관객들의 주의attention를 끌어들인다. 또 민중(관객)이 공동체의 성원으로서 한마음으로 드높아지는 것을 북돋는다. 코러스는 한 사회가 공동체 의식을 누리던 시절의 연극 장치다. 코러스는 아테네에서도 그 비중이 차츰 줄어들다가 근대 사실주의 연극에 와서는 자취를 감추었다. 하지만 사회주의 서사극을 추구한 브레히트(20세기 독일의 극작가)는 코러스를 다시 들여오는 실험을 꾀하기도 했다.

근대 연극은 아리스토텔레스의 비극 개념을 대부분 이어받았다. 관객이 주인공과 자기를 동일시해서(공감해서) 연민과 공포의 감정을 맛보고 그리하여 카타르시스(영혼의 정화)를 이뤄내는 것을 연극이 목표로 한다는 얘기다. 그런데 브레히트(20세기 독일의 극작가)는 관객이 연극 속의 등장인물들에게 공감하기보다 비판적인 거리를 둬서 세상을 깨닫게끔 돕고 싶었다.[104] 유럽이든 아시아와 남미든 그의 교육극 개념과 그가 제안한 여러 기법(세상을 낯설게 바라보게 하기 등)을 참고하는 연극인이 늘어났다. 이는 카타르시스론과 다른 얘기다. 국문학자 조동일도 인류의 연극이 '카타르시스 미학' 하나로 수렴되는 것을 비판했

104. 대표작은 「억척어멈과 그 자식들」. 독일 고교 교과서에는 그의 희곡이 실려 있다.

다. 그는 중세 인도의 산스크리트 연극에는 '라사(미감美感이라는 뜻)'의 미학이, 우리 마당극에는 '신명풀이'의 미학이 있다고 했다.[105]

간추리자. 그때의 그리스 비극은 무슨 오락물이 아니었다. 시민을 정치적으로 계몽하는 무게 있는 교육극을 보러 아테네 시민 대다수가 모였는데 인간에 대한 깊은 이해理解를 담은 고급스러운 정치적 예술이 민중에게 그처럼 강력한 영향을 끼친 경우는 옛 그리스 말고 세계 어디에도 없었다. 뒤이어 로마시대에는 '비극'이랄 만한 것이 변변히 나오지 못했다. 인류에게 그리스의 비극과 서사시는 어쩌면 아직도 우리가 도달할 수 없는 예술적인 모범(규범)으로 남아 있다고 봐야 할지도 모른다.

안티고네가 있어서 희망을 품는다

『안티고네』는 기원전 441년, 소포클레스가 『오이디푸스 왕』에 뒤이어 펴낸 희곡이다. 오이디푸스가 죽은 뒤 그의 아들 폴리네이케스가 테베 왕국에 반란을 꾀했다가 죽임을 당했다. 크레온 왕이 '역적의 주검을 땅에 묻지 말라'고 명령했는데 오이디푸스의 딸 안티고네가 이를 묵살하고 오빠의 주검을 땅에 묻었

오이디푸스가 제 눈을 찔러 장님이 된 뒤, 맏딸 안티고네가 그의 방랑길을 돌봤다.

105. 그리스 비극이 극 속의 갈등에 관객이 몰입케 하고, 인도 연극이 극 속의 조화로움을 관객이 공감케 하는 것과 달리 우리 마당극(가령 봉산탈춤)은 극 속의 갈등에 관객이 참여해서 등장인물과 함께 조화를 이뤄내 신바람을 내게끔 북돋는 것이 남다른 미학이라고 그는 말한다.

고 그 죄로 생매장형(가둬 죽이는 형벌)을 받았다. 조금 뒤 크레온이 마음을 돌이켜서 안티고네를 풀어주려 했으나 이미 그녀가 스스로 목숨을 끊은 뒤였다는 이야기다. 딴 책에서 이미 소개한 작품이라 줄거리를 자세히 옮기지 않는다.[106] 몇 가지 질문을 떠올려 보충한다.

첫 질문. 이스메네가 안티고네보다 더 정답지 않은가?

이스메네는 안티고네의 누이동생이다. 언니가 아버지의 길동무가 돼 드리려고 길을 떠날 때 그녀는 따라가지 않은 대신, 이따금 심부름을 해서 거들었다. 하지만 언니가 크레온 왕의 명령을 어기려 할 때에는 돕지 않았다. 그러다가 크레온 왕이 언니를 죽이려고 하자, 자기도 '따라 죽겠다'고 나섰다. 이스메네는 참 상냥하다. 늘 언니를 도왔고 언니가 죽음의 위기에 빠지자 자기도 따라 죽으려고 했다. 우리는 언니가 오빠의 주검을 땅에 묻을 때 그녀가 언니를 돕지 않은 까닭도 넉넉히 이해한다. 그는 누구에게도 미움을 살 것 같지 않다.

그런데 언니 안티고네는 다르다. 언니는 이스메네처럼 얌전하고 다소곳하지 않다. 평소에는 사람들에게 너그러운 인상을 줬다가도 무슨 문제로 토론이 붙었다 치면 상대방을 사납게 쏘아붙인다. "아무렴, 니 말도 일리가 있지. 하지만……." 하고 상대를 다독거려줄 줄 모른다. '중용'을 좋아하는 아리스토텔레스 같으면 그녀와 철천지원수가 됐을 것이다. 타협을 모른다. 자기가 '무엇이 옳다' 싶으면 하늘이 두 쪽이 나더라도 그 생각을 밀어붙인다. 여러분은 누가 더 정답게 느껴지는가?

안티고네는 남들에게 '훌륭하구나!' 하는 소리는 혹시 듣는다 해도

106. 글쓴이가 펴낸 『교과서 밖에서 배우는 인문학 공부』를 참고하거나 인터넷으로 더 검색해보라.

"재가 참 착해. 동정해주고 싶어." 하는 소리는 듣기 어려울 것이다. 그녀와 입씨름을 벌인 사람은 "어째서 자기 생각밖에 모르냐? 욕심꾸러기!" 하고 넌더리를 낼 것이다. "내가 재였다면…… 재가 얼마나 힘들었을까." 하고 동일시同一視가 선뜻 되지 않는다. 이스메네만큼 착하게 사는 것은 크게 어렵지 않아도 안티고네처럼 신념 하나로 똘똘 뭉쳐서 불덩이가 되어 나아가는 것은 보통사람이 엄두 낼 일이 아니라서다.

두 번째 질문. 테베 민중은 안티고네를 어떻게 생각했을까?

소포클레스는 안티고네 편이다. 그녀만 생각하면 마음이 찡했으리라. 그리스 민중에게 "(세상의 진실을 알려면) 이 사람을 보라!" 하고 내세웠다.[107] 관객들이 그 사람의 영혼을 가슴 깊이 느끼고서 전율(떨림)과 카타르시스(영혼의 씻김)를 얻기를 바랐다. 하지만 그 당시의 테베 민중 대다수가 꼭 안티고네를 지지하지는 않았을 것 같다. 그녀가 국법을 어기고 역적의 장례를 치러줬다는 사실을 전해 들었던 그 시점에서는 말이다. "아무리 제 오빠의 죽음이 슬프기로서니 그놈은 우리나라를 무너뜨리려 한 반역자가 아니냐! 애도해줄(기억해줄) 가치가 없는 놈이닷! 국법을 어긴 안티고네는 벌을 받아야 한다!" 하는 얘기가 그녀의 무죄를 변호하는 얘기보다 더 많았을 것이다. 다수의 의견이 '안티고네 유죄론'이라면 우리가 그녀를 동정해줄 수는 있어도 그녀를 거룩한(숭고한) 존재로 기리는 것은 혹시 부당한 생각이 아닐까?

세 번째 질문. 안티고네와 크레온 왕은 저마다 무엇을 대변(대표)했

107. 로마제국의 빌라도 총독도 예수를 가리키며 유대 민중에게 "이 사람을 보라!" 하고 외쳤다. 소포클레스와 빌라도는 같은 생각이었을까?

을까?

헤겔은 크레온 왕이 국법을, 안티고네가 신神의 법을 대변한다고 봤다. 인간의 법은 국법으로 나타나고 그것을 떠맡는 정부는 보편적인 권위를 갖는댔다. 반면에 신의 법은 "이런저런 것 몇 개를 지키자." 하고 사람들이 써놓고 기억하는 무슨 법조문이 아니라, 사람들이 무심결에 자연스레 따르는 생각이다. 그것은 국가보다 더 뿌리가 깊은 '가족'이 떠받치는 믿음이다. "저 사람이 역적이라지만 내 핏줄(가족)인걸! 내 핏줄의 눈을 감겨주지 않고 들판의 까마귀밥이 되게 버려둔다면 우리 가족들이 어찌 발 뻗고 편히 잠잘 수 있겠냐! 우리는 저 사람을 가족으로서 두고두고 기억해야 돼!"[108] 이런 생각(곧 신의 법)이 가족을 지배한다.

헤겔은 남성이 국법의 영역을, 여성이 신의 법을 떠맡는다고 했다. 그런데 남성(크레온)은 국법만, 여성(안티고네)은 신의 법만 주목할 뿐, 상대방도 나름의 영역을 떠맡았음을 수긍하지 않고 제 생각을 거스르는 걸림돌쯤으로만 여긴댔다. 크레온이 안티고네를 용서할 수 없었던 까닭은 그래서다. 우리는 내가 맡은 영역의 윤리만 알 뿐, 내 생각과 맞서 있는 남들에 대해서는 모른다. 내가 추구하는 법만 옳다고 완고하게 믿는 외눈박이는 그 법만 실천하려고 한다. 그런데 현실에는 또 다른 법도 작동한다.[109]

그러니 외눈박이는 깨지게 돼 있다. 국법 너머에 또 다른 영역이 있

108. 윤흥길의 『장마』에도 신의 법이 나온다. 두 할머니가 국군과 공산군으로 서로 총부리를 겨눈 두 아들이 죽었지만 결국 서로를 용서했다. 민족화해 이념은 국법 아닌 '신의 법'에 토대를 둔다.
109. 테베 시민은 오이디푸스(=무의식의 세계)를 내쫓아야 탈 없이 살 줄 믿었다. 그러나 내쫓긴 무의식이 안티고네의 몸을 빌려 돌아왔다. 그래서 신의 법을 묵살하는 테베 시를 파국으로 몰아넣었다.

다는 사실을 까맣게 몰랐기 때문이다. 크레온 왕이 안티고네의 목숨을 끊음으로써 국법의 위엄을 지키는 데는 성공했을지 모르지만, 어떤 결과를 빚어냈는가? 안티고네를 죽이는 국가사회를 견디지 못해 안티고네의 약혼자였던 자기 아들과 자기 아내가 스스로 제 목숨들을 버렸다. 국가의 기반(곧 왕가의 가족)이 무너져 내리지 않았는가.

그런데 안티고네는 자세히 보면 외눈박이가 아니다. 공동체를 지탱할 국법도 필요하다는 생각과 그 국법에 따르자면 제 행위가 범죄라는 사실을 순순히 수긍한다. 제 행위에 책임질 생각을 했으므로 죽음을 순순히 받아들였다. 동생 이스메네에게 그녀가 말했다. "너는 네가 (국법에 따를 것을) 선택한 대로 그냥 있거라. 하지만 나는 오빠를 묻겠다. 그러다가 죽는다 해도 할 수 없지. 오빠가 나를 사랑했듯 그를 사랑하고 그의 곁에 누울 거야. 나는 범죄자가 되겠지. 하지만 종교적인 범죄자가 될 거야." 자기가 떠맡지 않은 다른 영역(국법)도 있다는 사실을 그녀는 알았고, 그래서 단순한 범죄자가 아니다. 그녀의 위법 행위는 세상을 아예 바꿔내려고 횃불을 치켜드는 행동이다.[110]

네 번째 질문. 크레온 왕은 국법을 지키기 위해 안티고네를 죽여야 했을까?

공동체를 지탱하기 위해서 법은 필요하고 위법자는 처벌돼야 한다. 그러나 처벌은 그 사람이 법을 지키도록 강제하자는 것이다. 형벌의 참된 취지는 (위법자에 대한) 복수가 아니다. 범죄자를 죽여놓고서 무슨 '개과천선(뉘우치기)'를 바란다는 말인가. 한편, 안티고네는 용서됐

110. 안티고네의 범죄적 성격은 자코뱅당의 공포정치(악마적 행동)와 맥락이 닿아 있다. 그 정치가 없었다면 프랑스혁명이 세상을 바꾸지 못했다. 『교과서 밖에서 배우는 철학 공부』에 이 얘기를 더 써놓았다.

어야 한다. 그래야 국법과 자연법이 정면충돌을 피한다. 반역자(폴리네이케스)가 죽었다는 것은 더 이상 공동체가 안위(안전과 위험)를 걱정할 때가 아니라는 뜻이다. 한편으로 사람은 누구나 최소한의 존엄을 누리고 살 권리, 예컨대 사람답게 죽을(묻힐) 권리가 있다. 그런 규범을 '자연법'이나 '신의 법'이라 부른다. 국법이 자연법의 규범을 최대한 받아들일 때라야 국가 아닌 다른 영역(가령 가족)과 갈등이 줄어든다. 처벌하지 말고 용서하라는 말이 아니다. 통념(상식)에 비추어 적절한 처벌이 있고 난 뒤, 사면(용서)됐어야 한다. 그럴 때라야 국법을 따르는 사람과 신의 법을 따르는 사람이 더불어 공존할 수 있다.

그런데 『안티고네』를 읽는 데 있어, 이 질문은 사실 좀 한가롭다. 크레온 왕이 외눈박이 상태를 조금이라도 벗어났다면 두 쪽의 갈등이 두 기차가 서로 마주 보고 달리는 이런 끔찍한 갈등으로까지 치닫지는 않았을 터이니 말이다. 하지만 그랬다면 작가가 『안티고네』를 굳이 창조해낼 이유도 없었다.

참된 삶을 산다는 것은

다섯 번째 질문. 안티고네는 어떤 사람인가?

앞서 헤겔의 분석을 잠깐 소개했다. 그런데 "국법은 남성이 떠맡고, 신神의 법은 여성이 떠맡는다"는 그의 도식圖式은 너무 간단하고 굵직한(세밀하지 못한) 앎이라서 『안티고네』를 온전히 다 설명해주지 못한다.[111] 이를테면 이런 반문反問도 나온다. 안티고네가 과연 가족을 대변

111. 『안티고네』는 인간의 원초적 실존을 파헤쳐서 디묘하게 읽을 곳이 많고 학자들의 해석이 다 갈린다.

한다고 할 수 있을까? 다음 대사를 읽어보라. "이스메네를 안으로 데려가라. 지금부터 여자는 자유롭게 바깥에 나와 돌아다니지 못하도록 하라." 하고 크레온이 부하에게 명령한 대목이다. 이스메네는 훨씬 여성스럽지만(안티고네는 '명예 남성' 같다), 가족을 대변해서 신의 법을 떠맡는 무슨 뾰족한 행동을 하지 못했다. 아무튼 헤겔의 도식만으로 읽기에는 이 이야기가 너무나 미묘하고 유례(비슷한 예)가 없다.

그건 그렇고, 그녀는 어떤 사람인가? 그녀가 내게 말을 걸어올 때, 나는 두렵다. 국법을 버젓이 묵살하고 함께 죽음의 길로 가자고 내게 요청할까 봐서다. 세상 모든 사람한테서 손가락질을 받더라도 오직 양심의 소리만 따르고, 내가 하고 싶은 일을 끝까지 해내라고 그녀는 준엄하게 다그친다. 그녀는 예수 같고 레닌 같다. 그런데 가까이 다가가서 보면 눈물 나게 가엾다. 크레온이 "저년을 잡아 처넣어라! 죽을 때까지 물 한 모금 주지 마라!" 하고 명령을 내려서 안티고네가 석굴로 끌려갈 때 그녀가 탄식했다. "결혼의 행복도 아이를 기르는 재미도 모른 채 친구들한테마저 버림받은 이 불운한 여인은 살아서 죽은 이들의 무덤으로 내려가고 있어요." 그녀가 한참 전에 이스메네에게 "너는 살아 있어라. 내 목숨은 이미 죽은 지 오래란다." 하고 말한 적 있는데 석굴로 끌려갈 때는 관객들도 그 사실을 살갗으로 느끼게 된다. 그녀는 지상地上의 사람들을 삶 저 너머의 자리에서 바라보고 있다. 이미 삶을 잃어버린 사람이 우리에게 말을 건네오는 것이다.

그래서 그녀는 숭고하다. 우리는 무엇 하나라도 세상에서 누릴 것, 누리며 살아가고 싶은데 그녀는 모든 것을 다 잃어버린 사람으로서 살았다. 그녀는 소름 끼치게 아름답다. 가녀린 몸뚱이로, 티끌 하나 없이 해맑은 영혼 하나로 총칼과 지엄하신 나라님에게 전투적으로 맞서는 사람의 등 뒤로 눈부신 광채가 피어난다. 그녀가 크레온을 똑바로

응시하며 말했다. "매장 금지 명령을 선포한 자는 제우스가 아닙니다. 또 저 세상에 계신 분들과 함께하는 정의Justice도 그 같은 법을 인류를 위한 법으로 반포하지 않았습니다." "저를 죽이시겠다고요? 영광으로 알겠습니다!"[112]

인간의 법이 얼마나 옹색하고 모난 것인지, 우리는 그녀가 제 목숨을 내던질 때 비로소 살갗으로 깨달았다. 우리가 안락을 누리며 살아가는 이 세계 너머에 어떤 진실이, 실재實在가 있다. 우리는 그녀의 아름다운 영혼에 매혹되어 그 두려운 진실the real을 향해 저도 몰래 한 걸음 다가갈 수 있었다. 그런 아름다운 영혼이 곳곳에 메아리칠 때라야 이 세계가 비로소 허물을 벗고 자기 변화의 기지개를 켠다. 세상은 결코 거저 바뀌는 법이 없다. 그녀는 죽어서 살았던 불멸의 혁명가다.

112. 1974년 박정희 정권이 어느 데모 학생한테 '사형死刑'을 구형求刑하자 그가 이렇게 말했다.

덧대기

프로이트의 '오이디푸스 콤플렉스'를 잠깐 살핀다. 남근기男根期에 있는 갓난아기가 무의식적으로 아버지를 멀리하고 어머니한테 애착을 보이는 현상을 설명하면서 그는 그리스의 오이디푸스 신화를 끌어다가 이름을 붙였다. 모든 학자가 이 설명을 다 수긍한 것은 아니다. 그것을 '근친상간의 충동'이라고까지 말할 수 있겠냐는 반론도 있다. 이것이 경험적인 사실이라 해도 인류의 타고난 본성일까, 미심쩍다. 이런 무의식은 국가사회의 형성과 더불어 자리 잡기 시작한 가부장제도 밑에서 더 퍼지기 쉽다. 가장家長이 권위가 있고 아이들이 아버지를 은근히 무서워하는 사회에서! 그러니까 이 개념은 가부장 사회의 특징을 말해주는 것으로서 앎의 가치가 있다.

프로이트는 '무의식의 힘이 막강하다'는 앎을 밝히는 데만 골몰한 편이고, 그 앎을 놓고서 학자들 사이에 격렬한 입씨름이 벌어졌는데 중요한 것은 '빗나간 성욕의 실재 여부'보다 그 개념으로 유럽 문명사회의 어두운 면을 더 소상하게 파헤치는 일이다. 옛 신분사회에서 왕의 집안은 가까운 피붙이끼리 짝을 짓는 일이 심심찮게 있었는데 '고귀한 혈통은 우리뿐'이라는 자기애自己愛가 그런 근친상간을 초래한 것 아닐까, 싶기도 하다. '아리안족(독일 선조들)만 우월하다'는 나치즘의 인종 이데올로기도 일종의 '근친상간' 같은 냄새를 풍긴다. 하지만 현대 자본주의 체제가 널리 자리 잡은 뒤로 가족제도가 많이 허물어지고 있는데 그렇다면 프로이트가 말한 콤플렉스도 상당히 시들었을 것이라 짐작된다. 그 밖에도 우리가 현대 사회에서 미처 헤아리지 못한 부분이 많겠지만 아무튼 프로이트의 무의식 이론이 단순히 성욕에 관한 심리학적 관심에 머물러서는 큰 앎을 주지 못한다.

『안티고네』와 관련해서 프로이트에게서 배울(그가 처음 선보인) 안성맞춤의 개념은 '죽음 충동'이다. 사람은 무엇인가 억눌린 데서 헤어나려는 강력한 충동이 이따금 솟구치는데 그럴 때는 쾌락원칙(고통을 멀리하고 쾌락을 찾기)도, 삶의 충동도 덧없이 스러진다고 했다. 좁은 뜻의 자살自殺 충동을 가리키는 것은 아니지만 그런 충동이 치밀어 오를 때에는 나날의 삶을 이어가려는 욕구 따위는 아침 햇빛을 받은 이슬처럼 날아가버린다는 뜻에서 '죽음 충동'이랬다. '민족의 삶이 바로 내 삶'이라는 숭고한 감정에 사로잡힌 순간, 유관순에게 자기 자신의 삶 따위는 한갓 지푸라기에 불과했을 것이다. '죽음 충동'은 그럴 때를 가리킨다.

2 성서, 그 핵심을 잡아내라

모세의 이집트 탈출 이야기는 거의 다 허구다. 유대인들이 바빌론에 포로로 붙들려 간 시절, 뒷배를 봐줄 국가 없이 '신'을 믿기로 한 것이 오히려 놀라운 사건이다.

어떻게 읽을까

『성서聖書』는 기독교와 유대교의 최고 경전이다.[113] 옛 낱말 Bible은 파피루스 풀의 속대, 그것을 실어 나르는 항구, 그것으로 만든 책(특히 성경)을 다 가리킨다. 구약 성서는 모세가 썼다는 첫 다섯 권과 역사책, 예언서, 지혜문학으로 이뤄져 있다.[114] 바빌로니아(기원전 4000년~)와 아시리아(기원전 3000년~)에 대한 기록물이 20세기에 뒤늦게 발굴됨에 따라, 구약 성서에 실린 많은 얘기(가령 대홍수, 욥기)들이 서아시아 문학에 공통된다는 사실이 밝혀졌다.[115] 유대교와 기독교가 오랫동안 번성해온 데에는 이렇게 잊혔던 메소포타미아 문명과 달리 '글로 된 기록'을 훌륭하게 보존해온 덕이 크다. 신약 성서는 복음서(마태, 마가, 누가, 요한)와 사도행전, 바울의 편지, 요한계시록(묵시문학)으로 이뤄

113. 유대교는 신약 성서를 인정하지 않는 대신, 『탈무드』를 자기들 경전에 포함시킨다.
114. 모세가 창세기와 출이집트기, 레위기, 민수기, 신명기를 썼다. 여호수아기와 룻기가 역사책이고 이사야서와 다니엘서가 예언서다. 지혜문학은 욥기와 잠언, 시편, 아가를 꼽는다.
115. 그 이전에는 유대 기독교에만 있는 얘기인 줄 알았을 터. 옛날의 크리스천들은 '성경은 우리만의 것'이라는 독선獨善에 빠져서 살았을 것이다.

져 있다. 기원후 100년 무렵에 성립됐는데 그 절반을 바울이 썼다.

성서를 왜 읽어야 할까? 근대 유럽 문화가 탈종교 세속화의 길로 접어들었지만 아직도 크리스천이 많고, 근대 학문이든 예술이든 종교와 씨름하는 가운데서 커 나왔다. 그러므로 근대 유럽 문화를 알려면 그들의 으뜸 참고서를 훑어보는 것이 요긴하다. 성서는 세계에서 가장 많이 읽힌 책이다. 시편과 잠언, 욥기와 룻기, 요셉 이야기는 훌륭한 문학작품이기도 하다.[116]

구약 성서는 오랫동안 입에서 입으로 구전되다가 어느 때(아마 기억에 의한 전승이 위태로워진 어떤 환란을 겪었을 때) 글로 옮겨졌다. 그러니까 어떤 몇 사람들의 이야기가 아니라 수많은 사람들이 공동으로 창작한 이야기인 셈이다. 신약 성서는 아직 국가로부터 포교布教의 자유를 인정받지 못하던 때에 만들어졌다. 은밀하게 필사본으로 옮기다 보니 표현이 갖가지로 들쑥날쑥이다. 말의 앞뒤가 맞지 않고 내용이 엄밀하지 않아서 같은 사건이 여기서는 이렇게, 저기서는 저렇게 기록돼 있다. 교파마다 성서를 다르게 요약하는 실정이다.

그런 이유 말고도 여러 까닭으로 하여 사람마다 성서를 갖가지로 다르게 읽는다. 가장 큰 차이는 신앙의 눈으로 읽느냐, 아니냐일 것이다. 신자들은 거기서 영혼을 맑게 해주는 어떤 숨결까지 느낄 것이고, 믿지 않는 자들은 자기 선입견에 따라 건성으로 훑어보겠지.

성서에 담긴 내용을 곧이곧대로(문자 그대로) 읽을 거냐, 과학의 눈으로 새겨서 읽을 거냐 하는 쟁점도 아직 남아 있다. 종교 근본주의자들 중에는 창세기에 나온, 세상의 기원 얘기를 곧이곧대로 믿어서 다윈의 진화론과 우주 탄생에 관해 자연과학이 밝혀놓은 바를 모조

116. 그 방대한 책을 읽으라고 권하기는 어렵다. 괜찮은 길라잡이 책을 통해 요점이라도 새기자.

리 부인하는 사람도 아직(!) 있다. 고대 사람들은 아마 그렇게 순진하게 믿었을 터이지만, 과학이 발달하게 된 뒤로 뛰어난 지성들은 신神 관념을 과학과 양립할 수 있는 쪽으로 수정해왔다(중세의 아퀴나스도 창조설을 믿지 않았다).[117]

인류의 이성이 계몽되고 사회가 진보하는 쪽으로 나아왔다고 믿는 사람들은 성서를 비판적으로 읽는다. 성서는 2000~3000년의 인류 문화를 표현한 것이요, 그때 유대교/기독교 지도층의 생각을 반영한 것이므로 죄다 곧이곧대로 받아들여서는 안 된다는 것이다. 이를테면 페미니스트들은 신약 성서 요한계시록에 남성 우월적 관점에서 여성을 깎아내리는 서술이 들어 있다고 읽는다.

"왜 신이 남성(아버지)의 형상으로 나타나야 하느냐? 이제는 '어머니 하나님'의 신학을 그려내야 하지 않을까?"

종교의 역사 뒷전에는 숱한 이단異端의 역사가 있었다는 사실도 잊지 말자. 대표적인 것이 영지주의Gnosticism다. 기독교가 '믿음'을 핵심으로 삼은 반면, 영지주의는 신령스러운 지혜(그노시스)가 사람을 구원케 해준다는 교리였는데 기원후 1~3세기에 큰 영향력을 행사했다. 이것은 '깨달음'을 강조한 불교와도 가까운 것으로, 꼭 기독교에만 스며들었던 신조가 아니다. 현대에 '뉴 에이지'라는 사상운동이 일어난 것도 기독교 아닌 딴 대안을 찾으려는 노력으로, 영지주의와 많이 닮아 있다.[118] 이단의 사상들은 그 자료가 보존된 것이 드물다. 혹시 기독교를 더 창조적으로 변용하는 생동하는 내용도 있었는지 모른다. 지금

117. 종교개혁가 마틴 루터도 '성경은 오류가 없다'고 여기지 않았다. 성경 해석을 성직자들이 독점하던 데서 평신도의 손으로 넘기는 변혁을 단행했다.

118. '뉴 에이지'는 뚜렷한 조직을 갖춘 운동이 아니라 느슨한 경향의 표현. 기독교에 대한 반발로 이해해줄 구석은 있지만, 과학과 양립할 수 없고, 신앙의 핵심마저 내버린 일종의 신비주의다.

의 지혜를 넘어설 길을 찾으려면 이 사실을 늘 잊지 말아야 한다.

하지만 성서를 비판적으로 읽는다 해서 거기 담긴 합리적 핵심마저 외면해서는 안 된다. 키르케고르(19세기 실존철학자)는 하느님의 말씀을 듣고 실천하는 사람은 마치 거울(=성서 책)에 자기 모습을 비춰 보고서 그 거울에서 본 것을 기억하는 사람과 같다고 했다. 거울에 비친 자기를 보는 대신에 거울 표면만 살펴보고 끝내는 것은 남들(타자)에게서 온 메시지와 마주 서는 것을 오히려 회피하는 짓이라는 얘기다.

출애굽 사건이 갖는 보편성

출애굽 사건은 이집트에 끌려가 노예 생활을 하던 이스라엘 민족이 기원전 1200여 년쯤에 그곳을 탈출해서 광야에서의 오랜 고난을 견뎌내고 마침내 팔레스타인(=가나안) 땅에 정착한 사건을 가리킨다. 이때 이스라엘의 지도자 모세가 시나이 산에서 하느님한테 십계명十誡命을 받았다고 성서에 기록돼 있다. 그들의 일에 우리가 관심을 갖는 까닭은 그들의 새 종교 탄생에 어떤 보편성이 들어 있기 때문이다.

그들은 누구와 맞섰는가? 히브리(이스라엘) 사람들에게 종살이를 시킨 거대 제국 이집트의 왕 람세스와 대결했다. 히브리인들을 하나로 묶어세운 야훼 신은 이집트의 여러 신들과 싸운 게 아니라 이집트의 억압세력(그 대표인 람세스 왕)과 싸웠다는 사실을 잊어서는 안 된다. 다시 말해, 히브리인들이 이집트의 신들을 믿지 않겠다고 람세스와 다툰 것이 아니라 종살이에서 벗어나 주인 된 세상에서 살고 싶다고 이집트를 탈출한 것이다. 야훼라는 등불은 그렇게 해방을 갈구하던 사람들에게 자기들의 앞날을 지켜줄 어떤 정신적인 지표(길잡이)로서 새롭게 다가왔다.

실제로 이집트를 떠나 가나안 땅을 찾아간 사람은 히브리인들만이 아니었다. 그 시절 서아시아나 이집트 땅에는 여러 종족이 뒤섞여 살았지 종족마다 따로 자기 영토를 차지하고 살지 않았다. '야훼신은 히브리민족의 것'이라는 고정관념은 나중에 유대인 지배층이 자기들 것을 챙기느라 떠든 생각이지, 야훼 신을 태어나게 한 사람들은 '종살이를 거부한 서아시아의 여러 민중들'이었다는 얘기다.

'이스라엘 사람은 하느님의 선민(選民, 선택받은 백성)'이라고 유대교는 말한다. 요즘의 기독교 신자들 중에도 은연중에 이 말에 공감하여 21세기의 이스라엘 국가에 우호의 눈길을 보내고, (그들과 가끔 마찰을 빚고 이슬람교를 믿는) 서아시아 여러 나라를 좀 뜨악하게 바라보는 한국인들이 꽤 있다. 거꾸로, 이 자랑은 그들에게 부메랑도 된다. "야훼가 자기네 민족만 특별히 예뻐한다고? 그럼 걔네끼리만 믿으라고 그러세요. 우린 관심 없으니까."

이런 갖가지 꼴불견은 야훼 신앙이 어디서 태어났는지 그 합리적 핵심을 받아안지 않은 데서 비롯된다. 히브리인이 됐건 사마리아인이 됐건 누구든 '인간 해방의 삶을 살게끔 이끄는 존재'로서 야훼를 바라볼 때라야 그 믿음이 서아시아를 벗어나 동아시아 민중에게든 아프리카 민중에게든 다가간다. 야훼 신앙의 보편성은 거기 있다.

보수적 신앙을 품고 사는 사람은 '영혼의 구원'에만 주로 마음을 쏟는다. 기독교 지도층이 로마 제국과 타협하여 "현실 세계는 왕들이 다스려라. 교회는 사람들의 내면(영혼)만 떠맡겠다"고 돌아선 뒤부터 그런 경향이 짙어졌다. 하지만 이집트를 탈출해서 해방된 새 나라를 추구한 사람들에게 '구원'은 무슨 영혼만의 구원이 아니었다. 지금 세상에서 출애굽의 의미는 정치적 억압과 경제적 수탈착취, 인종적 성적 차별 모두에서 벗어나는 전면적 해방을 상징하는 것이지 무슨 선택받은 종족이 저희끼리 영혼의 평화를 누리는 일이 아니다. '선민'이라는 낱말의 온전한 맥락도 놓쳐서는 안 된다. 인류를 자유롭고 해방된 세상으로 이끄는 싸움에 앞장서는 사람들로서의 자부심을 말하는 것이지, 무슨 기득권과 권세를 누리는 엘리트 계층이라는 자랑이 아니다. 그러니까 그 낱말은 권세가 하늘을 찌르는 사람들과 대결할 때 힘을 북돋아주는 말이지, 힘없고 배경 없는 사람들 앞에서 위세를 부리려고 내세우는 말이 아니다.

누군가 '삼일절 기념예배를 드려야 한다'고 부르짖은 글을 봤다. 출애굽의 정신을 이어받는 길은 민족 독립투쟁의 길에 함께하는 것이라는 매우 상식적인(!) 말씀이다. 제국주의에 맞서 싸울 때는 그들의 총칼을 물리칠 힘이 필요하다. 모세의 무리가 (홍해라고 잘못 일컬어진) 붉은 갈대 늪으로 달아나다가 추격해온 이집트 군대와 맞닥뜨렸을 때에도 자기들이 살기 위해 적을 죽여야 했다. 야훼의 나라가 정의正義의 나라라면 억압받는 사람들이 어쩔 수 없이 행사하는 그 폭력은 '신적神的 폭력'이 된다. 한편 지배세력이 민중을 채찍과 당근으로 잡도리하는 것을 신화적神話的 폭력이라 일컫는다. 후자는 거부돼야 할 것이지만 전자는 하늘이 두 쪽이 나도 옳다. 정치학에서 '폭력의 옳고 그름'을 놓고 토론할 때에는 구약 성서부터 꺼내놓고 시작해야 한다.[119]

119. 지배세력은 '비폭력 저항'을 말한 간디는 칭찬하고, '폭력!'을 버젓이 말한 로베스피에르와 레닌은 비난한다. 하지만 짓밟힌 민중이 주먹을 쥐어야 할지, 입으로만 떠들어도 될지는 세상형편(정세)에 따라 판단할 일이다. 3·1운동은 맨손의 외침이어서 가혹한 탄압을 받았고, 그래서 무장투쟁이 뒤따랐다.

출애굽, 어디까지 진실인가

구약 성서의 핵심은 '출애굽', 곧 이집트로부터의 탈출(엑소더스)이다. 그런데 과연 성서에 적힌 이야기를 그대로 믿어도 되느냐를 놓고, 오랫동안 입씨름이 벌어졌다. 1967년 6월 3차 중동전쟁('6일 전쟁')이 벌어져서 이스라엘군이 시나이반도를 점령했을 때 고고학자들이 성서에 적힌 이야기를 입증해줄 유물을 찾았더랬는데 별다른 소득이 없었다. 출애굽 자체가 역사적 사실이 아니고, 단군신화처럼 그것도 나중 사람들이 지어낸 신화라고 주장하는 목소리가 무척 높다. 모세도 과연 실존했는지 의심한다. 보수 기독교인들은 그것(출애굽)을 신앙으로 받아들여야 하지, 역사적 사실로서 토론할 문제가 아니라고 대꾸하는데, 이는 궁색한 발뺌이다. 역사적 근거가 '전혀' 없는 이야기를 과연 신앙의 주춧돌로 삼을 수 있을까?

성서에는 곧이곧대로 읽어서 안 될 대목이 쌔고 쐈다. 자질구레한 것 하나만 꼬집자. 성서에는 모세가 이집트 왕궁에서 40년, 왕의 미움을 사서 광야로 달아난 뒤에 양치기로서 40년, 히브리 백성을 이끌고 출애굽의 40년을 살았다고 적혀 있는데 이것은 문학적인 허구다. 숫자가 그렇게 똑같이 맞아떨어지는 데서 대뜸 알아채야 한다.

구약 성서가 기원전 13세기가 아니라 기원전 6세기에 쓰였고, 글쓴이도 서너 사람(모세, 다윗, 솔로몬 등)이 아니라 수백 명이 공동으로 썼다는 주장이 있다. 적어도 구약 성서의 첫 부분(창세기~신명기)은 일부 유대인이 바빌론에 포로로 끌려간 시절(기원전 6세기)에 여러 사람이 동시다발로 함께 썼다는 것이다. 꽤 신빙성 높은 추론이다.

이 의심이 다 사실이라 해도 마지막 질문이 남는다. 출애굽기는 모두 거짓인가? 후손들이 상상하여 지어낸 환상일 뿐인가? 고고학적

유물은 나오지 않았지만 이 사실이 출애굽기가 죄다 허구라는 것을 확증해주지도 않는다. 성서에 적혀 있듯이 장정(건장한 남자) 60만 명이 광야에서 40년을 살았다는 것은 세상 이치만 따져보더라도 곧장 들통 날 허구이지만, 이삼천 명 남짓 되는 적은 숫자의 무리가 잠깐 광야에 머무르는 것은 그렇게 불가능한 일이 아니다. 선조들이 그런 자랑스러운 해방투쟁의 실천을 벌였던 자랑스러운 기억을 물려받지도 않았으면서 100% 허구를 지어낸다는 것도 믿기 어렵다.

모세는 실존 인물인가? 정신분석학을 창시한 프로이트가 내놓은 가설이 흥미를 끈다. 유대인으로서 유대 기독교의 전통을 극복하고 싶었던 그는 자기 학문 인생의 마지막 작업으로 유대-기독교의 기원을 밝히는 일에 매달렸다.[120] 그때는 반유대주의가 기승을 부리고 제국주의끼리의 다툼으로 유럽이 참혹한 전쟁(2차 세계대전)에 끌려 들어가던 때다.

그는 야훼를 믿던 이스라엘인들의 토박이 종교는 원시 다신교였다고 본다. 그리고 유일신 종교는 이집트 제18왕조의 파라오였던 '아케나텐'이 창시했다는 것이다. 그는 기원전 1352~1334년에 잠깐 왕 노릇을 했다. 그 무렵 이집트는 누비아, 시리아, 팔레스타인, 메소포타미아를 아우르는 세계 제국이었다. 그러므로 현명한 통치자라면 그 모두를 아우르는 '세계적인' 종교를 모색할 만하다. 저마다 따로 살아가고 싶은 사람들에게야 신神들도 여럿이 공존하기를 바라겠지만 '세상이 하나'이기를 바라는 사람은 유일신the God이 우뚝 서기를 요구한다. 그래야 그 제국帝國이 어떤 공평한 원리에 따라 그 너른 영토를 통일해낼 수 있다. 훗날 로마제국이 유일신교인 기독교를 국교로 받아들인 것은

120. 그의 무신론은 해방신학을 말하는 신학자들의 생각과 그렇게 멀지 않다.

무척 진취적인(합리적인) 처사였다. 하느님나라의 실현을 꿈꾼 예수와 바울에게는 기독교가 세속 국가권력과 손을 잡은 것이 커다란 후퇴였겠지만 말이다. 그러니까 유일신 보편 종교가 등장한 것은 세계 제국이 선보인 것 이상으로 인류 사회에 획기적이고 진취적인 변화를 초래했다.

아케나텐은 태양의 신 아텐을 유일신으로 모시는 보편 종교를 세우려 했다.[121] "아텐은 이집트인뿐 아니라 어떤 민족이든 공평하게 자기 백성으로 거두리라!" 그러나 이 이념적 변혁은 당장 제 손 안에 권세를 움켜쥐고 영화榮華를 누리는 지배계급 다수에게는 자기들이 누려온 권세를 얼마쯤이라도 내려놓으라는 요구였으니 당연히 반발했다. 제18왕조가 몰락한 뒤로는 보편 종교로의 발돋움도 물거품이 되었고, 새 왕조가 박해한 세력은 (통념과 달리) 유대인들이 아니라 아텐교도들이었다.

프로이트가 짐작하기에 모세는 아텐교를 숭배하는 이집트인이었다. 그가 어떤 신분이고 어떤 처지였는지는 알 길이 없으나 중요한 것은 모세가 이집트에서 벗어나기를 바란 히브리인들이 자기 이념을 실현해낼 적당한 사람들이라 여겨 그들과 결합했다는 것이다. 아텐교에서 보편적 민족은 이집트인이었는데 그는 히브리인들을 새로운 보편적 민족(선민)으로 치켜세울 필요가 있었고, 자신을 이집트의 파라오에 맞먹는 지도자로 내세워야 했다. 아텐교와 유대교 사이에 비슷한 풍속이 많다는 것(가령 할례)도 이런 추론의 근거가 돼준다.

그러나 광야에서의 시련은 그리 녹록하지 않았다. 헐벗은 광야에서 사람들은 굶주리기 일쑤였으며 이집트를 벗어난 히브리인들이 한때

121. 원래 이름은 아멘호테프 4세. '아텐을 기쁘게 하는 사람'이란 뜻의 아케나텐으로 개명했다.

품었던 새 나라의 꿈도 차츰 시들어갔다. 자기들의 삶을 마법적으로 해결해줄 누군가를 바랐겠지만 유일신 종교는 그런 미신적인 믿음이 아니었으므로 사람들이 대놓고 모세에게 등을 돌리기 시작했다. 성서에는 히브리인들이 광야에서의 자유를 흐뭇해하기보다 이집트에서 고기를 먹으며 산 시절을 그리워하며 살았고, 이집트에서 갖고 나온 금붙이를 녹여 금송아지를 만들어서 경배를 올렸다고 서술돼 있다. 금송아지는 권세 높은 제국주의를 우상으로 섬기는 종교예술(!)이다. 다들 타락한 속물의 삶으로 되돌아갔다.

모세가 드높은 보편 종교를 계속 지탱해갈 길이 무엇이었을까? 끝내 제 뜻을 꺾지 않고 장렬하게 죽는 길이다! 그럴 때라야 가까스로 기적이 생겨난다. 히브리인들이 유일신에 대한 믿음을 이어갈 유일한 길은 배반자 유다에 의해 예수가 죽었듯이 모세도 히브리인들에게 죽임을 당하는 길뿐이었다. 자기들의 믿음을 저버리고 스스로 지도자를 죽인 히브리인들은 그 죄의식으로 하여 자기들의 믿음을 되살려내지 않을 수 없었다. 기독교의 경우도 예수를 배반한 사람들(유다뿐 아니라 그를 부인한 베드로 등등)의 죄의식이 가까스로 그 꺼져가는 불꽃을 살려내지 않았던가.[122] 모세가 죽임을 당한 것도 예수의 죽음 못지 않게 메시아적인 뜻을 함축한 순교였다(신라에도 귀족계급이 이차돈을 죽인 뒤에야 그에 대한 죄의식과 반성으로 불교가 공인될 수 있었다).

실제로 히브리인들이 모세를 죽였는지, 역사 기록으로 확인할 수는 없다. 아마 그랬을 것이라고, 설령 살해까지 벌어지지는 않았더라도 지도자로서 권위를 빼앗고 내쫓는 일은 얼마든지 벌어졌음직하다

122. 예수를 부인한(배신한) 베드로는 온전히 제 삶을 이어갈 수 없었다. 살아 있어도 죽은 목숨! 자기 삶을 온통 '예수의 것'으로 뒤바꿔야만 했다. 예수가 성령으로 부활했다는 것은 그런 뜻이다.

고 우리는 추론한다. 중요한 것은 그 사실 밑바닥에 흐르는 사람들의 심리 기제(메커니즘)를 문제 삼는 것이다. 이 추론을 발전시키면 아버지에게 적대하는 자식들의 오이디푸스 콤플렉스로 이어진다. 오이디푸스 설화 말고도 인류 사회에 '아버지 살해(또는 추방)'에 관한 이야기가 수두룩했다. 그리스 신화에는 태초의 신 우라노스가 그의 아들 크로노스에게 거세당해 쫓겨나고 크로노스도 자기 아들 제우스에게 쫓겨난다고 되어 있다.

유대교를 세운 사람들은 이집트를 탈출한 노예들만이 아니었다. 가나안 땅에 원래 살고 있던 사람들이 거기 합류했는데, 이는 아텐교와 원시 야훼교의 혼합을 말해준다. 그래서 신과의 계약이라는 관념이 생겨났다. 원래의 야훼는 히브리민족만 챙기는 지방신이었는데, 토속 다신교는 이름(야훼)만 남고 아텐교의 진취적인 내용이 거기 덧칠됐다는 추론이다.

이와 같은 프로이트의 가설(假說, hypothesis)을 어떻게 판단할 것인가? 그것은 프로이트 혼자의 머리로 지어낸 얘기가 아니다. 이미 있었던 몇 가지 가설(가령 모세는 이집트인이라는 추론)에 역사적 사실을 보태고, 정신분석학적 추리를 곁들여서 종교 탄생의 한 가지 경로를 그려냈다. 지금으로선 이 가설이 맞다고도, 틀리다고도 확증할 수 없다. 하지만 설령 역사적 사실이 이 가설과 무척 동떨어진 것이라 해도 이 가설에 담긴 여러 앎이 무효가 되는 것은 아니다. 왜 그러한가?

구약 성서에 보면 솔로몬 왕 때만 해도 갖가지 우상 숭배가 널리 퍼져 있다는 기록이 나온다. 그러다가 기원전 598년에 유대 왕국이 무너지고 일부 유대인이 538년까지 바빌론에 포로로 붙들려 간 비운悲運을 겪었다.[123] 나라가 망한 뒤로 성전(교회당)이 사라졌다. 성스러운 궁전을 성스러운 경전(성서 책)이 대신할 수밖에 없었다. 부랴부랴 옛이야기들을 책으로 엮고, 그 책을 매개로 삼아 망국의 피난민들이 모여들었다. 사람은 가시밭길을 걸을 때라야 정신도 또렷해지고 더 먼 곳의 미래도 꿈꾸게 된다. 유대교가 유일신 종교로 변변히 자리 잡은 것은 이때부터다. 제가 살던 땅에서 쫓겨나 곳곳에 흩어져 살아간 유대인들을 '디아스포라'라고 일컫는다. 첫 디아스포라는 바빌론에 포로로 잡혀갈 때 생겨났다.

이것, 무심히 들을 일이 아니다. 옛날의 종교는 국가종교다. 국가가 떠받들면 그 종교의 위세가 높아져서 민중이 따라 믿는다. 그 왕국이 무너지면 그들의 종교도 빛을 잃고 덩달아 무너진다. 나라가 망했는데도 종교가 다시 일어선 경우는 유대교뿐이다. 이것은 세계사에서 무척 남다른 현상이었다. 국가 없이 믿는 종교는 "국가여, 영원하라!" 하는 선전방송과 전혀 상관없다. 예수의 제자들이 무척 변혁적인 사람들이었듯이, 저희를 지탱해줄 국가도 없이 어떤 믿음으로 결속하겠다고 모여든, 바빌론 포로 시절의 유대인들도 변혁의 열망이 넘쳐나던 사람들이었다. 그들이 '모세의 해방신화'를 만들어내지 않았겠는가.

그때 인류 대다수는 '글쓰기'와 담을 쌓고 살았는데 성서에는 글쓰기를 언급한 대목이 대단히 많다고 한다. 믿음만으로 결속해야 하는 사람들에게 글은 전쟁터에 나가는 병사에게 소총이 그렇듯이 자기들의 정신을 지탱해주는 도구였다는 얘기다.

다시 프로이트로. 부족국가의 종교는 부족연합의 '상징(구심)'으로서만 구실한 것이라서 그 국가가 무너지면 금세 사라진다. 그렇게 거룩한 신들이 아니다. 그런데 유대교는 '신'이 사람들을 강제한다. "국가의

123. (재)탄생할 무렵의 유대교는 선진적인 종교였다. 하지만 예수 때는 율법의 종교로 가라앉았다. 유대인들이 바빌론의 포로가 된 것은 비운이지만 거기서 조로아스터교의 영향을 받아 새 사상에 눈떴다.

울타리가 없어서 고달프더라도 나를 믿어라! 너희가 세계 곳곳에 흩어져 산다 해도 나를 중심으로 결속하라!" 프로이트는 왜 국가를 넘어서는 이런 강력한 믿음이 생겨났는지를 설명하려고 '아버지(지도자) 살해'의 가설을 창안한 것이니까 모세가 실존 인물이 아니라 해도(그럴 공산이 짙지만) 그의 이론의 합리적 핵심이 폐기되지는 않는다.

모세의 가르침이 옛 유목민 사회에 자리 잡고 있던 사람다운 윤리(곧 독립성과 평등성)에 있다면 그 윤리는 그 뒤 가나안 땅에 세워진 전제국가(사제계급이 들어선 솔로몬 왕국)에서 억눌려졌다. 성경에 나오는 예언자들은 신이 말씀하셨다면서 전제국가를 비판하고 아름다운 옛날로 돌아가자고 줄곧 광야에서 외쳐댔다. 그러다가 망국의 신세가 되자 그 참에 '좋았던 옛날로 돌아가자'는 운동을 일으킨 것이다. 나중에 말하겠지만 기독교의 탄생에서도 그런 비슷한 심리 메커니즘(후손들의 죄의식 → 억눌린 것의 귀환)이 작동하고 있다.

'좋았던 옛날을 추구한다'는 것이 무슨 뜻인지 구약 성서에 군데군데 나와 있다.[124] 이를테면 어느 포도밭 주인 얘기다.[125] "누구든 사람답게 사는 데 필요한 만큼 누려야 하오!" 이것, 능력만큼이나 일한 만큼만 누리는 시장 사회의 원리보다 더 윗길의 사회 원리다. 그때 (재)탄생할 무렵의 유대교가 '누구나 사람답게 사는 세상'에 대해 드높은 꿈을 추구했고 그래서 보편 종교의 칭호를 받을 만하다는 얘기다.

한국의 기독교도들은 구약 성서를 어떻게 읽었을까? 구약 성서에 담긴 이념적 보편성을 옳게 읽은 민중신학자들은 우리의 민족 민중 현실을 변혁하는 데에 동참했다. 지금도 예수를 믿는 사람이 이 사회

124. 교환양식 D, 곧 자유로운 개인들의 연합체를 추구하는 운동으로서 보편 종교들이 싹텄다는 얘기다. 뒷글 '그리스 사상을 다시 읽는다'에 더 설명해놓았다.
125. 이 책 앞부분, '정의론' 대목에 일꾼 셋에게 똑같이 품값을 나눠준 그를 소개해놓았다.

에서 해야 할 일을 진지하게 찾아보는 뜻있는 사람들이 군데군데 있기는 하다.

하지만 일제 강점기 때 친일파로 살았거나 박정희 시대 이후로 '하느님을 믿으면 현세에서 복을 받는다'고 선동해서 헌금을 긁어모았던 눈먼 복음주의자들은 성서에서 저희들 읽고 싶은 것만 읽었을 것이다. 성서에는 '가난한 사람들을 돌보라'는 목소리가 수없이 많은데 이를 자선냄비에 돈 몇 푼 넣어주라는 알량한 얘기쯤으로 읽었으리라. 하느님 섬기기 다음으로 에너지를 쏟아야 할 일은 재물을 모으는 일이라고 버젓이 자랑하는 목사들도 있다. 청빈(淸貧, 깨끗한 가난)만으로도 세상을 밝히기가 어려운데 청부淸富가 더 멋진 일이라 여기는 신도들이 훨씬 더 많다. "개같이 벌어도 좋다. 많이 번 돈의 일부를 자선사업에 내놓으면 된다"고 믿는 유치스러운 철학이다. 솔로몬 왕 시절과 마찬가지로 지금의 대다수 교회에도 금송아지들이 가득 차 있다.

일본 제국주의가 마지막 발악을 하던 시절(1940년대 초)에 윤동주 시인이 그 슬픈 현실을 시로 썼다. 제목은 '팔복八福'이다. "슬퍼하는 자에게 복이 있나니!" 하고 여덟 번 거듭 말했다. 그러고서 윤동주가 "저희가 위로함을 받을 것이오!" 하고 행복한 결말을 맺으려 했다고 한다. 그렇지만 그는 일본 제국주의가 미쳐 날뛰던 그 시대에서 아무리 해도 희망의 실마리를 찾기 어려웠다. 그가 신실(독실)하게 믿은 기독교의 지도자들은 죄다 '일본의 개'가 돼 있던 때다. 그는 결국 "저희가 영원히 슬플 것이요." 하는 말로 고쳐 썼다. 이것이 섬뜩한 현실에 대한 정직한 앎이다. (지금도 마찬가지로 슬픈) 우리 현실을 정직하게 바라보는 데서 우리는 시작해야 한다.

'메시아(또는 그리스도) 콤플렉스'라는 흥미로운 낱말이 있다. "나는 메시아(구세주)가 될 운명"이라는 믿음을 품고 있는 사람을 가리키는 심리학 용어다. 예루살렘 같은 성지聖地에 들렀을 때 종교적인 황홀감에 빠지는 경우를 가리켜 '예루살렘 증후군(신드롬)'이라고도 일컫는다.[126]

누가 자신을 구세주라고 착각해서 엉뚱한 짓을 벌이는 것은 별로 주목할 일이 아니다. 세상일에는 관심이 없고 오직 교회 안에서만 행복을 느끼는 사람들에 대해서도 "종교를 믿고 싶으면 믿고, 말고 싶으면 말고……" 하고 덤덤히 바라봐도 된다. 하지만 거룩한 감정 자체를 하릴없는 것으로 치부해버려서는 안 된다.[127] 골방 안에서 장삼이사(張三李四, 보통사람)들이 저 혼자 느끼는 경건한 감정이야 '사사로운 것'으로 외면해도 무방할 것이겠지만 유관순이나 전태일이 치열하게 행동했던 순간으로부터 우리가 받는 거룩한 느낌을 허투루 외면해서는 안 된다. 윤동주의 다음 시 구절은 깊이 음미할 가치가 있다.

괴로웠던 사나이
행복한 예수 그리스도에게처럼
십자가가 허락된다면
모가지를 드리우고
꽃처럼 피어나는 피를

126. 몇 해 전에 경북에선가 예수의 죽음을 흉내 내서 자살한 (딱한) 사람의 주검이 발견됐다.
127. 21세기 인류는 고귀한 이념과 믿음 따윌랑 우습게 비웃는 냉소주의의 시대에 살고 있다.

어두워가는 하늘 밑에 조용히 흘리겠습니다.

1930년대 식민지 조선에는 '브나로드 운동'이 잠깐 벌어졌다. 고등교육을 받은 학생들이 농촌계몽운동에 나선 것인데 심훈의 소설 『상록수』는 이를 소재로 삼았다. '브나로드'가 러시아 말로 '민중 속으로'라는 뜻인 데서 알 수 있듯이 이 운동은 1874년 러시아 지식청년 수백 명이 밑바닥 민중에게 다가가려고 농촌으로 뛰어든 선례를 본받은 것이다. 그 무렵 러시아는 아직 전근대적인 봉건 체제의 찌꺼기(이를테면 농노 제도)가 많이 남아 있었던 유럽의 후진국이었다.

러시아의 지식청년들은 누구를 본받아 세상을 구하러 나섰을까? 그들의 선배인 문학가 톨스토이를 본받았다.[128] 톨스토이도 부유한 귀족 집안에 태어났으나 가난한 민중의 현실이 몹시 안타까웠다. 귀족의 특권을 깨고 평등한 사회를 만드는 일에 앞장서다가 교회로부터 파문(추방)까지 당했다. 그는 늙어서는 제가 누리는 것 모두를 내버리기로 결심했다. 그는 어떤 삶을 살려고 했는가? 그리스도를 따르는 삶을 살기로 다짐했다. 인류에게 예수의 가르침이 얼마나 큰 영향을 끼쳤는지를 예시해주는 한 본보기다.

잠깐 글쓴이가 믿는 바, 소신所信을 밝히자면 유물론의 자리에서 세상을 봐야 한다는 것이다. 인류 사회는 신神들의 노여움을 사지 말아야 탈이 안 난다고 믿은 신화(또는 미신)의 시대로부터 과학의 시대로 차츰 넘어왔다고 여긴다. 그래서 한때는 종교를 한갓 망상(妄想, 허튼 생각)으로 우습게 여긴 적도 있지만 종교가 그렇게 간단히 비판되지 않는다는 사실을 곧 깨달았다.

128. 한국에선 『부활』이 남달리 많이 읽혔으나 그의 대표작은 『안나 카레니나』, 『전쟁과 평화』다.

"하나님! 우리 자식이 좋은 대학에 붙게 해주시면 교회에 십일조 十一條를 많이 낼게요!" 하고 신과 거래하는 사람의 종교야 비판하기가 어렵지 않다.[129] 하지만 "우주세계가 이렇게 정교하게 만들어진 데에는 무엇인가 신의 뜻이 들어 있을 거야!" 하고 믿는 것은 꼭 미신 superstition이라 하기 어렵다. 뉴턴과 아인슈타인은 '(무한한 우주를 이렇게 만들어놓은) 신의 뜻이 뭘까?' 캐고 싶은 궁금증에 물리학 공부에 몰두했다.

신神 관념이 상징적 세계의 주춧돌을 놓는 아버지 기표(記標, 시니피앙)의 구실을 맡아왔다고 정신분석학은 풀이한다. 어린아이에게 저를 돌봐주는 아버지의 존재가 필요하듯이, 어른들도 "이 세상에는 어떤 뜻이 깃들어 있다"고 장담해줄 어떤 누구(=정신적인 아버지의 존재)가 필요했다는 것이다. 물론 "아버지 없이도 우리는 살 수 있다!"고 나설 수도 있다. 하지만 그러려면 인류가 훨씬 더 성숙해져야 한다. 그것은 신 없이 신적神的인 것을 추구하는 더 어려운 길이라서다![130]

아무튼 여기서 예수를 떠올리자. 그는 누군가? 괴물이다. 우리처럼 밥도 먹고 방귀도 뀐 사람이면서 우리가 드높이 우러러야 할 신이라니, 그 둘이 다 맞다면 그런 존재를 괴물이라 일컬어야지, 무엇이라 부르겠는가. "나는 기독교 신자가 아니니까 그를 신神이라 생각하지 않겠어. 그는 그저 옛날 옛적에 갈릴리 지방에서 목수木手로 살았던 좀 똑똑한 사람일 뿐이야." 하고 생각하는 사람도 많다. 그런 생각도 충분히 일리가 있으나 왜 수많은 사람들이 그를 신으로 받드는지도 성

129. 제가 번 것의 10분의 1을 바치는 것. 교회가 정말로 세상의 소금이 된다면 그 이상도 바쳐야 한다.

130. 사악한 정치에 저항하는 것이 참신앙이라 믿은 목사 본회퍼가 히틀러 암살을 꾀하다 붙들려 죽임을 당했다(1945년 초). 그는 '비종교적 종교'를 말했다. 그 뒤 '신의 죽음'을 말하는 신학자들도 나왔다.

의 있게 헤아리는 것이 더 진중한 태도 같다.

그가 진흙을 빚어 사람을 만들고, 만유인력의 법칙을 창안해낸 조물주造物主로서의 신이 아니라는 것은 분명하다. 하지만 신의 뜻을 완전무결하게 이어받은 사람도 '신'이라 일컫기로 한다면 그도 신이 될 수 있다. 옛 아시아에서는 어떤 사람이 무척 거룩해서 사람들에게 감동을 줄 때에 그를 생불(살아 있는 부처)이라 존경하기도 했다. 예수도 그런 칭호를 받지 말라는 법이 있는가.[131]

'사람=신'의 칭호에 대해 비非신자들이 거부감을 느끼는 까닭은 기독교에서 사람들에게 포교布教를 할 때, "저기 거룩한 아버지가 계시고요, 그 옆에 거룩한 아드님도 앉아 계시고, 또 성스러운 영혼이 날아다니고 있어요. 저 아드님께서 우리 인류의 죄를 대신 갚아주셨대요." 하고 설명하기 때문이다. 종교가 막가파로 놀 때에는 그것 갖고서 장사도 했다. 중세가 끝나갈 무렵 로마 가톨릭교회가 "너, 신이 네 죄를 대신 갚았으니까 그 대가를 내놔야지." 하고 면죄부를 팔아먹은 것처럼.

이것, 다 나중에 그럴싸하게 갖다 붙인 얘기다. 이런 눈길을 사후론事後論적인 관점이라 한다.[132] 예수가 거룩한 신의 자리에 이미 올랐으니까 '그가 인류 대신 속죄했다'는 설명도 그럴싸하게 들린다. 그런데 적어도 닭이 울기 전에 세 번이나 '그를 알지 못한다'고 잡아뗄 때의 베드로는 그를 신으로 여기지 않았다.[133] (예수를 배신한) 가롯 유다는 더 말할 것도 없다.

131. 현대 중국인들은 국부 마오쩌둥을 무척 존경한다. 그를 거의 신처럼 받들지 않을까?
132. 이 관점에 대해 뒤에 실은 '그리스 사상을 다시 읽는다'에 더 설명해놓았다.
133. "너, 예수라는 자를 아느냐?" "(움찔하며) 아니오. 모르는데요."

그러니까 사건이 진행되는 과정 속에서 사태를 살피자. 예수 이전에는 유대교도들이 신이란 '세상 저 너머'에 계신, 몸뚱이를 갖고 있지 않은 무엇(누구)이라 여겼다. 그런데 예수가 무슨 생각에선지 '내가 신'이라고 선포했다고 한다. 이를 말씀(로고스)이 곧 사람으로 바뀐 성육신(成肉身, incarnation)이라 일컫는다. 성부聖父가 자기를 비워서(케노시스) 인간이 됐다. 대다수 기독교 신자들은 이 얘기를 자기들 편하게 알아듣는다. "세상 저 너머에도 (아버지) 신이 계시고, 이 땅 위에도 (아들) 신이 계시다"라고. 그런데 '케노시스'를 말 그대로(!) 읽기 바란다. 초월신이 자기를 비웠는데 초월신이 어디에 있다는 말인가? 누가 "저는 마음을 비웠어요." 하고 말하면서 무슨 욕심을 부릴 경우, 우리는 그의 언행言行 불일치를 대뜸 알아챈다. 초월신에 대해 미련을 버리지 못한 사람들이 "하나님은 하늘에 그대로 계시고, (어미 없이 혼자 낳은) 자기 아들을 땅 위에 파견 보냈다!"고 속 편하게 생각한다. 그렇다면 예수가 십자가 위에서 울부짖을 까닭이 없고 그의 제자들이 꽁무니 빠져라, 달아날 이유가 없다. 세상이 하나님의 섭리로 빛난다고 흐뭇하게 믿는 사람들은 '골고다 언덕 위의 덧없는 죽음'을 정면으로 들여다볼 생각을 하지 않는다.

예수보다 500~600년 전의 유대인들은 자기들의 삶을 이끌어줄 어떤 초월적 존재를 국가의 후원(지원)이 없이도 믿기로 결심했다. 국가가 받들어주지 않는 신은 사실 볼품이 없다. 그런데도 그 신을 믿겠다는 것은 놀라운 결심이다. 그 뒤 잠깐 나라를 세운 때 빼고는 국가가 없는 상태에서 신에 대한 믿음만으로 유대교가 지탱돼왔다.[134] '유대교는 우리 것'이라면서 유대인들이 민족을 내세웠던 것은 한참 나중

134. 기원전 141~63년에 잠깐 하스몬 왕국이 들어섰다.

의 얘기(시오니즘)이다. 유대교 자체는 믿는 자들 개개인을 묶어세웠고, 그래서 유대인이 아니라도 유대교로 개종한 사람이 한동안 적지 않았다.[135] 유대민족은 '유대교로서 모인 사람들'이지 무슨 핏줄(혈통)이 아니다.

예수가 창안해낸 것도 이와 비슷하다. 인간 예수가 동시에 '신'이 된다는 것은 세상 저 너머의 초월신이 없어도 우리가 살 수 있도록 생각의 여지를 열어준다. 진정한 윤리적 주체는 어떤 어른의 말씀에 따라 살아갈 때가 아니라 오히려 자기들을 돌보는 어른이 아무도 없을 때 탄생한다.

십자가의 죽음은 '초월신 없이 성령으로 세상을 헤쳐 나가라'는 가르침을 준다.

20세기 중반, 독일 나치의 아우슈비츠 수용소에서 수백만의 유대인들이 죄 없이 죽어갈 때, 전통 신학은 결정적으로 찬 서리를 맞았다. "초월신이 계시다면 어찌 그런 끔찍한 일이 벌어질 수 있는가?" 그 답은 설령 신이 있다 하더라도 그 신은 우리를 돌볼 힘이 전혀 없는 나약한 존재라는 것이다. 초월신이 자기를 비웠음(케노시스)이 그때 소름끼치게 드러났다. 그러니까 홀로코스트(대학살)는 인간들 너머에 어떤 '신의 뜻'이 작동한 것이 아니다. 십자가 사건도 마찬가지다. 그것은 신의 뜻과 아무 상관이 없이, 다시 말해 아무런 의미도 없이 벌어진 사건이다. 세상의 진짜 모습 또는 실재the real는 그런 '덧없음'이다!

"예수가 십자가에 매달려 죽었고, 그는 곧 부활했다!"

이 핵심 사건을 찬찬히 간추려보자. 먼저 성육신成肉身을 통해 초월신이 죽었다. 사람들은 '저 너머'에 누가 계시리라는 믿음을 던져버렸

135. 나치즘을 비판한 벤야민과 인간 소외가 깊어진 현대 사회를 경고한 카프카는 유대교 신학에 기댔다.

다. 그 대신에 '신'이 사람 마음속에 들어와 있는 것으로 여기기 시작했다. "하늘나라는 사람들 마음속에 있다고!" 신이 어떤 모습으로 바뀌었는가? 우리의 삶을 지탱케 해주는 어떤 믿음 또는 대의(大義, a good cause)의 모습으로! 하지만 한동안 예수의 제자들은 '아들 신'이 살아 있다는 사실을 통해 '아버지 신이 있다'는 것을 믿었다. 예수는 사람들과 '아버지 신'을 이어주는 징검다리이기도 했다. 그런데 '아들 신'이 죽었다. 자기들한테 '신의 뜻'을 전해주는 사람이 더 이상 자기들과 함께 있지 않다. 제자들은 예수가 죽음으로써 초월신이 진짜로 죽었다는 사실도 살갗으로 깨닫게 됐다.

그런데 왜 한때 멘붕(멘탈 붕괴, 정신적 공황)이 와서 뿔뿔이 달아났던 제자들이 다시 모여들었는가? 신이 자기들 마음속에 '성령'으로 있다는 것을 깨달아서다. 부활한 예수가 제자들에게 이렇게 말했다고 한다. "여러분 몇 사람이라도 모여 있는 곳이면 나는 늘 그곳에 함께 있다"고. 이 사실은 제자들 곧 신자信者 공동체에게 신이 더 이상 '세상 저 너머의 누구'로 있지 않고(곧 초월신에 대한 믿음은 사라졌고), 예수에 대한 기억으로 머문다는 뜻이다. 성스러운 영혼은 한때 예수에게 머물다가, 이제 제자들에게 건너왔다. 소크라테스가 늘 다이몬(정령)의 음성을 들었다는 것을 떠올리라. 신은 다시 한 번 자기를 비웠다(두 겹의 케노시스).

왜 그런 기적이 일어났을까? 다시 말해, 제자들이 어찌 마음을 돌이켜서(회심해서) 모여들었으며 바울은 어찌해서 만나본 적도 없는 (더군다나 사기꾼이라고 여겼던) 예수를 갑자기 믿게 됐을까? 예수는 사람이고 그리스도(=구세주)는 신이다. 제자들에게 예수 그리스도는 인간이자 신이다. 예수 그리스도는 아버지 신으로부터만 버림받은 것이 아니다(이는 십자가의 죽음으로 방치된 것을 말한다). 그를 메시아라 믿었던 사람(제자)들한테서도 버림받았다. 그리스도로서도, 예수로서도!

제자들이 과연 딴 동네로 달아나서 마음 편히 살아갈 수 있었을까? 예수가 붙들릴 때 달아난 남자들, 그의 무덤까지 찾아갔지만 끝내 부활을 믿지 못하고 도망친 여자들, 예수를 살리려고 빌라도 총독을 찾아갔다가 유대교 제사장들의 선동에 놀아나 오히려 예수를 죽이려고 설쳐댄 놈들 모두는 자기들이 그리스도를 내버리고 또 예수를 죽였다는 부끄러운 기억에서 벗어날 수 없었다. 이것은 그들을 자다가도 벌떡 일어나게 만드는 소름 끼치는 외상trauma이 됐다.

세상이 또 그를 잊지 못하게 만들었다. 예수가 죽고 난 뒤에도 또 다른 메시아(구세주)를 내세운 운동이 곳곳에서 잇따라 일어났다. "메시아를 찾는 일에서 도무지 손을 뗄 수 없구나!" 하고 느꼈을 것이다. 유대인들이 로마에 맞서 전쟁을 일으켰다. 세상 정치가 어찌 되어야 하는지, 제정신 가진 사람이라면 관심을 끊을 수 없었다. 또 예수의 제자들이 유대교 교회에서 내쫓겼다. 자기들은 예수와의 관계를 끊고 싶어도 남들이 그렇게 봐주지 않았다. 『삼국지』에서 죽은 제갈공명이 살아 있는 사마중달을 혼냈던 것처럼 예수의 존재가 늘 그들을 뒤쫓았다.

그들은 어느 날 모여앉아 땅을 치며 통곡했을 것이다. 눈물이 강이 되고 바다로 흘렀을 것이다. 그들의 흘러내리는 눈물방울에 파아란 하늘이 설핏 어렸을 것이다. 예수의 영혼을 다시 받아들여 삶의 등불로 삼기로 다짐했으리라. 그러니까 새로운 믿음은 '억눌린 것의 귀환'으로서 생겨났다. 그들이 죄의식에서 풀려나려면 예수와 더불어 살았던, 펄펄 들끓던 시절로 돌아가야만 했다. 딴 나라에 종살이하는 민족이 억눌리고 억눌리다가 어느 날 문득 민족해방투쟁에 떨쳐나서는 것도 이와 비슷하다.

신이 성령으로 다시 나타났다고 했다. 성령은 예수만의 것이 아니다. 예수를 따르며 살려면 그들 자신도 괴물이 돼야 했다. 괴물이라야 순교martyr를 감당한다. 부활은 예수가 다시 살아난 것이 아니다.[136] 제자들 스스로가 성스러운 영혼으로 거듭난 것이다.[137] 바울이 예수가 어떻게 살았으며 무슨 기적을 일으켰는지에 대해 전혀 무관심했다는 사실을 떠올리라.

보편 종교에 들어 있는 핵심은

기독교를 비롯한 여러 보편 종교들은 다 엇비슷한 때에 모습을 나타냈다. 세계 어디든 고만고만한 도시국가들이 서로 다투면서 큰 제국으로 합쳐지고, 한편 화폐경제가 출몰해서 곳곳의 공동체가 무너지던 역사의 커다란 전환기에! 그때의 세상에 대한 공통된 비판으로서 여기저기서 보편 종교 또는 자유사상가들의 외침이 일어났다.[138]

종교를 생각할 때 사람들은 흔히 신에 대해서만 주목한다. "사랑의 신이냐, 자비의 신이냐? 어쩌고저쩌고……." 더 중요한 것을 바라보지 않는다. 그것이 '사회윤리'였다는 사실을! 보편 종교가 역사적으로 남달랐던 것은 밑바닥 민중더러 '사회의 주인이 돼라!'고 불러냈다는 사실이다. 싯다르타는 누구나 부처가 될 수 있다고 말했고 바울은 자유

136. 몇몇 제자가 부활한 예수의 옆구리 상처를 만져봤다고 적혀 있는 성서 구절은 문학적 허구다.
137. 성령이 그때는 신자 공동체 속에 깃들었지만 근대에 와서는 변혁적 사회운동체 속으로 옮겨 왔다.
138. 조로아스터와 싯다르타, 공자와 묵자, 헤라클레이토스와 소크라테스와 예수에 이르는 예언자들!

인이든 노예든 하나님 안에서 하나가 된다고 했는데 이는 신을 설명한 말이 아니라 어떤 사회를 만들어야 하느냐, 그 메시지(사회윤리)를 던진 것이다.[139] 신神이란 사람 안에 들어 있는 거룩한 무엇이다. 옛날 그때는 아직 과학이 덜 발달한 탓에 좋은 세상을 만들고 싶은 사람들이 '신의 말씀'이라는 형태로 그 이야기를 나타낼 수밖에 없었다. 보편 종교의 창시자라 일컬어지는 사람들이 종교제도(교회, 절)를 어떻게 운영할지, 단 한마디도 꺼낸 적 없다는 사실을 잊어서는 안 된다. 나중에 후손들이 그를 시조始祖로 추대했을 뿐이고, 그들은 예언자요 자유사상가로 살았다. 사후론적 관점(!)이 빚는 착각에서 벗어나자.

예수의 가르침은 두 가지로 요약된다. 신을 사랑하고 이웃을 사랑하라는 것! 그런데 여기서 '이웃 사랑'을 단순히 마음(감정)의 문제로 여기지 않는 것이 중요하다. 그것은 도덕(윤리)이자 경제(살림살이)의 문제다. 사람은 이웃과 밥 한술을 같이 나눌 때라야 자연스레 정이 싹튼다. 그리고 사랑은 대가 없이 무엇을 주는 일이다. 예수의 제자들만 그랬던 게 아니고 에세네파(쿰란공동체를 꾸린 유대교의 한 분파)도 그랬다. 기록되어 전해오는 앎이 적어서 우리가 모를 뿐이지, 자유롭고 평등했던 옛날로 돌아가려는 흐름이 그 시절에 무척 폭넓었다.

하지만 기독교가 로마제국에 수용되어 국가의 도움을 받으면서부터 이렇게 좋았던 옛날(서로 선물을 주고받는 증여 경제)로 돌아가려는 경향에 브레이크가 걸렸다. 초기 교회는 유목민들처럼 유동하는 집단이었으나 한곳에 머물게 되자 교회敎會는 사제(성직자)들이 다스리는 위계서열의 조직으로 차츰 옮아갔다. 바울의 시대만 해도 아마겟돈의 싸움을 꿈꾸는 '요한계시록'처럼 신의 나라(=자유와 평등을 되살리는 사

139. 예수나 바울이 신을 발명하지 않았다. 신을 달리 보고, 모든(!) 인간을 섬기자고 말했을 뿐이다.

회)가 멀지 않았다는 종말론적 열정이 서아시아를 온통 휩싸고 있었지만, 그 열정의 시대 분위기가 가라앉자 사제(목사)들의 설교 내용이 시나브로 바뀌었다. 신의 나라는 하늘 위(=저승)에 있다는 식으로! 카이사르(기원전 100~44년, 로마의 장군)의 것은 카이사르에게, 하나님 것만 하나님에게 돌리자고! 다시 말해 국가를 없애겠다는 거창한 생각 따위는 그만 접자고![140] 기독교나 불교나 차츰 국가 권력의 품 안에 들어갔고, 호국護國의 종교로 변질됐다.[141]

그 뒤로, 초기 기독교의 정신은 수도원修道院을 통해 가냘프게 이어져왔다. 아시시의 성 프란치스코(1182~1226년)가 세운 수도원이 손꼽힌다. 이탈리아에서 부유한 장사치의 아들로 태어난 그는 거지들의 삶을 목격하고 충격을 받았다. "주여, 저를 평화의 도구로 써주소서!"로 시작되는 그의 기도문이 후손들의 심금을 울렸다. 중세 유럽에서 수도원은 문화와 학문이 살아 있던 유일한 곳이었을 뿐만 아니라 공동소유와 공동노동을 실천하면서 '초기 기독교 정신으로 되돌아가자!'는 기풍을 어렵게 살려낸 곳이다.

유럽의 기독교가 민중의 호응을 얻고 얼마쯤이라도 진취성을 되찾은 때는 화폐경제와 도시가 발달하기 시작한 12세기 무렵부터다. 화폐경제는 사람들에게 (공동체로부터) 자유를 가져다준 반면, 빈민들(=레미제라블)을 쏟아냈는데 이런 사회가 보편 종교에 호응한다. 새로운 현실에 맞설 진정한 윤리(!)를 다들 애타게 갈구하기 때문이다. 기성 교회로부터 '이단'으로 취급받는 종교운동이 곳곳에서 은밀하게 꿈틀댔다. 이들은 기성 교회를 비판하고, 신의 나라가 바로 이 땅 위에 실현

140. 바울은 로마제국을 무너뜨릴 정치변혁을 꿈꿨다. 노예를 존엄하게 대하려면 정치혁명이 필요하다.

141. 그렇기는 해도 국가가 인간의 얼굴을 하게끔 보편 종교가 다그치기도 했다. 교회법은 억압과 빈곤을 덜어내는 쪽으로 지배세력에게 압력을 넣었다(곧, 규범으로 구실했다).

돼야 한다며 사회운동에 나섰다. 이른바 '이단' 운동은 독일농민전쟁(1524년)과 결합됐을 때 절정에 다다랐다. 신학자 토머스 뮌처가 농민들을 앞장서 대변하다가 죽어갔다. 30만 명이 넘는 소작농들이 영주의 착취에 반대해 빈주먹으로 떨쳐나섰다가 총칼에 눌려 패배하고 10만 명이 학살당했다.[142] 그 충격으로 밑바닥 민중이 두려움에 벌벌 떨게 된 덕분에 자본가들이 거리낌 없이 떼돈을 긁어모았고, 그 덕분에 탐욕스러운 자본 체제가 유럽 사회에 슬그머니 자리 잡게 됐다.

142. 종교개혁은 이때(12세기)부터다. 마르틴 루터는 농민전쟁을 탄압하고 내면의 신앙만 찾은 탓에 진취적이라 말하기 어렵다. 농민들은 루터가 도와주기를 바랐으나 루터는 오히려 학살을 선동했다.

덧대기 1

이 계급투쟁의 역사는 20세기 후반의 한국에서도 고스란히 반복된다. 한국전쟁(1950~1953)으로 300만 명이 죽고, 온 민중이 폭탄과 굶주림과 공포에 짓눌린 덕분에 억압적인 자본 체제가 한국 사회에 불도저처럼 밀려들 수 있었다.

근대 시민혁명에서도 기독교는 작지 않은 밑거름이 됐다. 영국의 청교도혁명(1648년)은 시민혁명이면서 종교운동으로 일어났다. 그 운동에는 몰락하는 독립 소상품생산자들을 대표한 수평파, 농촌 무산계급을 대표한 개척파 등 사회주의 요소가 있었다. 19세기 초 프랑스, 생시몽의 유토피아적 사회주의는 기독교 색깔을 짙게 띠었다. 하지만 자본 체제가 완전히 자리 잡은 19세기 후반부터는 사회운동가들이 운동의 근거를 종교적 사랑(윤리)이 아니라 경제학(체제 변혁)에서 찾게 됨에 따라 사회주의와 종교의 사이가 멀어졌다. 그럴 까닭이 있다. 교회 안에서 사회운동을 벌일 경우, 그 운동은 교회=국가 체제 안에 갇혀버린다. 사회 변화는 종교의 틀로써 꾀할 수가 없다.

하지만 교회를 찾지 않는다 해서 종교 안에 들어 있던 귀중한 '윤리 ethics'마저 잃어서는 안 된다. 보편 종교의 탄생이 인류에게 소중했던 까닭은 신을 믿게 해줘서가 아니라 인간사회가 비뚤어지지 않도록 바로잡는 선진적인 '사회윤리'를 제시했기 때문이고, 국가와 자본이 힘자랑하는 것을 그 윤리가 얼마쯤이라도 견제했기 때문이다.

덧대기 2

사회운동과 윤리. 19~20세기 사회운동의 결과가 우리에게 여러 교훈을 던져준다. 윤리를 소홀히 하고 변혁을 실현할 길(이론)만 찾던 사람들 몇몇은 자기들이 해오던 일이 벽에 부닥치자 잠깐 멘붕에 빠졌다가 그 이론을 가볍게 던져버리고 지배세력의 품 안으로 신속하게 자리를 옮겼다. 이를테면 미국의 지배세력 가운데 침략전쟁에 앞장선 부분(신보수파=네오콘)은 젊어서 트로츠키(스탈린과 경쟁했던 소련 혁명가)를 뒤따르다가 좌절하자 아예 변절해버린 사람들이다. 윤리를 생명으로 품었더라면 그 길로는 가지 않았을 것이다.

덧대기 3

종교와 윤리. 칸트의 의무론적 윤리가 보편 종교에 들어 있는 합리적 핵심(=거기 들어 있는 사회윤리)을 이어받았다는 사실도 놓치지 말자. 칸트는 신神 관념을 순수이성(앎의 세계)에서는 밀쳐버리고 실천이성(윤리 영역)에서 받아들였다. 예수와 바울의 가르침이 갖는 핵심이 (신에 대한 공경이 아니라) 해방세상을 만들어가는 '윤리(교환양식 D)'에 있음을 헤아린 것이다. 왜 칸트가 "너, 해야 하니까 할 수 있어!" 하고 사람들을 근엄하게 꾸짖었는지, 그 배경을 살피면 수긍이 간다. 거룩한 신이라면 그렇게 말씀하신다. 신神의 말씀은 군소리 말고 따라야 옳지! 그 신(=거룩한 말씀)이 우리더러 어디로 가라는 것인데? 박두진 시인이 '해'라는 시에서 감격스럽게 읊었듯이 "사슴과 칡범이 한자리 모여" 뛰노는 세상으로 나아가란다. 어떤 강박(=억눌린 것의 귀환)이 보편 종교의 신의 모습으로 우리 앞에 나타났다.

덧대기 4

네이션과 종교. 베네딕트 앤더슨은 네이션(민족)을 가리켜 '상상의 공동체'라 말했다. 18세기 계몽주의자와 20세기 마르크스주의자들 대부분은 그 관념에서 깨어나야 한다고 생각했다. 그렇기는 한데 18세기에 유럽에서 네이션(민족) 관념이 생겨난 것은 아이러니하게도 근대 계몽주의(합리주의) 세계관이 널리 퍼진 결과라고 그는 짚었다. 중세 때 제도교회가 어리석게 설쳐댄 반발로 민중들 사이에서 종교적 사고양식(세계관)이 차츰 쇠퇴해버렸는데 사람들이 종교에서 찾고 싶었던 것은 그대로 남아 있었고 그 소망을 네이션에서 대신 찾았던 것이다. 사람들은 인간의 유한有限한 덧없는 삶의 좁은 울타리를 넘어서게 해줄 무엇을 암암리에 갈구한다. "나는 영원한 삶을 살고 싶다"는 그 바람을! 네이션이 그 영원으로 건너가는 다리의 하나로 구실했던 것이다.

덧대기 5

영성靈性은 이 세상에서 따돌림당하는 사람에게 품는 배려요, 그들에 대한 공감에 기반을 둔 모든 실천을 함축한다. 영성은 신학적 개념인 동시에, '신神의 형상' 해체를 내비치는 기호다. '사회적 영성'을 말하는 (탈)신학은 영성의 의미를 독차지해온 교회에서 영성을 거둬들여서 세상에 돌려주는 것이 자기 임무다. 이 낱말은 진정성 있는 이웃 사랑에 부여될 이름일 뿐이다.

3부

그리스 사상을 다시 읽는다

1 아테네 이전에 이오니아가 있었다

그리스인들은 일찍이 바다 건너,
지금의 터키 서쪽 바닷가에 이오니아 식민지를 만들었다.
'지배자 없이 살자'는 이소노미아의 귀한 이념이
거기서 싹터 나왔다.

그리스 사상을 싹 틔운 사람들

다들 유럽 문명은 그리스로마 문명과 기독교 문명을 두 축으로 삼아 발전해왔다고들 말한다. 그리고 적어도 근대 사회로 접어들고부터는 유럽 문명이 인류 문명을 주도해온 것이 부인하기 어려운 사실이다. 그렇다면 그리스 사상(思想, thought)의 발자취를 깊이 살피는 일은 앞으로 인류 사회가 나아갈 길을 헤아리는 데에 가장 요긴한 밑바탕이 될 것이다.

그리스 사상은 우선 인류 학문의 기본 모델이 됐다. 대학교에서 가르치는 여러 학문學問의 기본 낱말은 대부분 그리스에서 비롯됐다. 예컨대 학문(아카데미)이라는 낱말부터가 플라톤이 세운 학교 이름(=아카데메이아)에서 생겨났다. 20세기에 원자(핵) 물리학과 양자역학이 눈부신 발전을 보였거니와 이미 그 이론 바탕(=원자론)은 옛 그리스 시절에 마련됐다.

또 사상(또는 철학)은 사회정치의 발달과 동떨어져 있지 않다. 근대에 접어들어 민주주의 정치 이념이 어느 나라에서든 보편적인 것으로 자리 잡았는데 그 첫 모델은 그리스의 폴리스들이었다. 정치학politics 이라는 낱말부터가 폴리스police를 물려받았다. 그리스의 사회정치에 선진적인 싹이 움튼 덕분에 선진적인 사상과 철학이 선보일 수 있었다는 사실을 결코(!) 잊어서는 안 된다.

역사의 흐름을 떠올릴 경우, 그리스 사상이 갖는 의의가 더 도드라진다. 유럽 사회가 중세 봉건 체제를 타파하고 근대 시민혁명을 불러낼 수 있었던 데에는 숱한 지식인들이 그리스 사상을 새롭게 배우고, 그리하여 끊임없이 대중을 계몽한 것이 큰 밑바탕이 됐더랬다. 14~16세기에 '그리스 로마에서 배우자'는 운동(르네상스)이 크게 일어났을 뿐만 아니라 그 뒤로도 루소와 스피노자, 칸트와 헤겔이 다들 그리스 사상을 토대 삼아 자기 학문을 개척했다.

물론 지금의 학교 교과서에는 아리스토텔레스가 서술한 내용들이 많이 자취를 감췄다. 자연과학 교과서는 그때와 견주어 거의 새로 쓰이다시피 했다. 하지만 인문학 분야에는 그때 파헤치던 개념들이 그대로 쓰이고 있고, 그리스 사상이 영감을 주는 대목이 여전히 많다. 사실 2,500년의 세월은 오랜 선사先史 시대와 견주자면 그렇게 긴 세월이 아니다. 그때는 엎어지면 코가 닿을 시절이다.

이 글은 그리스 사상의 주된 논점 몇 가지를 해설한다. 그러기 전에 철학의 역사에 등장하는 인물들부터 간단히 소개한다. 누가 누구 뒤에 살았고, 그래서 그 앞선 사람과 어떻게 대결했고, 하는 맥락을 머리에 넣어야 그리스 사상가들이 저마다 떠든 얘기가 무슨 뜻인지가 우리 머리에 들어온다.

그리스 철학(사상)은 흔히 파르메니데스 이전과 이후로 나뉜다. 그러므로 그보다 앞서 누가 살았고, 뒤에는 누가 살았는지 갈라서 알아두자. 누가 어느 곳에서 태어나고 살았는지도 기억해둘 일이다. 어디서 살았느냐와 무엇을 생각했느냐가 서로 무관하지 않기 때문이다.

파르메니데스는 예수가 탄생하기 510년 전에 이탈리아 남쪽의 엘레아에서 태어났다. 엘레아는 그리스 사람들이 건너가 터를 닦은 식민(植民, colony) 도시다.

그가 태어나기 200~300년 전(곧 기원전 8세기)에 『일리아드』와 『오디세이』를 집대성한 호메로스가, 100~200년 전에는 그리스 신화를 간추려서 『신통기神統記』를 쓴 헤시오도스가 그리스의 식민 지역인 이오니아 지방에 살았다. 아테네와 에게해를 마주 보는 터키 서쪽 바닷가다. 이오니아에는 여러 작은 폴리스들이 군데군데 흩어져 있었다. 참고로 덧붙이자면 파르메니데스보다 150년 전 무렵에 서아시아에서 태어난 것으로 추정되는 조로아스터가 선과 악을 심판하는 고등 종교를 창시했다. 또 불교를 일으킨 고타마 싯다르타가 그보다 114년 전에, 중국의 공자가 40년 전에 태어난 것으로 추정된다. 77년 전에는 유대 왕국이 멸망하고 유대인 상당수가 바빌론에 포로로 붙들려 갔다가 28년 전에 페르시아가 바빌로니아를 정복한 뒤로 풀려났다. 유대인들은 '바빌론 유수幽囚'라 일컫는 이 암울한 시절에 조로아스터교의 영향을 받아 진정한 일신교(보편 종교)를 일으켰다(모세의 이집트 탈출 이야기는 허구=픽션에 가깝다). 유대교가 진짜로 시작된 것은 이때부터다. 이 시절이 동/서 아시아와 동유럽에 사상과 문화가 찬란하게 피어난 남다른 시절임을 알겠다. 한편 일찍이 선진 문명을 자랑하던 이집트 왕국은 파르메니데스가 태어날 무렵, 서아시아의 아케메네스(페르시아) 제국에 멸망당해 그 지배를 받기 시작했다. 이집트는 기원전 4세기에 잠깐 독립해 새 왕국을 세웠으나 다시 페르시아에 침략을 당하고 뒤이어 마케도니아의 알렉산드로스 대왕에게 정복된다. 그 나라는 기울어가는 태양이었다.

그리스로 돌아오자. '그리스 철학의 아버지'라 불리는 탈레스는 115년 전에, 그 제자인 아낙시만드로스가 100년 전에, 아낙시메네스가 75년 전에 이오니아에 살았다. 이들은 이오니아의 중심 도시 밀레토스에 살아서 '밀레토스 학파'라고도 불린다.

그보다 70년 전에 피타고라스가 사모스 섬(밀레토스 근처)에서 태어나 이집트를 비롯해 곳곳을 다니며 학식을 쌓고는 크로톤(이탈리아 남쪽)에 정착해 교단을 세웠다. 그는 수학자로도 이름이 높은데 그때는 한 가지 좁은 분과 학문(전공)만 들이파던 시절이 아니다. 60년 전에 태어난 이오니아 출신의 크세노파네스가 오랜 방랑 끝에 남이탈리아의 엘레아에 정착했다. 40년 전에는 헤라클레이토스가 이오니아의 에페소스에 살았다.

파르메니데스의 뒷세대를 알아보자. 동아시아에서는 그보다 몇십년 뒤에 묵자가 태어났다. 평등과 평화를 이뤄내려고 자기를 희생하며 싸운 사람이다. 140년이 지나고서야 장자와 맹자가 등장했다. 장자는 국가보다 개개인이 먼저 우뚝 서야 한다고 우리를 일깨웠고, 맹자는 '폭군은 쫓아내도 된다'고 큰소리를 쳤다. 위아설(爲我說, 자기를 소중히 여기라는 생각)을 내세운 양주는 장자와 맹자보다 앞이요, 순자(유가)와 한비자(법가)가 나온 때는 그들보다 나중이다.

그리스에서는 10년 뒤에 이오니아 지방에 아낙사고라스가 태어났고, 4원소설(물, 불, 공기, 흙)을 말한 엠페도클레스가 17년 뒤에 이탈리아의 시칠리아 섬에서 태어났다. 직계 제자이자 애인인 제논이 그와 함께 엘레아(이탈리아 남쪽)에 살았다. 이 둘은 엘레아학파라 불린다. 소피스트의 대표 격인 프로타고라스가 20년 뒤에, 소크라테스는 40년 뒤에 아테네에 살았다. 청년 소크라테스가 파르메니데스 노인을 만나 가르침을 청한 기록이 전해온다. 소크라테스보다 나이가 열 살 어린 데모크리토스가 원자론을 내세웠는데 그는 파르메니데스의 제자의 제자다. 그리스 북쪽 바닷가 압데라에서 태어나 이집트와 바빌로니아를 오랫동안 견학하느라 큰 재산을 다 써버렸다. 데모크리토스와 같은 해에 히포크라테스도 이오니아의 코스 섬에서 태어났다. 그는 실험정신과 낙천적 자신감을 품고 마술과 철학에서 의학을 따로 뽑아냈다. 한참 지나서 82년 뒤에 소크라테스의 수제자首弟子 플라톤이 아테네의 명문 귀족 집안에서 태어났고, 100년 뒤에는 시노페(터키 북쪽, 흑해 기슭)에서 디오게네스가 태어나 안티스테네스(소크라테스의 제자)에게 배웠다. 그는 명리(명예와 이익)를 마다하고 은둔해 살았다. 아테네가 가라앉고 시민이 정치의 주인으로 나설 수 없었던 때라서 그랬다. 126년 뒤 아리스토텔레스가 발칸반도 내륙의 마케도니아 왕국에서 어의御醫의 아들로 태어나 17세 때 플라톤에게 배우러 아테네로 왔다. 플라톤이 죽은 뒤에는 알렉산드로스의 가정교사를 지냈다. 알렉산드로스가 아직 나이 어려서 왕자이던 시절에 말이다. 에피쿠로스는 아테네를 떠나 사모스 섬으로 옮겨온 집안에서 170년 뒤에 태어났다. 그는 그리스 모두를 지배한 알렉산드로스 왕이 죽고 마케도니아 왕국이 다시 기울어갈 무렵에 살았다. 데모크리토스의 원자론을 더 발전시켰고, 인간 평등의 선진 사상도 넌지시 퍼뜨렸다.

그리스 철학이 탄생한 때는 싯다르타와 공자가 새로운 사상을 퍼뜨리고 유대교가 생명력 있는 종교로 거듭 태어날 때와 같은 시절이다. 막스 베버(20세기 초 독일의 사회학자)는 싯다르타와 예수를 종교의 시조始祖로 여기기보다 자유사상가이자 '예언자'로 봐야 한다고 했다. 공자와 소크라테스도 일종의 예언자랬다. 아무튼 그 시대는 새로운 인류 사상의 열기가 세계 곳곳에서 끓어오르던 때가 분명하다. 인류의 정신(영혼)이 죽어지내던 때가 대부분이었던 것과 견주자면 무척 남다른 시절이었다. 우리는 그 시절에 꽃피어난 풍요로운 정신적 자양분(가령 보편 종교)을 섭취한 뒷심으로 긴 세월을 버텨왔는지도 모른다. 그 시절의 인류가 어떤 사회에 살았길래 백 가지 사상의 꽃이 피어났는지, 그 역사적 비밀(?)도 캐낼 필요가 있다.

소크라테스와 플라톤에 대하여

사람들은 그리스 사상이 어떤 것이라고 알고 있을까? 고등학교 '윤리와 사상' 교과서부터 들춰보자. 교과서는 소크라테스가 '성찰하는 삶'을, 플라톤이 '철학자가 다스리는 이상 국가'를 부르짖었고 아리스토텔레스는 사람은 '폴리스 안에서만 사람이 된다'고 단언했다고 전한다. 바람직한 사회를 만드는 데 있어 플라톤 같은 유토피아적 접근법과 점진적 접근법을 견줘보자고도 덧붙인다.

교과서는 유럽 윤리사상이 (자연에서 인간으로 관심을 돌린) 소피스트와 소크라테스에게서 비롯됐다고 했다. 이성을 중시하는 소크라테스의 보편주의 윤리를 이데아론(이상주의)의 플라톤, 행복과 덕(현실주의)을 강조한 아리스토텔레스, 의무론적 윤리를 설파한 칸트가 이어받았고, 소피스트의 경험주의와 상대주의 윤리를 에피쿠로스, 근대 공리주의와 실용주의 흐름이 계승했단다.

교과서는 "유럽 철학사가 플라톤에 대한 잇따른 주석에 불과하다"는 누군가의 말도 소개한다. 그의 '이데아'론이 우리에게 "그림자 세계에 머물 것인가, 아니면 참된 실재의 세계로 나아갈 것인가" 하는 근본 질문을 던진댔다. 반면에 아리스토텔레스는 현실 속에 진리가 있다고 봐서 이데아론을 거부했지만, 만물이 '목적'을 지녔고, 사람은 선

(좋음)을 목적으로 행동한다고 생각했단다.[143] 이 두 생각은 서로 보완 관계에 있다고 교과서는 판정한다.

교과서는 뒤이어 헬레니즘(그리스 고전기 이후: 기원전 323년~기원후 146년) 시대의 특징을 언급한다. 폴리스(도시국가)의 공동체 질서가 무너지고 마케도니아와 로마 제국의 신민臣民으로서 고독한 개인들이 정치적 좌절감에 젖었던 때라 했다. 사회 혼란, 전쟁, 가난과 싸워야 했던 세계시민에게 마음의 평정을 찾게 해줄 안심입명安心立命이 필요했단다. 에피쿠로스학파는 참된 쾌락은 갖가지 욕구를 분별해서 영혼의 평온에 다다르는 아타락시아(흔들림 없음) 상태를 추구했고, 스토아학파는 모든 감정에서 벗어나 부동심(不動心, 아파테이아)에 다다르고자 했다. 전자(쾌락주의)는 공리주의와 근대 경험론에 영향을 끼쳤고, 후자(금욕주의)는 로마 만민법과 근대 자연법사상의 바탕을 마련했단다…….

우선 묻자. 위와 같이 간단명료하게 서술하는 것으로 족한가? 학자(또는 학파)마다 두어 낱말로 그 특징을 나타내주는 것으로 끝내서야 '수박 겉핥기'와 무엇이 다를까? 수박의 속을 파헤치는 긴 이야기를 통해 글쓴이가 '겉핥기 교과서'를 비판해보겠다. 그러기 앞서, 주요 사상가들에 대해 우리가 예전부터 주워들은 이야기(세상의 통념)를 잠깐 떠올려본다.

우선 소크라테스. 그는 우리에게 친숙하고 다정하게 다가오는 인물이다. 어린이들에게 읽히는 그의 전기문에는 「허생전」의 주인공 허생

143. 이 대목은 '교학사' 교과서를 요약했다. 그 서술 가운데 '목적론적 윤리'에 대한 설명이 흐릿하다. 주창자主唱者가 누군지도 밝히지 않았다. 뒤에 가면 의무론과 공리주의가 대비된다. 아리스토텔레스는 자연세계와 역사를 목적론적 관점으로 봤고, 목적론적 역사관은 따져야 할 구석이 크다. 그렇지만 그의 윤리를 목적론적 윤리라 일컫는 것은 어색한 표현이다. 교과서는 알아먹지 못할 서술 범벅이다.

처럼 돈벌이에 신경 쓰지 않는 소크라테스한테 악처 크산티페가 바가지를 박박 긁었다는 얘기가 전해온다. 그때 그렇게 생각한 사람들이 글을 남겼기에 전기문에 실렸겠지만, 우리는 언제나 자기 눈으로 세상을 봐야 한다. 남의 말을 무턱대고 받아들이면 안 된다. 양성평등의 상식이 좀 더 쌓인 요즘의 눈으로 보자면 크산티페는 악처가 아니고, 소크라테스도 그렇게 생각하지 않았을 것이다. 그 일화에서 우리는 소크라테스가 권세가 없는 보통 시민으로 살았으리라는 것도 미루어 짐작한다. 권세가 있는 남편에게는 아내가 함부로 대하지 못한다(재벌가의 며느리를 떠올려보라).

소크라테스에게는 '그리스 철학의 아버지'라는 칭호가 따라다녔다. 하지만 이오니아의 탈레스에게 그 칭호를 붙인 사람도 있었다. 거기서 끝나지 않는다. 피타고라스도, 파르메니데스도, 심지어 아리스토텔레스도 그 칭호를 받을 만하다. '철학'을 무엇으로 정의하느냐에 따라서 그렇게 '아버지'가 달라진다는 말이다. 소크라테스를 섬기는 사람은 은연중에 그 이전의 철학자들을 폄하하는 셈이다. 본격적인 철학은 아테네에서 시작됐다는 생각의 표현이다. 또 플라톤처럼 '철학자가 왕이 돼야 한다'고 생각한 사람에게 '아버지'는 피타고라스다. 플라톤의 생각은 철학자와 철학자가 아닌 사람들을 서로 딴 세계에 사는 두 인종으로 갈라서 보는 것인데(나중에 덧붙이겠지만 이를 '이중세계론'이라 한다), 그 생각은 바로 피타고라스가 처음 밝힌 것이니까 말이다. 실제로 플라톤은 소크라테스보다 피타고라스한테서 더 많은 영향을 받았던 것 같다.

파르메니데스가 아버지가 될 수도 있다. 그는 "세상에 무엇이 있는가? 없는가?"를 본격적으로 따진 첫 학자다. 철학 가운데 그 물음에 답하는 이야기를 '존재론'이라 한다. 그는 세상에 진짜로 있는 것, 곧 실재(實在, reality)는 오직 '하나'뿐이라 했는데, 나중에 기독교 신학자들은 그의 생각을 받아들여 신神을 설명했다고 한다.

"세상에는 있는 것만 있고, 없는 것은 없다. 있는 것들은 모두 달라붙어서 하나로 있다. 그 하나의 세계에는 시간도 공간도 없고 아무것도 바뀌지 않는다. 시간이 없으므로 하나님은 영원하고, 공간이 없으므로 하나님은 어디에나 두루 계시다(편재하신다)."

알다시피 philosophy는 '앎에 대한 사랑'이라는 뜻이다. 그 시절에 철학은 '학문 모두'를 가리켰다. 논리학에서 정치학, 문학, 생물학에 이르기까지 모든 학문을 두루 파헤친 사람은 아리스토텔레스이니 그도 아버지라 불릴 만하다.

내 장광설은 무엇을 말하려는 것인가? 낱말 하나하나를 꼼꼼히 살피는 것이 철학(학문)하는 기본 태도다. 어떤 말이든 그 화자(話者, speaker)의 가치 평가가 들어 있기 때문이다.

우리는 소크라테스가 어떤 생각을 품고 살았는지 알기가 무척 까다롭다. 그가 써놓은 글이 전혀 없기 때문이다. 플라톤이 자기 스승을 소개해놓은 책으로밖에는 그를 알 수 없다. 생각할 줄 아는 사람이라면 여기서 당연히 의심을 품어야 한다.

"플라톤은 소크라테스가 했던 말 가운데 제 생각과 합치되는 것만 전하거나 무엇을 부풀리지 않았을까? 소크라테스는 플라톤의 책에 적힌 내용 말고 좀 다른 얘기도 하지 않았을까?"

해석학이라는 분과 학문이 있는데, 이 학문은 옛 성경책에 적힌 얘기를 해석해내는 데서 처음 출발했다. 옛 책들 중에는 성경책만큼이나 갖가지 의심을 품고 읽어내야 할 책들이 허다하다. 이를테면 노자의 『도덕경』의 경우도 문헌학을 연구한 학자들에 따르면 훗날 노자를 따르는 제자들이 집단 창작한 책이지 노자가 쓴 책이 아니라는 것이다. 노자가 대관절 누구인지는 오리무중(伍里霧中, 안갯속)이고, 여러 가지 설說이 있다. 플라톤의 책이야 『도덕경』만큼 알쏭달쏭하지는 않겠지만, 그래도 플라톤 자신의 생각을 마치 소크라테스가 말한 것인 양 부풀려 쓴 대목이 없지 않을 것이다.

그렇다면 소크라테스의 수제자가 과연 플라톤이 맞는지도 의심해 볼 만하다. 플라톤은 자신을 돋보이려고 그렇게 단정 짓지만 소크라테스의 코즈모폴리턴(세계시민) 정신을 더 훌륭하게 계승한 쪽은 오히려 디오게네스 쪽이 아닌가 싶다. 그는 플라톤보다 열여섯 살 어린데 남다르게 괴팍한 삶을 살아서 갖가지 일화가 전해온다. 그는 '견유犬儒'라는 별명으로 불리는데 개처럼 짖어대는 학자라는 부정적인 뜻의 낱말이다. 냉소주의자 또는 회의주의자skepticist라는 뜻. 하지만 다음 일화를 떠올리면 그가 어떤 줏대를 세운 사람임을 알게 된다. 디오게네스는 방랑하는 개처럼 길거리 나무통 속에서 한뎃잠을 자며 살았다. 그가 유명하다는 소문을 듣고 알렉산드로스 대왕이 부하들을 거느리고 그를 만나러 왔다. "네 소원이 무엇이냐? 내가 들어주겠다"고 말을 건넸는데 "아무것도 필요 없고, 옆으로 좀 비켜서기나 하시오. 당신이 햇빛을 가리고 섰으니 말이오." 그는 플라톤과 서로 앙숙 사이였다고 한다. "너, '욕망을 절제하라'는 둥 온갖 좋은 소리 늘어놓는데 너 자신은 떵떵거리는 집에서 호의호식好衣好食하지 않니?" 하는 트집이 날아가고, "어이, 미친 소크라테스!" 하는 대꾸가 날아왔다. 어느 쪽이 더 신실信實한 제자인지, 따져볼 만하다.

소크라테스의 글이 전해져오지 않는 까닭은 그가 쓴 책을 잃어버려서도 아니고, 그가 글을 쓸 줄 몰랐기 때문도 아니다. 중국 선불교의 창시자 혜능(당나라 때 사람)은 어려서 글을 배울 기회가 없었다지만 소크라테스는 그랬을 것 같지 않다. 페니키아 문자를 개량한 그리스 문자(알파벳은 거기서 나왔다)는 습득하기가 그리 어렵지 않다. 그는 왜 말하기만 즐겨 하고, 글쓰기를 꺼렸을까? 그러고 보니 플라톤도 칠판에 판서해가며 학생들을 가르치지 않았다. 학생 여럿을 데불고 숲길을 거닐며 끊임없이 말을 주고받았다. 글 읽기와 말을 주고받기, 어느 쪽에 얼마나 무게를 실어야 하는지, 현대 교육학에서도 새롭게 고민할 문제 같다.

플라톤과 관련해서는 따질 것이 많다. 교학사 교과서는 '유럽 철학사가 플라톤에 대한 주석에 불과하다'는 화이트헤드(20세기 초 영국의 수학자이자 철학자)의 논평을 실었는데 그것은 플라톤을 존경하는 사람이 읊조린 말이고 (디오게네스를 비롯하여) 플라톤을 싫어한 사람도 무척 많다. 중세 기독교가 유럽을 지배할 때는 그 후광에 힘입어 플라톤 숭배자가 많았겠으나 19~20세기에 오면서 플라톤을 비판하는 철학자들이 부쩍 늘어났다.[144] 니체와 하이데거, 칼 포퍼와 한나 아렌트, 들뢰즈와 여러 언어철학자들에 이르기까지 '반플라톤 동맹'이 결성될 정도였다. 비판자들의 말만 들으면 그는 유럽의 모든 정신질환의 병인病因이라 여겨질 만하다. 심지어 스탈린 시절의 러시아 철학사전에는 그에 대해 '노예 소유자의 이데올로그'라는 단 한 줄만 달랑 적혀 있었다.

보통 시민들이 생각하기에도 그의 말은 참 낯설다. 지금 시대는 민주주의 시대이고 플라톤 시절도 페리클레스의 민주정치가 자리 잡았던 때인데 그는 귀족정치와 신분사회를 옹호했다. '왕과 군인과 생산대중'이 저마다 자기 신분에 맞는 일을 해야 한다고 말했다. 왜 이렇게

144. 랑시에르는 플라톤이 예시한, 동굴에 묶여 세상을 보지 못하는 죄수들에 대해, 제 힘으로 동굴을 빠져나가 햇빛을 본 해방된 노동자들을 맞세운다. 어둠(노동과 욕구)과 밝음(행위와 말)을 나누지 말라는 생각이다. 플라톤의 '동굴의 비유'는 제 생각에 들어맞게 지어낸 허구에 불과하다. 랑시에르의 『무지한 스승』 참고.

시계바늘을 거꾸로 돌리는 얘기를 우리가 '옳다!'고 배워야 하는가. 교과서(한국 정부)는 혹시 우리더러 숭고한 인권선언이 드높이 울려 퍼진 프랑스 시민혁명(1789년) 이전으로 돌아가자고 은근슬쩍 꼬드기는 것 아닌가? 화이트헤드의 별것 아닌 넋두리를 버젓이 옮겨 적은 편파적인 태도를 보면 그런 의심이 아니 들 수 없다. 더구나 그가 자신이 꿈꾸는 이상사회에서는 시인과 예술가들을 죄다 쫓아낼 것이라고 말한 대목에 이르면 말문마저 막힌다. "대관절 그따위 전체주의 사회가 어디 있냐? 예술을 추방하면 그 사회가 야만으로 돌아가는 것 아니냐?" 실제로 이 대목에 맞장구친 학자가 있었다는 얘기는 별로 들어보지 못했다.

이러저런 의심과 궁금증을 조금이라도 풀어보려면 우리의 눈길을 그리스 사상의 흐름 전체를 훑는 쪽으로 넓혀야 한다. 숲을 보지 않고서는 나무 하나하나의 됨됨이도 제대로 알아내지 못한다. 게다가 플라톤이 눈을 감은 뒤로 2360여 년 흘러온 인류 역사를 고려에 넣어야 한다. 과거는 현재에 비추어 읽는 것이고, 현재의 역사를 통해 과거의 역사(여러 인물들의 사상)도 새롭게 구원받거나 심판되는 것이니까 말이다.

억눌려 잊힌 사상들을 살려내라

교과서는 유럽의 윤리사상 얘기를 소크라테스와 소피스트로부터 시작했다. 그 이전에는 별다른 것이 없었다고 본다. 과연 그런지부터 따지고 들어야 하는데, 결론부터 미리 말하자면 소크라테스 이전 시대부터 이미 귀중한 정신의 꽃들이 피어나고 있었다. 21세기의 인류가 앞날을 헤쳐 나가는 데에 참고가 될 만한 귀중한 생각거리들이!

유럽의 학자들이 '그 이전'에 대해 주목하지 못했던(않았던) 주된 까닭은 그들이 소크라테스와 그 제자와 그 제자의 제자에게 눈길이 꽂혀 있었기 때문이다. 그런데 걔네는 아테네에 살았다. 아테네의 사회정치 현실을 고민하며 살았기 때문에 생각이 아테네의 사회정치 현실에 머물러 있거나 갇혀 있었다는 얘기다.

걔네는 자기네 학문이 그리스를 지배하기를 바랐다. 자기들과 다른 풍토에서 움터난 학문을 인정하고 싶지 않았다. 플라톤은 디오게네스를 싫어했고, 데모크리토스에 대해서도 입에 올리고 싶어 하지 않았다. 아리스토텔레스의 학문은 마케도니아 왕국이 그리스를 다스리던 때에 제국帝國의 학문으로서 군림했다.

플라톤과 아리스토텔레스의 사상이 권세를 뽐낸 때는 기독교 문화가 유럽을 지배하던 로마제국과 유럽 중세 때였다. 기독교 교회를 등에 업은 뒤로 그들 얘기가 거의 유일한 사상이 돼버렸는데 그들이 살아 있을 때만 해도 그들의 학문은 아테네의 여러 학문 가운데 하나일 뿐이었다. 유럽 지배층이 자기들 사상을 단일한 것으로 정한 뒤부터 그것과 어울리지 않는 갖가지 사상은 억눌림을 당했다. 이를테면 데모크리토스의 원자론 따위는 '그런 생각이 있었다'는 사실조차 까마득하게 잊혔다. 반면에 위대한 이데아를 설파한 플라톤은 마치 범접할 수 없는 위인인 것처럼 비쳐졌다. 하지만 기원전 4~5세기의 사람들도 그렇게 생각했을까? 플라톤의 책 『대화편』에는 이집트에 들른 그리스인들더러 이집트인들이 '풋내기들(어린것들)'이라 얕잡아 불렀다는 얘기가 나온다. 이집트는 일찍이 기원전 3000여 년부터 인류 최초의 문명을 일구었고(황하 및 장강 문명은 그보다 한참 늦다), 기원전 15세기의 18왕조 때는 일신교一神教 이념까지 선을 보이는 등 선진 문명을 자랑했다.[145] 반면에 아테네는 기원전 10세기가 되어서야 그리스의 주역으로 나섰다. 사물은 딴 자리에서 보면 달리 보인다. 우리는 르네상스 때의 유럽인이나 플라톤 자신의 눈길로 세상을 봐서는 안 된다. 사실 플라톤도 풋내기가 아니었을까?

유럽인이 그리스에서 배워서 세운 정치 이념이 민주주의다. 그런데 democracy는 플라톤 자신이 떨떠름해한 것이다. 아테네의 정치문화 지형에서는 무엇이 우리에게 영감을 주는 이념인지, 결판이 나지 않는다는 얘기다. 그런데도 우리의 눈길이 플라톤이거나 페리클레스(기원전 5세기에 아테네의 민주정을 이끈 정치가)에게 머물러 있어서는 안 된다. 시대를 더 거슬러 올라가서 그보다 더 근본적인 지점을 찾아볼 필요가 있다.

아테네 이전에 이오니아가 있었다! 아테네는 기원전 5세기에 사상의 꽃이 피었다면 이오니아는 그보다 200~300년 전에 문화를 일으켰다. 그리스인들은 호메로스와 헤시오도스를 통해 그들의 신화를 배웠는데 이들은 유럽 남동쪽 발칸반도[146]의 남쪽 끝에 붙어 있는 그리스반도가 아니라 거기서 에게해를 건너 터키의 서쪽 바닷가(=이오니아)에 살았다.

사상과 문화의 역사를 읽을 때는 늘 조심해야 할 것이 있는데, 누구의 눈으로 그것을 읽느냐는 문제다. 이오니아와 그 밖의 여러 그리스 사상가들에 대해서는 역사 자료가 남아 있는 것이 많지 않다. 이와

145. 성경의 출애굽(이집트 탈출) 사건은 사실 여부가 미심쩍지만 아무튼 기원전 15세기로 말해진다.

146. 발칸산맥 서쪽. '반도半島'는 섬처럼 바다로 고개를 내민 지역이다. 알바니아, 불가리아, 구 유고연방의 일부(때로는 루마니아까지)가 포함된다. 1차 세계대전 때는 '유럽의 화약고'가 됐고, 20세기 후반에는 유고슬라비아가 분열되어 잔혹한 내전이 벌어졌다. 이런 분열 대립을 '발칸화'라 일컫는다.

달리, 유럽 주류 학문의 축을 이룬 플라톤과 아리스토텔레스가 남긴 글은 고스란히 전해온다. 사상적 억눌림을 당한 적 없고, 전쟁의 잿더미에 놓인 적 없기 때문이다. 이오니아학파의 경우, 기원전 493년 페르시아 제국에 맞선 이오니아의 반란이 패배로 끝난 뒤로, 그 주역인 밀레토스 폴리스는 '국파산하재國破山河在 성춘초목심城春草木深'의 쓸쓸한 폐허로 바뀌었다.[147] 그들이 무슨 생각을 했는지, 상당 부분이 아리스토텔레스가 쓴 글로만 전해온다. 그런데 그는 제가 보고 싶은 대로 봤으므로 그의 주관主觀과 거리를 두고 이오니아의 사상을 살펴봐야 한다.

고교 교과서는 "자연에서 인간으로 처음(!) 관심을 돌린 사람들은 소피스트들이었다"고 무심하게 읊었다. 아리스토텔레스의 생각을 그대로 따른 것이다. "이오니아의 사상가들은 자연에 대해서만 말했다. 그 자연철학도 아직 초보 수준이다. 본때 있는 자연학은 내가 세웠다." 과연 그럴까. 이오니아인들은 인간사회에 대해 관심이 엷었을까?

데모크라시 이전에 이소노미아가 있었다

사상가들 얘기를 살피기 전에 정치 이념부터 말해야 한다. 우리는 그리스에서 데모크라시 이념이 처음 생겼다는 것만 알지 그보다 앞서 '이소노미아' 이념이 싹텄다는 것을 알지 못했다. 데모크라시는 '민중(데모스)이 지배한다'는 뜻이고 이소노미아는 '무無지배'라는 뜻이다. 민주정이 전제(專制, autocracy) 정치보다 나은 것은 분명하지만 여전히

147. 중국 시인 두보의 시 구절. "나라가 무너지니 산과 들만 남았네. 고을(성)에 봄이 왔는데 풀만 무성하구나(사람의 발자취가 끊겨 쓸쓸하구나)"라는 뜻이다.

누가(다수자가) 누구를(소수 기득권층을) 지배하는 체제다. 그러기 때문에 '지배'에 따르는 삐걱거림을 피할 수 없다. 그래서 그리스의 귀족들 눈에 '민주정'이 중우(衆愚, 여러 바보들) 정치로 비친 것도 일리가 있다. 플라톤이 민주정치를 믿지 못한 것은 자기 스승이 어이없게도 그 민주제도에 의해 죽임을 당했기 때문이다. 요즘 유럽의 지배세력이 (적어도 겉으로) 데모크라시라는 낱말을 언짢게 여기는 일은 드물지만 19세기 말까지만 해도 유럽에는 "민주주의자? 걔들 빨갱이야!" 하고 손가락질하거나 '민주주의'를 교양 없는 놈들(밑바닥 민중)이 설쳐대는 것으로 여기는 높으신 분들이 꽤 많았다.[148] 아직 덜 깊어진 민주주의는 그런 반발(또는 불만)을 살 구석이 있다는 얘기다.

아무튼, 아테네의 민주정치는 '민회民會'의 토론이 활발했기 때문에 지탱된 게 아니다. 스무 살이 넘은, 재산 좀 있는 아테네의 성인 남자 만 명이 모이는 민회에 여러 사람이 나와 연설하긴 해도 거기서 치열한 토론이 벌어지는 것은 아니다. 한꺼번에 모여서 무슨 토론이 되겠는가. 직접민주주의는 누구나 제비뽑기(!)에 의해 공직(행정과 사법부)에 참여할 수 있고 누구라도 민중의 신망을 잃어버리면 사정없이 쫓겨나는 탄핵제도(!)가 작동한 덕분에 굴러갔다. 현대의 헌법에도 탄핵과 소환제도가 있지만 사실상 휴지 조각이다. 그런데 민중이 늘 옳은 판단을 한다는 법이 없다. 어떤 제도에나 구멍(허점)이 있기 마련이고, 민주정이 바보들의 정치로 치달을 개연성도 얼마쯤 있다.

더 바람직한 사회는 애당초 지배자가 없는 사회다.[149] 그런 사회가 아무 데서나 아무 때나 나오기가 어려운데 호메로스와 헤시오도스가

148. 부르주아와 노동자 민중이 타협해서 '자유(부르주아) 민주주의'를 내건 뒤로 그 험담이 가라앉았다. 하지만 여전히 부르주아는 '민주화'를 부담스러워한다.

149. '지배'는 영어로 dominate, control, rule, govern, reign, command, direct 등으로 옮긴다.

어릴 적이나, 또는 그들의 할아버지가 젊었던 시절에 이오니아는 그런 사회였고, 그래서 '이소노미아'의 드물고 귀한 정치 이념이 선을 보였다. 어째서 그런 사회가 가능했을까.

그리스 반도나 이오니아나 너른 들이 없고 땅이 척박하다. 그래서 사람들이 일찍부터 바닷길을 통한 무역으로 먹고살았다. 화폐경제도 선을 보였지만(기원전 7세기에 밀레토스와 이웃한 리디아 왕국에서 처음 주화를 찍어냈다), 그것이 빈부貧富의 격차를 키우지 않았다. 식민도시라는 남다른 특성 덕분이다. 이오니아에서는 재산이 줄어들어 한 뙈기 논밭도 지니지 못하게 된 사람은 부유한 사람을 찾아가 머슴살이(품팔이)를 청하는 대신 새로운 기회를 찾아 다른 도시로 건너갔다. 품팔이꾼(임금노동자나 소작농)을 부릴 수 없는 사회에서는 큰 부자가 나오지 못한다. 17세기에 북아메리카 대륙으로 처음 건너간 영국의 청교도들도 한동안 평등사회를 누리고 살았더랬는데 그곳도 신천지 어디든 옮아갈 기회가 있었기 때문에 누구도 남의 땅을 빌리거나 남의 집 고용살이를 하지 않았던 것이다. 고용살이(임금노동자)가 널리 일반화된 요즘과 달리, 근대 초기에 자본주의 경제가 처음 퍼져나갈 때는 그에 대한 저항이 만만찮았는데 다들 딴 사람, 곧 떵떵거리는 사장님한테 눈치 보며 사는 생활을 견딜 수 없었던 것이다. 이오니아인에게는 이동의 자유(!)가 경제적 평등을 지탱해줬다.

그리스 본토本土는 무엇이 달랐을까. 우리는 그리스의 폴리스(도시국가)들이 민주주의의 요람이라고 여기지만, 그 폴리스의 선구적인 형태는 이오니아 같은 식민도시에서 나왔지 그리스 본토에서 나오지 않았다. 아테네에서 건너왔건, 스파르타에서 건너왔건 이오니아로 건너온 사람들은 이미 본토에서의 혈연(집안 인연)이나 학연(학교 인연)을 버리고 새로 만난 사이이다. 본토에서 귀족이었는지 평민이었는지는 신천지新天地에서 중요하지 않다. 그래서 '이곳 폴리스'를 제대로 건설하자는 자유로운 약속(맹약) 하나로만 공동체를 이뤄낼 수 있었다. 식민도시야말로 사람답게 살 만한, 자유를 숨 쉬는 고장이었다. 나중에 더 말하겠지만 이런 폴리스에 대한 믿음이 이오니아의 선진 철학을 꽃피우게 했다.[150] 훨씬 먼저 문명을 꽃피운 이집트나 바빌로니아에서 농사를 짓고 길을 닦는 데 필요한 실용적 지식은 발달했지만 철학이 태어나지 못한 까닭도 거기 사회정치적 자유평등이 자리 잡지 못했기 때문이다. 이것이 사상과 철학의 열쇠다!

이와 달리 씨족과 부족의 전통과 인습(因習, convention)에 얽매인 곳에서는 민주주의가 커나가지 못한다. 그리스 본토는 예부터 내려온 씨족적 전통이 여전히 짙었고, 그것이 폴리스 안의 불평등이나 계급대립으로 남았다. 그리스의 수백 개 폴리스가 끊임없이 서로 싸운 까닭도 낡은 씨족사회가 완강하게 남아 있었기 때문이다. 아테네를 자유로운 개인들의 결합체로 오해하는 사람들이 있지만 네 개의 부족이 연합해서 세운 도시국가이지 개인들의 결사체가 아니었다. 민주주의는 나중에 (군사기술의 변화로, 보병의 주축을 이룬 민중에게 발언권이 생긴 뒤로) 들어왔다. 이곳에서는 상업과 화폐의 발달이 빈부의 격차를 낳았고 빚 때문에 종살이를 하게 된 사람이 많았다. 이런 사회적 위기를 막으려고 스파르타는 교역과 화폐경제를 없앴다. 아테네는 시장경제와 자유로운 직업 활동을 유지한 가운데 폴리스가 몇몇 부자(귀족)들을 억누르고 다그쳐서 제 재산의 일부를 사회에 내놓게 강제했다.

150. 배경지식 하나. 이오니아인들이 대부분 상인이었던 사실을 유심히 읽자. 그 시절에 '상인'은 농민과 달리, 곳곳을 다녀서 세상 넓은 줄 알았다. 소통과 협상 능력도 배운다. 내 생각만 고집해서는 장사를 할 수 없다. 그러니 세계시민의 선진 사상을 먼저 받아들인다. 예컨대 고등종교인 불교를 인도의 상인들이 먼저 받아들였다. 하지만 농민층에까지 전파되지 못해 결국 인도에서는 밀려났다.

'부富의 재분배'를 요구하는 성난 민심에 응답하는 체제가 데모크라시였다. 현실에서 부자와 빈민들 사이에 재산의 격차가 만만찮게 벌어져 있었으니 이소노미아(지배 없음)는 꿈꿀 수 없고 다수자(민중)가 목청을 높이는 데 만족해야 했다. 또 본토의 폴리스들은 딴 폴리스에서 건너온 이방인들에게 참정권을 주지 않았다. 기존의 끗발 있는 부족들이 기득권을 잃고 싶지 않아서다. 그리스 자유민들이 노예들의 피땀을 빼어 먹으며 살았다는 것과 더불어 이것도 그리스 민주정치의 한계로 놓여 있는데 그래서야 진취적인 사회 기풍이 생겨나기 어렵다. 아테네의 소피스트들이 "이것도 옳다, 저것도 옳다!"고 무책임하게 상대주의 잣대를 휘두른 것도 그들이 아테네로 건너온 이방인들이었던 사정과 관련이 있다. 폴리스에 참여할 기회가 가로막혔으니 제가 아는 지식을 팔아먹는 행상인行商人으로 나설 수밖에 없다. 아무 지식이나 팔아먹기만 하면 된다![151]

이러저런 곡절들로 하여 아테네의 폴리스는 오늘날의 민주주의가 안고 있는 문제를 다 드러냈다. 본디 자유민주주의 체제는 자유와 평등 사이의 삐걱거림을 늘 달고 다니는 체제다. 자유를 치켜세우면 평등이 울고, 그 거꾸로도 마찬가지다. 20세기 사회주의 혁명의 실험(실천)이 죄다 비틀거린 탓에 자유민주주의 체제가 더 큰 모순을 불러낼 때까지 우리는 세계화된 신자유주의 체제를 견디면서 다른 앞날을 천천히 찾아볼 수밖에 없지만 어찌 됐든 자유민주주의 체제가 인류가 (다른 대안을 알아보고 자시고 할 것도 없는) 숙명의 체제일 리는 없다.

그런데 그 대안을 찾아보려면 여태껏의 통념에 한가로이 머물러 있어서는 안 된다. 20세기까지만 해도 한나 아렌트처럼 아테네를 드높

151. 좀 다르긴 해도 공자도 '내 사상을 사들일(구매할) 군주를 구한다'고 자신을 상인에 빗댄 적 있다.

이 찬양하는 얘기가 당연히 옳은 말로 들렸더랬는데 아테네를 아무리 들여다봤자 지금의 세계를 넘어설 지혜는 발견되지 않는다. 오히려 근대민주주의에 무슨 곤란함이 있는지 그 원형을 아테네에서 찾을 일이다. 이를테면 요즘 유럽은 이민 노동자나 이슬람 문화를 내쫓자는 극우 정치가 스멀스멀 피어오르고 있는데 그 점(이질적인 부분을 배척하기)에서 아테네도 마찬가지가 아니었는가. 그동안 유럽이 민주 체제를 그럭저럭 지탱해온 비결의 하나는 제국주의를 통해 벌어들인 것의 일부를 유럽 민중이 떡고물로 누렸던 데 있는데 델로스동맹이 탄생한 뒤의 아테네 민주주의야말로 딴 폴리스들에서 뺏어온 떡고물을 골고루 나눔으로써 굴러갈 수 있었다. 그러니 정치와 도덕에 대해 박학하게 읊은, 아테네를 대표하는 플라톤과 아리스토텔레스에게 찬사를 보낼 일이 아니라, 그들 생각의 한계를 냉철하게 짚어야 세상이 더 또렷이 보인다.

이소노미아와 데모크라시는 얼핏 보면 비슷해 보인다. "이오니아와 아테네가 뭐가 그렇게 다를까?" 한나 아렌트가 처음으로 이 둘을 구분해서 살폈는데 아렌트도 이것이 이오니아에만 있었다는 사실을 주목하지 못했다. '세계사의 구조'를 쓴 가리타니 고진이 최근에 와서 이소노미아에 대해 상세하게 살폈다. 그는 이것을 기원전 5~6세기에 일어난 세계사의 '비약'과 관련지어 풀이했는데 그의 얘기를 간추려 옮긴다.

교환양식 D를 선취한 이소노미아 관념

가리타니 고진은 인간사회를 생산양식의 변화 과정으로 헤아리는 마르크스의 역사유물론 패러다임과 달리, 교환양식의 틀이 어떻게 달라지느냐라는 잣대로 인간사회를 들여다봤다. 칼 폴라니한테 이 관점을 배웠다. 이것을 네 범주로 나누어 교환양식 A~D라고 이름 붙였다.[152]

인류 사회는 오랜 동안 씨족사회를 살아왔는데 이 씨족사회는 구성원들이 서로 주고받는 증여donation와 호수(互酬, reciprocal, 주고받기) 관계로 묶여 있다. 서로 평등한 관계를 맺지 않고서는 공동체가 유지될 수 없어서다. 이를 교환양식 A라 일컫는다. 이 개념은 엥겔스의 '원시공산제 사회'라는 개념과 대체로 비슷하긴 해도 꼭 같지는 않다. 20세기에 들어와 인류학에서 더 활발하게 연구된 개념은 후자가 아니라 전자다.

씨족사회는 저절로 국가 체제로 옮아가지 않았다. 교환양식 A에는 국가의 형성을, 사회가 지배층과 피지배층으로 나뉘는 것을 거부하는 원리가 들어 있다. 이 원리는 아직 인류 문화 곳곳에 그 흔적을 남기고 있는데 이를테면 크리스천들이 "하나님, 제 소원을 들어주셔서 고맙습니다!" 하고 기도를 올릴 때, 그들은 인격신과 선물을 주고받는 일종의 주술적呪術的 증여 관계를 맺는 것이다. 옛날에 아낙들이 '애를 낳게 해달라'고 깨끗한 물 한 사발 떠놓고 삼신 할매한테 싹싹 빈 것과 크게 다르지 않다.

다음에 국가가 생겨났다. 공동체끼리 교역이 벌어지는 곳(주로 바닷가)에 도시가 세워졌다. 거기서 고기잡이도 했고 본때 있게 농사도 짓

152. 마르크스는 민족들 간의 '교통'을 살폈다가(『독일이데올로기』), 대상을 좁혀서 '생산관계(생산양식)' 연구로 전환했다. '교환양식'(곧 교통)은 경제적 교류뿐 아니라 사상의 교류, 물질대사, 심지어 전쟁까지 포함한다. 생산관계는 '교환양식(교통)' 속에 들어 있는 일부다. 자본주의는 '생산관계'로 들여다보는 것이 더 엄밀하지만, 그 이전 사회의 성격을 잡아내는 데는 '교통' 개념이 쓸모 있다.

기 시작했다. 도시는 씨족과 부족들이 연합한 맹약 공동체로서 공동의 신神을 모시는 신전을 세우고, 외적에 맞서려고 성城으로 둘러싼 곳이다. 도시는 처음부터 하나의 국가(폴리스)였다. 이들끼리 다투다가 힘센 도시국가가 딴 것들을 집어삼켜 제국으로 발돋움했다. 국가state와 신민臣民 사이에도 교환관계가 맺어진다. 국가는 신민에게서 공물(세금)을 빼앗아가는 대신에 삶의 안전을 보증해줬다. 노자의 『도덕경』에는 국가의 운영 원리를 넌지시 밝혀주는 글귀가 있다.

"국가가 민중에게 빼앗아가는 것(약탈)보다 더 많이 베풀어라(재분배). 국가가 빼앗아간다는 사실을 민중이 눈치채지 못하게 해야 충성을 끌어낸다." 이것이 교환양식 B다.

상품교환 활동(이를 교환양식 C라 한다)은 오래전부터 공동체 '사이'에서 이뤄졌지만 그때는 교환양식 A에 곁가지로 따라붙는 정도였다. 국가가 들어서고부터 국가라는 울타리에 힘입어 물건에 대한 소유권이 자리 잡았고, 그 토대 위에서 상업이 발달하기 시작했다. 요컨대 상품교환은 공동체(씨족사회)나 국가의 뒷받침 속에서 컸지만 '화폐의 힘'이라는 고유한 힘을 갖고 있다. 국가도 돈이 있어야 행세했고, 그래서 국가가 화폐를 찍어낸 적도 있지만 그것을 유통시킬 힘은 (국가에게) 없었다. 상품경제가 스스로 굴러갔을 때라야 화폐도 힘을 발휘했다. 아무튼 상품교환 경제가 널리 퍼진 것은 자본주의 체제에 들어와서다. 여기서는 상품경제가 앞장서고 국가경제와 민족사회는 곁가지 자리로 물러서는 천지개벽의 큰 변화가 일어난다.

교환양식 D는 교환양식 A를 더 높은 차원에서 회복하려는 것이다. association이 그 원리다. 이 낱말은 우리말로 단체, 회사, 협회, 조합, 사귐(교제), 연관, 제휴, 연상(聯想, 딴 관념을 떠올리기), 군집群集으로도 번역될 수 있지만 정치학에서는 대부분 '연합聯合'으로 옮긴다. '연합'

은 서로 힘을 합치는 것이고, 사회주의 개념의 핵심 정의定義는 "자유로운 개인들의 연합"이다. 위아래 지배관계에서 벗어난 자유평등의 세상!

이것은 국가의 원리와 대결한다. 하지만 씨족 공동체의 얽매임에서 해방돼 있다는 점에서 시장사회와 닮아 있고, 시장이 낳는 계급분해(유산자 대 무산자)에 맞서 서로 돕는 교환관계를 지향하는 점에서 선물경제(교환양식 A)와 닮아 있다. 이것은 사람들 마음속에 깃들어 있는 이념이라서 현실에서 어떤 제도로 굴러가고 있지는 못하다. 그것은 역사적으로 보편 종교의 모습으로 자기 자취를 처음 드러냈다.

씨족사회에서 주술magic은 공동체 성원들끼리의 평등한 관계를 도왔다. 그러다가 국가사회로 오면서 사람들은 지배자인 왕=신관神官과 초월적인 신에게 기도를 바쳤다. 이것도 주고받는 관계이지만 평등한 관계는 아니다. 국가는 군사적 정복과 강제만으로 신민의 충성을 얻어낼 수 없다. 국가는 물을 다스리고 길을 닦는 선정善政을 베풀어 자기에게 복속된 민중(농업공동체)의 충성을 얻어내야 한다. 한편으로 신에게 기도 드리는 것은 왕=신관에 대한 충성의 맹세다.[153] 제국이 세워지면 신도 훨씬 초월적인 모습을 띤다.[154] 그런데 딴 세력과의 다툼에서 패배한 공동체나 국가는 그들이 받들던 신을 내버리게 된다. 그 신이 자기들을 보호해주리라 믿어지지 않기 때문이다.

한편 보편 종교는 '세계제국=국가종교'를 부정하면서 생겨났다. 세계제국은 국가가 강대해지고 시장교역이 발달하면서 성립된 것이다.

153. '세계를 무無에서 창조하는 신'이라는 관념의 한 원천은 국가가 대규모 관개(치수) 사업을 벌인 것이라고 막스 베버는 짚었다. 메소포타미아 문명이나 황하 문명이나 치수治水가 기본 바탕이었다.

154. 이집트 18왕조가 '유일신' 사상을 내걸었고 로마제국이 기독교를 국교로 삼은 것을 보라.

국가는 한 사회를 지배자와 피지배자로 뚜렷이 갈라내는 것이고, 화폐는 씨족적 공동체를 파괴한다. 제국은 공물을 강탈하는 교환양식 B를 기본 원리로 삼는 한편, 화폐경제를 통해 옛 공동체의 선물경제(곧 평등경제)를 지워버린다. 예수와 그의 제자들이 로마제국에 대해 거룩한 분노를 퍼부었던 것은 '제국과 화폐경제에 대한 비판'이라는, 다시 말해 교환양식 D의 추구라는 맥락에서 살펴야 한다. 바울이나 베드로나 로마의 신(=국가종교)을 믿지 않았다 하여 죽임을 당한 것을 보라. 보편 종교를 퍼뜨리는 것은 목숨을 걸어야 할 일이었다.

요컨대 보편 종교는 여태껏 행세하던 국가종교나 주술적 종교에 대한 비판으로서 생겨났다. 기독교나 불교의 출현이 그것이다. 기독교의 모태母胎인 유대교가 급진성을 띨 수 있었던 비결(?)은 그들의 유대왕국이 멸망했을 때, 야훼 신을 내버리지 않고 새롭게 신앙을 일으키기로 결심했던 데 있다는 것이다.[155] 둘째, 이들 보편 종교가 생겨나고 얼마 가지 않아서 국가종교로 다시 포섭돼버린 사실이다. 가령 삼국 시대에 한국에 들어온 불교는 보편 종교의 생명력이 넘치던 원시불교가 아니라 호국불교(곧 국가종교)다.

왜 그렇게 쉽게 변질됐을까? 그 보편 종교의 가르침을 실제 생활에서 구현해내는 것이 여간 어려운 일이 아니라서다. 그것은 단순히 신에 대한 믿음의 문제가 아니라 어떤 교환양식의 틀을 세우느냐는 문제다. 도덕(신앙)과 경제는 결코 동떨어진 문제가 아니다! 초기 기독교도는 '네 것 내 것'을 따지지 않는 공동체생활을 했다. 사람은 그런 생활을 해나갈 때라야 영혼이 깊어진다. 그런데 교회가 국가를 등에 업고부터 교회 안에도 '네 것 내 것'이 생겨나고 윗사람과 아랫사람이

155. 망국의 유대인들이 바빌론에 포로로 잡혀갔을 때 얘기다. 그 얘기는 딴 글로 미룬다.

나뉘기 시작했다. 나중 얘기를 살짝 덧붙이자면, 보편 종교의 활력이 시들고 한참 지나 19~20세기에 와서야 교환양식 D를 추구하는 열정이 다양한 사회주의 운동으로서 활짝 피어났다. 우리가 그 케케묵은 옛날의 선조들 이야기에 굳이 귀를 기울이는 까닭은 누구나 사람답게 살아갈 세상에 대한 꿈을 새롭게 가다듬기 위해서다. 그 영감을 던져준다는 점에서 어찌 보면 2,000~2,500년 전의 인류의 사상이 그 뒤 중세와 근대의 사상보다 훨씬 현대적이다.

이오니아의 사상도 보편 종교의 출현과 맥락이 닿아 있다. 탈레스는 '만물의 근원(아르케)이 무엇일까' 스스로 묻고는 '아마 물이겠지.' 하고 스스로 대꾸했다. 그 답이 날카로운지, 어설픈지는 여기서 중요하지 않다. 그가 번개가 번쩍이는 것을 제우스신의 장난으로 알고, 바다에 풍랑이 이는 것을 포세이돈의 분노로 여겨 두려워하지 않았다는 사실이 중요하다. 이오니아의 자연철학은 올림포스의 신들(그리스의 국가종교)에 대한 비판으로서 성립했던 것이다! 크세노파네스의 말을 들어보면 그들의 비판이 얼마나 단호한지 알 수 있다. "소나 말이 그림을 그릴 줄 안다면 신神의 모습을 소나 말로 그릴 것이다." 이들은 암묵적으로 새로운 사상을 희구했다. 그것은 이오니아의 좋았던 모습, 곧 이소노미아(지배 없음)를 더 높은 차원으로 추구하는 것일 터인데 이소노미아는 '교환양식 D'를 선취한 낱말이다.

아르케를 묻는 자연철학은 곧 사회철학이다

이오니아 사상에 대해 아테네의 학자들이 "그것은 자연학일 뿐"이라고 가벼이 깎아내렸고,[156] 오랫동안 인류는 그런 줄 알고 지냈다고 했다. 그러니 '아테네가 대단하다'는 통념에서 벗어나야 이오니아 사상의 가치가 눈에 들어온다고 했다.

오늘날 우리가 '그리스 것'이라 여기는 것은 죄다 이오니아에서 나왔다. 페니키아 문자를 개량한 그리스 문자도 그렇고, 『일리아드』와 『오디세이』도 이오니아 방언으로 쓰였다. 헤시오도스의 『신들의 계보』(Theogony, 또는 신통기)도 마찬가지다. 물건값을 관리(관료)가 아니라 시장거래에 맡긴 것도 이오니아가 먼저다. 화폐도 아테네보다 먼저 (이웃의 리디아로부터) 받아들였다.

이오니아는 세계 곳곳의 과학과 사상을 다 받아들였지만 관료제도와 상비군(군대) 체제를 받아들이지 않았다. 국가를 거부하는 원리를 믿고 있었기 때문이다. 그들은 누가 누구를 지배하는 일 없이 자유평등을 누리며 살아가게 해주는 폴리스에 대해서만 충성을 바쳤다. 이오니아인들 상당수가 무역 상인으로 살았는데 그 무역을 폴리스가 독점하지 않았다. 말하자면 폴리스는 '상인들의 평의회council'였던 셈이다. 파르메니데스의 제자인 제논이 참주(독재자)에게 맞서서 용감하게 싸운 일화는 이오니아 사상의 활력이 어디서 비롯됐는지를 말해준다.

플라톤과 아리스토텔레스는 그 시대 아테네 시민들이 다 그랬듯이 생산대중을 은연중에 아래로 내려다봤다. 노예들이 벌어들인 살림 위에서 정치와 학문을 말했기 때문이다. 이와 달리 이오니아 사람들은 노동과 기술적 직업을 멸시하지 않았다. 이오니아에는 노예가 없었고 스스로 상공업을 운영해서 먹고살았기 때문이다. 이오니아 철학의 할배 탈레스부터가 토목기사로 일했다.

탈레스가 진정한 앎을 추구하던 때는 페르시아 제국이 이오니아의

156. 옛 사상가치고 한 분야만 들이판 사람은 없었다. 자연을 보는 눈은 사회관(윤리)으로 통한다.

폴리스들을 호시탐탐 노리던 때였다. 그는 학문만 한 사람이 아니고, 페르시아에 맞서 '폴리스 연합'을 세워보려고 사람들한테 호소하고 다녔다. 이 노력은 헛일이 돼버렸지만 아무튼 그의 학문은 이오니아가 맞닥뜨린 사회적 위기를 고뇌하는 가운데 생겨났다. 바깥에서는 제국의 말발굽 소리가 가까이 다가들었을 것이고, 안으로는 힘센 사람들이 행세하기 시작해서 자유평등의 이소노미아가 차츰 무너지던 때였다. 그랬기에 탈레스가 뚜렷한 호응을 얻지 못한 것 아닌가.

사람은 좋은 시절 좋은 동네에 살 때에는 그 삶을 특별히 고마워하지 않는다. 영국인들이 북아메리카에 처음 건너가 평등한 이민자 동네를 이뤘을 때도 그랬다. 영국 본토로부터 그 삶을 위협하는 폭압 조치가 날아들고 나서야 자기들이 얼마나 좋은 세상을 살았는지 비로소 깨달았다. 그래서 자기들의 삶터를 지키려고 이민자들이 싸움터에 나섰다. 그런데 이번에는 기억상실증이 도졌다. 그 후손들 얘기다. 아메리카 독립전쟁에 두려움 없이 떨쳐나선 선조들의 에너지가 과연 어디서 비롯됐는지를 그들은 까맣게 잊어버렸다. 그 에너지가 독립 자영농민들의 이소노미아에서 샘솟았다는 사실을!

이오니아도 마찬가지다. 자유평등하게 살던 시절에는 그것을 '당연한 일이려니' 여겨서 그 원리를 이론으로 가다듬지도 않고 기록으로 남기지도 않았다. 외세 침략의 위기를 맞아 비로소 참된 앎을 찾으려는 노력이 시작됐다. 이오니아의 사상가들은 얼핏 보면 자연학 이외의 것에 대해 별로 글을 쓰지 않은 것으로 보인다. 그러나 그들은 윤리나 인간에 대해 자연학의 관점에서 말했다. 인간과 세계를 일관되게 자연physis으로 본 것이다. 만물의 아르케=근원이 무엇인지 찾는 탐구는 그리스의 옛 신화를 물리치려는 싸움이다. 옛 신神들 없이 세계를 설명하려 한 것은 이오니아의 폴리스가 신들을 떠받드는 씨족사회 전통에 의해서가 아니라 '자유로운 개인들의 사회계약'에 의해 지탱된다는 사실을 일깨우려는 시도였고, 지배자와 피지배자로 나뉘지 않았던 좋았던 옛날의 이소노미아를 다시 세우는 노력이었다. '아르케'론은 자연철학이자 사회철학이었다.[157]

이를 방증해주는 한 인물을 소개한다. 헤라클레이토스는 이오니아 도시들이 페르시아에 병합된 때(기원전 540년)에 태어났다. 그가 중년이 되었을 때 이오니아 반란이 일어났는데 그의 고향인 에페소스만 반란에 가담하지 않은 덕분에 페르시아의 탄압을 피했다. 그가 민중을 경멸하는 글을 쓴 것에 대해 귀족적인 태도라고 칼 포퍼(20세기 영국의 철학자)는 오해했는데[158] 이오니아는 귀족과 민중이 서로 으르렁거리며 싸운 데가 아니다. 그는 다른 폴리스와 연대해서 자유 쟁취의 싸움에 나서는 대신에 예속의 길을 선택한 에페소스의 민중을 경멸한 것이다. 그것은 '민주 반대, 귀족 찬양'이 아니다. 딴 나라에 대해 자주성을 견지하지 않고서는 데모크라시도 이소노미아도 말짱 헛것이 아닌가.

19~20세기에는 소크라테스와 플라톤을 사납게 비판하는 학자들이 나왔다. 니체나 하이데거 등등이 "소크라테스 이후의 철학이 지성만 떠받들지 직관과 감수성을 잃어버렸다. 존재를 망각했다 어쩌고……." 하고 알 듯 모를 듯한 비판을 했다. 하지만 이것은 자질구레한 비판이다. 그들 관심은 "아테네에 또 다른 아름다운 전통이 있었지. 전사戰士이자 농민의 강건한 기풍이!" 하는 데 꽂혀 있을 뿐이다. 이것은 "현대

157. 이오니아학파 말고도 (탈레스를 비롯해) '7현인'의 이름이 높았다. 델포이 신전에 기록돼 있다.

158. '반증을 통한 연역론'을 제시했다. 그의 책 『열린 사회와 그 적들』은 자유(부르주아) 민주주의를 옹호한 것으로 이름 높다(악명 높다). 냉전cold war 시대에 비판세력을 때려잡는 데 한몫했다.

사회가 너무 삭막해졌어. 소박했던 옛날이 그립구나." 하는 향수鄕愁의 표현이지 유럽인들이 '아테네 이전'을 한 번도 제대로 들여다본 적 없었던 것에 대한 비판이 아니다.

피타고라스의 정치적 좌절이 이중세계론을 낳았다

피타고라스기원전 580~490년는 철학보다는 '피타고라스의 정리定理'를 세운 수학자로 더 알려진 사람이다(그런데 그것은 이미 바빌로니아에서 발견된 것이다). 여기서는 그가 무슨 수학을 탐구했는지 더 살필 겨를은 없고,[159] 그가 숫자를 만물의 근원이라고 여긴 것이 중요하다. 숫자는 추상 관념이다. 그러니까 유럽 관념론을 처음 일으킨 왕초가 그다. 그는 관념론자답게 신비스러운 생각도 많이 했고, 그의 인생도 베일에 싸여 있다. 그가 스스로 남긴 글이 전해오지 않아서 그의 생각을 자세히 밝히기도 어렵다. 그는 제자들과 더불어 비밀결사체를 만들어 활동했다고도 한다. 특기할 것은 '내가 철학자요!' 하고 처음 떠벌린 사람이 그였다는 것. 이 일화는 그의 사상이 지니는 특징을 넌지시 일러준다.

그는 철학 탐구 이전에 종교 신앙을 품었다. 디오니소스교의 한 갈래인 오르페우스교다. 이 종교가 추구한 것은 엑스터시(신과의 합일)이었는데 다른 디오니소스교처럼 여럿이 떠들썩하게가 아니라 조용한 명상 속에서 이를 추구했다. 피타고라스 교단은 사람의 영혼이 원래

159. 그와 제자들은 소수를 발견하고 홀수와 짝수의 구실을 밝혔고 초등 기하학의 정리를 세웠다. 산수(숫자 셈)를 수학으로 높였다. 그러나 제자들은 수학뿐 아니라 종교와 정치 활동에도 관여했다.

불사不死의 신적인 것인데 무지無知 때문에 자기를 더럽히고, 그 죄 때문에 육체라는 무덤에 갇혀 있댔다. 우리가 '삶'이라 부르는 것은 실은 영혼이 죽어 있는 상태다. 다시 신적인 본성을 되살리지 않으면 윤회의 바퀴 안에 머무를 수밖에 없다고 했다. 그들은 수학과 음악 공부를 통해 불순한 것들을 걸러내고 영혼을 씻어내려고 애썼다.[160]

그와 제자들은 숫자와 그 비례가 세상의 본질을 말해준다고 생각한다. 1은 점이며 또 처음의 것인 이성을 나타낸다. 2의 2배인 4는 입체이며 정의正義를 나타낸댔다. 1에서 4까지 모이면 정삼각형을 만들고 그 합은 완전수 10이 된다 어쩌고……. 그들이 숫자를 만물의 아르케라 여긴 것은 세상의 진리가 배후(뒤)에 숨어 있다고 본 것이다. 그는 본질과 현상을 처음 구별해낸 셈이다.

그런데 그의 사상에 담긴 뜻을 온전히 헤아리려면 삶의 발자취를 따라가며 살펴야 한다. 그는 이오니아의 사모스 섬에서 태어나 친구 폴리크라테스와 함께 이소노미아 회복을 위한 사회 개혁에 나섰다. 얼마쯤 개혁은 됐지만 폴리크라테스가 참주(독재자)로 돌변했다. 이것에 실망한 피타고라스는 세계 곳곳을 편력하다가 크로톤(이탈리아 남쪽)에 정착했다.

그에게 관조(고요히 생각하기)를 통해 깨달음을 얻는 것은 윤회에서 벗어날 방법이었다. 그런데 이것은 아시아 특히 인도에서는 흔한 생각이었고 이를 받아들인 오르페우스교가 그리스 전체에 퍼져 있었다. 오히려 이오니아인들은 윤회 사상에 관심이 없었다. 스스로 세상을 개척하는 진취적인 사람들은 이와 같이 세상에서 한 발 물러서는 사상에 흥미를 느끼지 않는다. 현세적이고 합리적이었던 그가 나중에 윤

160. 피타고라스는 무질서를 아주 싫어했는데 제자가 '무리수'를 발견하자 당혹스러웠다. 자기들의 신념과 어긋나 보이는 '무리수'를 발견한 것을 쉬쉬하고 덮어 감췄다고 한다.

회 사상을 받아들인 것은 그의 정치적 좌절과 무관하지 않다. 하지만 그가 이오니아에서의 진취적 사회 개혁 정신을 모두 버린 것은 아니었다고 한다. 크로톤에서도 토지귀족의 권력에 도전하는 등 정치활동에 나서다가 주류 세력과 충돌하여 탄압을 겪었다.

아무튼 그는 사모스 섬에서의 정치 개혁이 물거품이 된 데서 대중에 대한 실망으로 돌아섰다. 플라톤이 '철학자의 통치'를 말한 것은 소크라테스가 아니라 피타고라스한테서 얻은 생각이다. 플라톤의 이중세계론(진정한 세계 따로, 가상 세계 따로)도 그에게서 물려받았다. 그렇지만 이중(=두 겹) 세계론도 윤회설과 마찬가지로 아시아에서는 아주 흔했다. 그러니까 고교 교과서가 이것을 플라톤이 처음 내세운 무슨 폼나는 생각인 것처럼 말하는 것은 대단한 '겉핥기' 서술이다.[161]

흔히 말하는 이중세계론은 정신노동과 육체노동의 분업을 멋지게 꾸며대는(정당화하는) 이야기다. 처음 정신노동을 대변한 사람들은 승려(신관, 사제)다. 그들이 온갖 화려한 얘기를 떠드는 순간부터 '의식(정신, 사상)'은 일반 민중과 상관없는 하늘 위의 것이 된다. 그들 승려들은 민중의 생각과 상관없이 사상과 철학이 저 혼자 멋대로 쏘다니는 것 같은 환각을 무지몽매한(?) 민중에게 퍼뜨린다. 철학자가 나라를 다스려야 한다는 말 뒤에도 일반 민중은 무지몽매하다는 경멸이 숨어 있다.

씨족사회는 따로 근엄한 승려(사제)가 있지 않아서 '이중double 세계론'이 나올 턱이 없지만 국가사회로 탈바꿈한 뒤로는 이런 관념이 어디나 흔했다. 그런데 이오니아에는 이런 관념이 발붙이지 못했다. 승려

161. 그들이 떠벌린 '철학자' 칭호가 자랑스러운 것만은 아니다. 두 세계의 분리가 시작됐다는 뜻이니까. 교학사 책은 "플라톤의 이데아론은 그림자 세계에 머무를 것인가, 아니면 참된 실재의 세계로 나아갈 것인가, 하는 중요한 문제를 던졌다"며 이중세계론이 당연히 옳은 것처럼 서술했다.

(사제)가 이집트와 바빌로니아처럼 과학기술(땅 측량기술과 천문학 지식)을 독점하고 잘난 체하는 사회가 아니었기 때문이다. 문자 습득이 어려운 사회는 '배운 사람'이 설치기 마련인데 이오니아는 그들이 설칠 곳이 못 됐다. 이소노미아가 살아 숨 쉬었던 곳이라서다. 탈레스와 그 제자들이 올림포스의 신화를 거부했다는 것은 정신노동을 독점한 자들(사제와 신관)을 부정했다는 뜻이다.

피타고라스가 이 퇴행적인 관념을 받아들인 것은 민중에 대한 불신이 싹트고 나서다. "기껏 개혁을 하쟀더니 이소노미아 정신을 배반한 독재자(참주)에게 넙죽 엎드리는 이 못난 놈들아!" 그렇다고 그가 완전히 빗나간 것은 아니다. 자유평등 세상에 대한 희미한 꿈은 품고 있었으나, 그 꿈의 실현을 데모크라시가 아니라 철학자의 독재라는 위험한(또는 비현실적인) 방법에 기댔다. 이소노미아를 추구한다는 것이 어떤 뜻에서는 가장 이소노미아를 무너뜨리는 방법으로 귀결된 셈이다. 피타고라스 교단은 나름으로 평등을 추구하는 정치활동에 나섰지만 그 방법이 왜곡됐다.[162] 플라톤도 마찬가지 생각으로 나아갔다.

피타고라스는 이오니아를 정신적인 언덕으로 삼았던 사람이다. 그는 이중세계론의 논거를 케케묵은 윤회 전생轉生이 아니라 이오니아의 수학 전통에서 찾았다. 이오니아의 수학은 실용적인 앎이었지 무슨 신비로운 게 아니었다. 화폐경제 덕분에 수학 연구도 활발했다. 그러나 이오니아를 떠난 뒤로 피타고라스의 수학은 신비로운 게 됐다. 그가 화음和音의 비례관계를 발견한 업적은 있지만 차츰 실천적인 연구에서 멀어졌다.[163]

162. 공산당을 '역사의 도구'라며 자랑한 소련 공산당(20세기 초)도 피타고라스 교단과 조금 비슷하다.
163. 정수整數에 꽂혀 대수학의 발달을 막았다. 관념적 철학이 수학 연구에 오히려 걸림돌이 됐다.

그의 이중세계론은 수학에 근거한다. 수학은 사물과 사물의 관계를 파악한다. 그는 음音도 있고, 음音들의 관계도 있다고 여겼다. 오히려 후자가 참된 실재란다. 이 생각은 이오니아 자연철학의 태도를 따르는 것(아르케 찾기)이면서 그 내용을 아예 부정하는 것이다. '운동하는 물질'이라는 생각을 아예 지워버렸기 때문이다. 그가 발견한 아르케, 곧 수數는 자연physis이 아니다. '수'는 관계인데 관계는 개나 고양이가 있는 것처럼 있는 것은 아니다. 그러므로 '관계'야말로 참된 실재라 여기는 것은 관념적 실재를 진짜 실재로 둔갑시키는 짓이다.

그러기는 해도 피타고라스가 철학과 근대 과학의 발달에 밑돌을 놓은 것은 분명하다. 파르메니데스와 플라톤은 '진짜 있는 것'은 '하나one'로 들러붙어 있다고 했는데 이것은 숫자를 진짜 실재로 여기는 피타고라스의 생각을 거쳐서야 나올 수 있었다. '1'에 어마어마한 뜻이 들어 있다는 생각은 그가 처음 가르쳐줬다. 플라톤의 이데아론이 여러모로 허술하기는 해도[164] 수학(사물 간의 관계)과 관련된 부분은 쉽게 부정될 수 없다.

피타고라스의 수학 관념은 갈릴레이와 코페르니쿠스가 이어받았다. '수가 참된 실재'라는 말은 알쏭달쏭한 수수께끼이지만 핵물리학의 소립자 영역으로 들어갈수록 근원적인 물질은 수학 곧 관계로밖에 존재하지 않는다. 그 영역에서 만물의 근원이 물질인지, 관계인지는 선뜻 판정하기 어렵다. 그러므로 피타고라스의 수학 찬양론을 가벼이 묵살할 수는 없다. 하지만 거기서 '이중세계론'을 끌어낸 것은 단호하게 걷어차야 한다. 피타고라스와 플라톤의 이 생각은 계급적으로 분열된 사회를 두둔하는 얘기로 너무나 음흉하게 쓰이기 때문이다.

164. 가령 "개는 개의 이데아를, 꽃은 꽃의 이데아를 갖고 있다'고 할 때 그 이데아는 '개념'에 불과한 것으로 보인다. 플라톤 생전에도 그런 비판을 받았다.

플라톤과 아리스토텔레스의 존재론

파르메니데스와 플라톤에서 시작되는 존재론 이야기를 철학자 윤구병은 다음과 같이 간추렸다(보리사에서 펴낸 그의 『철학을 다시 쓴다』 참고). 그는 있음(있는 것)과 없음(없는 것)의 네 가지 경우부터 들었다.

1. 있는 것이 있다
2. 있는 것이 없다 → 하나도 없다
3. 없는 것이 있다 → 빠진 것이 있다
4. 없는 것이 없다 → 다 있다

있는 것(있음)은 최고의 유類개념이다. 그것보다 그릇이 더 큰 낱말은 없다. 그런데 있는 것이 둘(2)이라 칠 경우, '있는 것(ㄱ)'과 '있는 것(ㄴ)'이 서로 다른 것이 되려면 서로 떨어져 있어야 한다. 한데 붙어 있으면 둘이 될 수 없다. 그런데 이 둘을 갈라놓는 금은 있는 것이 될 수도, 없는 것이 될 수도 없다. 그러니까 '있는 것'이라는 괴물은 하나로 붙어 있어야 한다고 파르메니데스는 말한다. 그에 따르면 시간과 공간에 얽매여 있는 이 세상, 곧 현상세계는 말짱 덧없는 그림자 같은 것이다.

플라톤은 이 생각을 이어받아서 더 자세한 그림을 그렸다. 그에 따르면 데미우르고스라는 조물주造物主가 '같은 것'과 '다른 것heteron'이라는 건축 재료를 갖고서 우주를 만들었다.[165] 그는 '되는 것(생성, becoming, genesis)'을 이리저리 버무려서 '같은 것'과 '다른 것'의 띠를

165. 영어에서 hetero는 '그 밖의' '다른'이라는 뜻이다.

만들었다. '같은 것'의 띠는 밖에 두르고, '다른 것'의 띠는 '같은 것'의 띠와 엇갈리게 해서 안쪽으로 둘러서 이 우주를 질서 있는 것으로 만들었다. 데미우르고스가 같음의 띠로 둘러싼 이 우주의 밖은 시간과 공간을 벗어난, 그래서 운동(변화)도 여럿多도 없는 초월적인 이데아idea의 세계다.

이 이데아 놈들은 '있는 것 곧 하나One'라는 괴물의 몸에 생긴 두드러기들이다.[166] 이데아라는 낱말은 에이도eido라는 그리스 말에서 생겼다. 에이도는 '눈으로 본다'는 뜻. 그러니까 원래 이데아는 '눈으로 본 것, 형태, 모습'이라는 무척 소박한 뜻이었다. 우리는 어떤 것을 떠올릴 때 주로 눈에 비친 모습을 떠올리지 않는가. 그 두드러기들은 수없이 많다. 사람과 쇠똥구리의 이데아, 아름다움과 중용의 이데아… 삼각형과 동그라미의 이데아…… 두드러기들의 여왕은 '좋음(선)'의 이데아라 했다.[167]

데미우르고스가 우주를 만들 때 이데아라는 두드러기들을 본떠서 만들었다고 플라톤은 말한다. 그에 따르면 우리 우주의 바깥에 모든 것이 하나로 달라붙어 있는 '하나'라는 괴물이 살고(신을 믿고 싶은 사람은 이것을 하나님이라 부르겠지만 우리 마음에는 괴물로 느껴진다), 이 괴물의 몸뚱이에 이데아라는 두드러기들이 잔뜩 나 있다. '하나'는 하나이므로 영원히 자기됨(identity, 정체성)을 지킬 수 있는데, 하나의 이런 특징으로 말미암아 '하나 곧 있는 것'에 맞닿아 있는 것들도 하나와 같은 것, '하나로 있는 것'에 동참한다. 플라톤의 우주는 하나와 맞닿아 있다는 점에서 영원히 변치 않고서 '있는 것'이 될 수 있다. 그 우

166. 여러 학자가 '하나'라는 쉬운 낱말 대신 일자一者라고 거만하게 번역해왔다. 못된 버릇이다.
167. '선善'보다 '좋음goodness'이 더 알맞은 번역이다. '선'은 윤리적 의미를 담고 있다.

주 맨 바깥을 두르고 있는, 같음의 고리는 '있는 것과 같은 것'이고, 그래서 그 우주는 여러 개가 아니라 하나다.

플라톤의 우주에서 모든 변화(운동)와 갖가지 다른 모습, 곧 여럿의 세계는 시간과 공간까지 포함해서 '다른 것heteron'에서 나온다. 그 우주의 안쪽을 여러 겹으로 감싸는 다른 것(다름)의 고리는 있는 것과 다른 것, 하나와 다른 것, 따라서 없는 것이고 여럿이다.

플라톤의 존재론에는 '없음 바로 그것' 빼고는 다 있다. 첫째, 이데아라는 괴물들로 나타나는 '있는 것'이 우주 밖에 있고, 둘째로 이 이데아들과 같은 것들이 우주 안에 있다. 이데아들을 본뜬 것들! 이를테면 삼각형의 이데아를 본뜬, 어떤 모양과 크기의 삼각형! 셋째로 이데아들과 같은(비슷한) 것들이 우주 안에 있게 하는 힘이 있고, 넷째로 끊임없이 다른 것으로 될 수 있는 힘(됨, 생성)이 있다…….[168]

플라톤의 말에서 비판돼야 할 과녁은 이데아의 세계다. 그 세계가 여러 이데아가 공존하는 곳이라면, 있는 것은 하나이므로 이데아의 세계에도 없는 것이 있어야 하지 않는가? 최초의 여럿은 있는 것과 없는 것이 될 수밖에 없으니까 말이다. 따라서 이데아의 세계에도 있는 것과 없는 것이 있다고 봐야 하므로 이 둘을 갈라놓는 경계선, 곧 있는 것도 아니고 없는 것도 아닌 제3의 것, 무無규정적인 것(그리스 말로 아페이론)이 있어야 한다. 그러면 이데아 세계에는 여럿이 있을 뿐만 아니라 이 여럿으로 드러나는 (있는 것과 없는 것의 공존에서 생기는) 모순과 우연이 있을 터이니, 그 세계에도 우리 우주처럼 여럿과 운동, 그에 따라 시간과 공간도 있어야 하지 않는가! 이것이 플라톤 이론이 안고 있는 맹점(빈틈)이다.[169]

168. 요즘 그의 이데아론 자체를 따져 묻는 토론은 거의 없다. 이데아론은 기독교 신학으로 옮아갔다.

파르메니데스의 '하나'는 우리가 시간과 공간 속에서 겪는 모든 사물을 모두 헛것으로 돌려버린다. 그렇지만 그의 '하나로 있는 것'은 생각으로 도무지 파악할 수 없다는 점에서 아예 없는 것이나 마찬가지였다. 플라톤은 우리가 현실에서 겪는, 서로 다른 여러 사물들의 질적인 다양성이 어디에 바탕을 두는지 나름으로 설명해보려고 했다. 우리가 눈과 귀와 살갗으로 느끼는 모든 현상을 한갓 허튼 낮꿈으로 돌릴 수는 없었다. 그래서 그는 한갓 그림자일 망정 '이데아를 본뜬 것들'이 우주 안에 있다고 생각했다. 하지만 '여러 이데아가 있다'고 여기는 순간, 자기 이론이 모순을 떠안게 된다는 사실을 몰랐다.

아리스토텔레스도 '있음 그 자체'나 '없음 그 자체'는 현상세계에 없다고 수긍했다. 그는 '하나'로 있으면서 바뀌지 않는 신神적인 것을 '스스로는 움직이지 않으면서 남을 움직이게 하는 것'으로 놓고, '아예 없는 것'과 맞닿아 있어서 무엇이라 부를 수 없는 것을 순수한 질료(재료, hyle)라 일컫기로 했다. 이 둘을 빼고 나면, 나머지는 모두 현상세계의 식구다. 이들은 모두 있는 것과 없는 것, 하나와 여럿, 형상과 질료, 현실태와 가능태의 복합체다. 여기서 '있는 것, 하나, 형상, 현실태'가 같은 울타리에 살아가는 식구이고, '없는 것, 여럿, 질료, 가능태'는 다른 울타리의 식구다. 이 두 울타리에 사는 식구들이 저마다 짝을 지어서 있는 것과 없는 것이 한 몸, 하나와 여럿이 한 몸, 형상과 질료가 한 몸, 현실태와 가능태가 한 몸이 되어 사는데 이 여러 한 몸들은 겉으로 보기에만 다르지, 본질은 같다. 다른 여러 한 몸들은 '있는 것과 없는 것 한 몸'의 여러 현상(겉보기) 형태다. 그러므로 세상의 온

169. 플라톤의 생각은 그리스 문맥에서는 소수파였다. 고진은 그의 생각이 영혼의 불멸, 일신교, 계획적으로 통제된 국가라는 관념이 자라났던 이집트에서 힌트를 얻은 것 아니냐고 짐작한다.

갖 것들은 있는 것이자 없는 것이요, 하나이자 여럿이요, 형상이자 질료요, 현실태이자 가능태다.

현상세계를 보는 관점은 둘이다. 없는 것, 질료, 여럿, 가능태 쪽으로 눈길을 모으면 감각과 연관된 고유명사의 세계가 나오고, 있는 것, 하나, 형상, 현실태에 눈길을 돌리면 이성理性과 연관된 일반명사의 세계가 열린다. 이 일반명사 세계의 확실성을 보장하는 것은 신神이라 불러 마땅한, 있는 것 바로 그것의 다른 이름인 '(자기는) 움직이지 않으면서 (남들을) 움직이게 하는 것', 현상세계를 벗어나 있으면서 현상세계를 움직여 자기에게 향하게 하는 것이므로 고유명사 세계에서 헤매지 말고 일반명사 세계를 지향해야 한다고 그는 부르짖었다. 현상계의 '하나'는 현상계의 '있는 것'이 보장하고, 현상계에 '있는 것'은 가장 큰 하나이면서 크기가 없는, 현상세계 밖의 '하나이신 있는 것 곧 신'이 보장한다고 했다.

플로티누스기원후 204~270년가 존재론을 더 탐구했다. 그는 파르메니데스에게서 하나님이 있다는 것을, 소크라테스에게서 이 거룩한 존재를 찾아가는 길을, 플라톤에게서 이 하나님이 좋은 분이자 빈틈이 하나도 없는 꽉 찬 분으로 이 세상 울타리 밖에 계신다는 이야기를, 아리스토텔레스한테서는 이분이 이 세상 울타리 밖에 계시지만 이 세상이 좋은 세상이 되도록 끊임없이 영향력을 행사한다는 말을 들었다. 플로티누스는 여기에 덧붙여, 있는 것만이 아니라 없는 것(빠진 것)도 있다고 봤다.

플로티누스는 세상 그림을 플라톤과 정반대로 그렸다. 그래서 플라톤이 감춰놓고 보여주지 않은 것(곧, 없는 것)의 실체를 드러냈다. 플라톤에게는 우주 한복판에 '없는 것'이 있고, 거기서 흔적만 있는 것 → 몸 → 생명 → 생각(정신) → 있는 것의 순서로 펴져나간다. 플라톤의 우주는 이미 하나로 충만하게 완성됐기 때문에 빠진 것(아쉬운 것)이 없다. 완전한 결핍은 우주의 중심에 점의 형태로나 있다. 현상만 살피면 지구는 혼란으로 가득 차 있다. 그러나 영혼의 정화(맑히기)를 통해 '하나와 같은 것'의 경지에 이를 수 있으니 구원의 길이 열려 있는 셈이다.

플로티누스의 그림에서는 우주의 중심에 하나(있음)가 있고, 생각(정신) → 생명(영혼) → 자연(생성) → 질료(없는 것, 비존재) → 아예 없음(허무) 순서로 퍼져나간다. 플라톤이 '하나의 우주만 있다'고 한 것과 달리, 플로티누스는 여러 우주, 무한한(열린) 우주다. 파르메니데스는 '하나로 있는 것'만 인정해서 그 이론이 궁지에 빠졌었다. 플라톤은 하나(있음)와 생각(정신)의 속살은 시간 공간을 뛰어넘는 저 세상(이데아 세계와 직관의 세계)에 있고, 생각(정신)의 겉껍데기와 생명(영혼), 자연(생성), 질료(없는 것)까지만 현상계에 있다고 말한다. 아리스토텔레스는 하나(있음)는 없다고 봤다. 그는 생(정신)을 신으로 모셨다. '신'은 스스로는 움직이지 않으면서 남을 움직이는 것이요, '생각의 생각'이라고 봤다. 그가 하나이신 하나님(신)을 '생각과 같은 것'이라 본 것은 잘못이라고 플로티누스는 여겼다.

그의 생각을 더 옮기자면 다음과 같다. 태초에 있는 것 바깥에 없는 것도 있었다. 없는 것은 하나인 있는 것을 둘러싸고 있었다. 하나의 힘이 넘쳐흘러 없는 것을 밀어내고 둘레에 생각의 고리를 만들었는데 이 생각의 고리는 하나와 맞닿아 있어서 늘 하나를 지향한다. 이 하나이자 여럿인 생각의 고리에서 최초로 운동 가능성이 나타났다.

생각의 고리 둘레를 생명의 고리가 둘러쌌는데 생명 세계에서 처음으로 둘이 뚜렷이 갈라졌다. 하나의 힘이 지배하는 우주 생명은 생각의 고리에 닿아 있어 하나로 남았으나 바깥에 있는 자연의 고리에 잇대어 있는 생명은 없는 것이 사이에 들어 여럿으로 나뉘었다.

생명의 고리 바깥에 자연의 고리가 둘려 있는데 이 고리에서 하나인 있는 것과 하나가 아닌 없는 것이 팽팽하게 힘으로 맞섰다. 여기서 비로소 동물과 식물과 땅(흙)같이 감각으로 지각되는 크기를 가진 몸뚱이를 지닌 것들이 나타났다. 이 자연도 생명의 고리에 가까운 '만드는 자연'과 바깥에 있는 질료의 고리에 가까운 '만들어진 자연'으로 갈라졌다. 하나인 있는 것의 힘이 미치는 테두리는 여기까지다.

자연의 고리 밖에는 있는 것의 힘이 미치지 못하는 질료(소재)의 영역이 있는데 이것은 없는 것이다. 그러나 이 없는 것이 없으면 낱낱으로 구별되는 여러 하나도 생겨나지 못한다. 고유명사로 부르는 낱낱의 저마다 다른 것은 이 없는 것의 힘으로 모습을 드러낸다…….

윤구병은 그리스의 존재론 이야기를 간추리면서 (있는 것만 있고 없는 것은 없다며) '없는 것'을 인정하기를 꺼리고 두려워한 플라톤 부류의 생각의 전통을 깨야 한다고 힘주어 말한다. '없는 것'은 우리 생각 속에 있는 것이고, 이 '생각 속에 있는 것'이 '없는 것'이라는 말로 눈앞에 드러나 있다. 어떻게 '없는 것'이라는 말을 버젓이 들으면서 '그것이 있지 않다'고 우길 수 있느냐는 것이다.

헤라클레이토스는 시대와 대결했다

헤라클레이토스(기원전 6세기)의 생각을 한마디로 간추리면 '만물이 유전(流轉, 변화)한다'는 것이다. 그가 빗대서 말하기를 강물은 날마다 흘러가므로 우리가 같은 강물에 두 번 들어가지 않는댔다. 그는 만물의 아르케를 '불'이라 봤다. 그런데 다음 구절이 뜻깊다. "만물은 불의 교환물이고 불은 만물의 교환물이다. 마치 물건이 황금의, 황금이 물건의 교환물이듯이." 이 말은 "황금이 돈인 까닭은 그것이 황금이기 때문이 아니라 만물과 교환하는 일반적 등가형태의 자리에 놓이기 때문"이라는 마르크스의 생각을 일찍이 직관으로 꿰뚫어서 선취한 것이다. 헤라클레이토스는 불이 만물과의 사회적 교환을 통해서만 특별한 것이 된다고 봤다. 그는 만물이 로고스에 따라 생성된다고도 말했다. 로고스는 나중에 '말, 논리'라는 평범한 뜻으로 자리 잡지만 그는 신비로운 것으로 여겼다. 세계의 변화를 지배하는 법칙 같은 것으로.

"사람은 같은 강물에 두 번 몸을 담글 수 없다"고 그가 말했다. 자유평등의 진취적인 이오니아 폴리스가 그런 역동적인 철학을 꽃피우게 했다.

그는 싸움(대립)과 전쟁을 예찬했다. 대립과 갈등을 회피하면 멸망의 길로 접어든다는 것이다. 이 생각에는 변증법의 싹이 들어 있다. 그런데 이것은 자연에 대한 관찰로 얻은 앎이 아니다. 페르시아와의 전쟁이 두려워서 에페소스 폴리스가 스스로 예속의 길로 걸어들어간 것에 대한 비판에서 나왔다. 치열한 사회철학이다. "전사자戰死者에게는 신들도 고개를 숙인다. 깨어난 사람들에게는 하나의 공통된 세계가 있지만 잠을 자고 있는 자들은 저마다 자기만의 세계로 돌아간다." 그 공통된 세계가 고귀한 이소노미아의 이념이다. "전쟁은 모든 것의 아버지요, 모든 것의 왕이다. 어떤 자들을 노예로 삼고, 어떤 자들을 자유인으로 삼았다." 그가 말하는 전쟁은 대의大義를 지키러 나서는 밑바닥 민중들의 저항전쟁이다. 21세기의 인류도 노예로 엎드릴 것이냐, 자유인으로 우뚝 설 것이냐를 선택해야 할 때가 머지않아 찾아올지 모른다.

그는 디오니소스 굿판에서 노는 신녀信女들, 마술사, 밀의mystery를 비판했다. 신비주의 종교 냄새를 풍기는 피타고라스의 사상을 부정한 것과 맥락이 닿아 있다. 그가 말하는 '불'은 물질이자 운동이다.[170] 이오니아 자연철학을 그대로 이어받은 생각이다.

앞서 크세노파네스가 '사람 모양의 신'을 비판한 얘기를 했다. 크세노파네스는 그 대신에 '유일신'을 내세웠는데 그 신은 세상 바깥에 있는 누구를 가리키는 게 아니라 '자연=세계'야말로 신이라는 얘기다(스피노자가 그 생각을 계승했다). 이 말은 이 세상 바깥 어디에 있는 피타고라스의 '진짜 세계'나 플라톤의 데미우르고스(조물주)를 부정하는 얘기인데 헤라클레이토스도 생각이 같다. 헤라클레이토스도 '하나'를 말한다. 그의 '하나'는 세계(코스모스)다. 하나는 '신'이라 일컬을 수도 있지만 그것이 제우스(인격신)의 이름으로 불리는 것을 그는 달가워하지 않았다.

피타고라스는 조국fatherland인 사모스 섬 폴리스가 참주에게 시달릴 때 그곳을 떠나 별別세계에 이상사회를 세웠다. 대단한 것은 아니지만 자기들끼리의 교단 조직이다. 그 동네 안에서는 잃어버린 이소노미아를 되찾으려고 했다. 요즘도 돈독 오른 자본주의 대도시를 떠나 살맛나는 자그마한 마을 공동체를 꾸리는 사람들이 있는데 이것과도 비슷하다. 민중에게 넌더리가 난 귀족 플라톤이 '철학자 왕' 아이디어를 그려본 것도 같은 맥락이다.

피타고라스보다 나이가 30년 어렸던 헤라클레이토스는 폴리스를 단념하지 않고 민중에게 계속 '이소노미아를 되찾자!'고 입바른 소리

170. 근대 자연과학은 오랫동안 물질과 운동을 분리해서 생각하는 관념에 바탕을 두었다가 현대 양자역학에 와서야 이 둘을 하나로 합쳐서 생각하기 시작했다.

를 해댔다. 에페소스 민중에게 그는 왕따당했지만 그는 '스따'이기도 했다. 제 앞가림에 눈이 먼 민중 모두를 스스로 내치고 꾸짖었으니 말이다. 그 시절은 이오니아가 페르시아에 예속돼 진취적인 기운이 스러진 탓에 수많은 사상가들이 이오니아를 떠나 곳곳을 유랑하던 때였다. 1848년의 유럽 노동자혁명이 패배한 뒤 영국의 런던으로 모여든 숱한 망명객들을 떠올려보라. 그는 "우리 폴리스 최고!"를 외치는 애국주의자가 아니라 개인주의자이고 세계시민(코즈모폴리턴)이었다. 그는 "사람들이 로고스(이성)야말로 편재하는 것이라면서 실제로는 자기들 멋대로 생각하며 살아간다"고 꾸짖었다. 그런데도 그가 넌더리 나는 에페소스에 고집스레 머물렀던 까닭은 로고스가 바로 폴리스에서 실현돼야 했기 때문이다.[171]

'윤리와 사상' 교과서는 헬레니즘(알렉산드로스대왕~로마 아우구스투스황제) 시대에 폴리스의 공동체 질서가 무너지고 신민臣民으로서 외로운 개인의 삶이 이어졌다고 했다. 이때 '세계시민'에게 필요한 것은 개인의 '안심입명安心立命'이랬다. 그 시절의 에피쿠로스와 스토아학파로부터 참된 쾌락과 마음의 평정에 관해 배우자고 한다.[172]

물론 배울 것이 있기야 하다. 그런데 억지스럽게 서술했다. 제 마음의 평화만 꾀하는 신민은 세계시민으로서 자격이 없다. 나라 정치에 주체로서 참여할 길이 막혔으니 벌일 일이 많지는 않았겠으나 아무튼 세계시민은 어떤 소소한 일에서든 선진보편 사상을 실천하는 게 그의

171. 『아큐정전』을 쓴 중국의 루쉰(1881~1936)은 잠자는 중국인들을 깨우려면 '고함'을 질러야 한댔다. 헤라클레이토스도 루쉰과 마찬가지로, 이소노미아 기풍을 잃어버린 사회에 대해 고함을 질렀다.

172. 교과서는 전자가 '숨어 살겠다'고 한 반면 후자는 정치 참여를 말했다며 후자를 긍정하는데 겉핥기 비교다. 후자는 폴리스 정치가 아니라 제국의 신하로 나서는 것. 현실을 바꿔낼 정치가 아니다.

임무다. 에피쿠로스는 자기 제자로 여성을 받아들였다는데 가냘프나 마 이런 점에서 그가 세계시민이라고 말할 수는 있다. 그러나 안심입명을 꾀하는 것을 '세계시민이 할 일'이라고 추어주는(칭찬하는) 것은 낯 뜨거운 짓이다. 두 철학은 정치 참여가 가로막힌 시대의 산물로서 어쩔 수 없이 옹색한 이야기라는 사실을 교과서는 일깨워주지 않았다. 중우衆愚를 만드는 교과서가 아닌가?

아무튼 교과서는 그리스의 폴리스들이 망해버린 뒤부터 그리스 시민들이 외롭고 고독하게 살았다고 했다. 뒤집어 말하면 그 이전에는 사회에 활력이 넘쳤고 그래서 후손들에게 모범이 되는 사회정치를 꾸렸다는 얘기다. 이것은 아테네에만 눈길을 꽂고 이오니아의 황금 시절을 까맣게 잊어버린 사람들의 생각이다. 이오니아는 헬레니즘 시대보다 한참 전, 이미 기원전 6세기에 페르시아에 예속돼버렸고 이오니아의 반란(기원전 499~493)에서 여지없이 패배한 뒤로는 이오니아의 현실에 좌절한 사람들이 새로운 앞길을 찾으려고 제 고장을 떠나 곳곳을 유랑했더랬다. 그 이전에 귀중한 이소노미아 이념이 꽃피었다는 사실을 몇몇 선구자(예언자)들 빼고는 차츰 잊어버렸다.

그리스 본토는 어땠는가? 호랑이를 쫓아냈더니 여우가 왕으로 군림했다. 다들 힘을 합쳐 페르시아를 몰아냈더니 아테네가 권세를 뽐내며 다른 폴리스들을 수탈했다. 다들 아테네에 예속돼버렸으니 어디서도 사회정치적 활력을 찾을 수 없었다. 일제 강점기 때 지식청년들이 일본의 수도(도쿄)로 몰려갔듯이 지식청년(가령 소피스트)들은 아테네로, 아테네로 몰려갔다. 거기가 기회의 고장이므로.

문제는 단순히 좌절했느냐가 아니다. 윤동주 시인처럼 '등불을 밝혀 어둠을 조금 내몰고 시대처럼 올 아침을' 기다렸느냐, 아니면 폴리스 정치에 대한 희망을 아예 접어버리고 옹색한 관조자, 구경꾼으로 살았느냐다. 뒤에 덧붙이겠지만 이오니아 사상가들이 데모크리토스부터는 폴리스 정치에 대한 희망을 접었다고 한다. 그는 플라톤보다 나이가 쪼금 어리다. 사람들이 다들 움츠러들어서 그런 것이 아니다. 아테네 빼고 어느 폴리스든 자주성을 잃어버려서 정치가 시들어간 탓이다. 사회철학으로서 그 뒤 사람들에게 배울 이야기는 별로 많지 않다.

헤라클레이토스로 돌아가자. 폴리스가 생동하지 않고서는 코스모폴리스는 '세계제국'이 될 수밖에 없다. 거기는 몇몇 지배층 빼고는 정치적 목소리를 낼 수 없는 곳이다. 그러니 실제로 자기 폴리스에 대해 희망의 끈을 놓아버린 사상가들이 너나없이 개인주의 철학으로 치달을 수밖에. 하지만 그는 피타고라스와 달리, 폴리스에 대한 신념을 고집스레 움켜쥐었다. 이런 열정은 사형판결이 나고도 도망가지 않고 아테네에 남았던 소크라테스의 의기義氣와 비슷하다. 플라톤은 헤라클레이토스한테서 '지도자가 중요하다'는 일깨움을 얻었다지만 그런 속편한 생각은 헤라클레이토스도, 소크라테스도 아니고 피타고라스에게서 왔다.

파르메니데스도 이오니아를 계승했다

아테네 학자들은 '있는 것 곧 하나'를 말한 파르메니데스를 자기들의 원군援軍이라고 떠들었다. 이오니아 사상을 잠재울 알맞은 이야기를 해줬다는 것이다. 이데아론의 첫 출발은 파르메니데스란다. 얼핏 보면 그런 것 같다. 헤라클레이토스는 생성과 변화를 힘주어 말한 반면, 파르메니데스는 '있는 것'을 말하고 '없는 것'을 부정했으니 말이다. 없음이 있어야 거기서 무슨 생성과 변화가 일어날 것 아닌가.

하지만 곰곰이 살피면 그도 이오니아와 정신적인 핏줄이 닿아 있다. 그는 이오니아로부터 엘레아로 건너간 사람들이 만든 폴리스에서 태어났다. 그는 젊어서 한때 피타고라스파의 영향을 받았지만 뒤이어 (곳곳을 유랑하다가 엘레아에 온) 크세노파네스의 제자가 됐다. 크세노파네스는 인격신을 부정했으니 이오니아 사상이 투철하다. 파르메니데스는 새 스승을 만나고부터 (자신이 한때 솔깃해했던) 피타고라스 사상을 물리치는 생각 싸움을 벌였을 것이다.

헤겔은 엘레아학파가 '있다'를 말했는데 헤라클레이토스는 '되다'를 강조하고 그래서 '운동'을 발견했다며 '있다'에서 '되다'로의 이행은 위대한 것이라고 했다. 이것은 헤겔의 착각이다. 우선 헤라클레이토스가 40년 먼저 살았다. 또 운동은 이미 탈레스가 발견했다. 그가 아르케로 내세운 '물'은 운동하는 물질이고, 이 둘 곧 물질과 운동을 (세상을 멈춰 있는 것으로 여기는) 피타고라스가 떼어놓았다.

파르메니데스는 '하나인 것'을 주장했으므로 운동을 부정한 것처럼 말해진다.[173] 하지만 그가 실제로 말한 것은 "피타고라스처럼 생각하면 운동이 있을 수 없다"는 얘기다. 운동의 부정이 아니라 세계를 '멈춰 있는 것'으로 보는 생각을 비판한 것이다. 잘 알려진 제논의 역설은 '아킬레우스가 거북이를 따라잡을 수 없다'는 것인데 왜 그러냐 하면 공간을 무수한 점들로 분할해놓을 경우, 그런 역설에 빠진다는 말이다. 이것은 운동이 있을 수 없다는 명제를 증명한 말이 아니다. 그렇게 세상을 멈춰 있는 것으로 볼 경우, 운동이 생겨나지 않는다는 말이고, 피타고라스의 생각을 에둘러서 비판한 얘기다.

제논은 역설逆說을 갖고 말장난을 벌였으니 소피스트의 할배쯤 되

173. 운동을 긍정했다고 말해지는 헤라클레이토스도 사람의 앎은 '하나'를 지향한다고 말했다. 두 사람의 생각은 전면 대립한다고 헤겔은 여겼지만 크게 다르지는 않다.

지 않느냐는 오해가 있었다. 하지만 그가 참주(폭군)를 타도하려고 목숨을 내걸었다는 일화가 전해온다. 세상을 '이런들 어떠리, 저런들 어떠리' 하고 살아간 소피스트가 전혀 아니다. 그렇다면 그의 스승이자 애인인 파르메니데스의 정치관이 어땠을지도 넉넉히 짐작된다.

아리스토텔레스는 파르메니데스가 "있는 것만 있다"는 것은 자명하지만 눈에 보이는 현상의 사실에는 싫어도 따라야 하기 때문에 어쩔 수 없이 수많은 감각 세계를 받아들였다고 풀이한다. 너무 가벼운 해석이다. 애당초 파르메니데스가 감각 세계를 부정하지 않았단다. '있는 것은 하나'라는 주장은 이오니아 사상가들을 겨냥한 말이 아니고, 감각 세계를 외면하고 공허한 관념을 들고 나온 피타고라스를 겨냥했다는 것이다.

밀레토스 학파는 카오스(공허)에서 우주가 생겨난다는 헤시오도스의 신화를 수긍하지 않았다. 근원물질(아르케)은 갖가지일 수 있겠으나 아무튼 무無에서 생겨나는 것도, 사라지는 것도 아니란다. 이와 달리 피타고라스는 공허에서 하나가 태어나고, 공허를 흡수하여 여럿을 낳는다고 말했다. 숫자를 공집합에서 생겨나는 것으로 본다는 말인데 그리스 사상의 흐름에서 보자면 "카오스로부터 세계의 생성"이라는 신화를 다시 불러들이는 것이다. 그런데 파르메니데스는 이런 생각을 비판한다. "여보게, 공허(카오스)는 있지 않은 것이여! 있지 않은 것은 있지 않제! 아니 그러한가?" 이 말은 '물질은 언제나 있다'는 얘기이고, 신화를 비판한 이오니아 사상을 회복하는 것이다.

신화神話에서는 모든 것이 사후적事後的으로 보인다. "다 그렇게 될 일이었어! 신들께서 그렇게 하시기로 작정했던 일이거든. 신의 조화造化야!" 탈레스와 그 제자들이 부정하려는 것은 신神들이라기보다 사건을 다 벌어진 뒤에 보거나 '무슨 목적이 거기 들어 있다'고 여기는 생각(관점) 자체다. "그렇게 된 데는 틀림없이 신의 목적이 작용했을 것"이라는 생각을 떨쳐버리고서 세상의 물질운동을 봤다! 그랬을 때 비로소 진화론적 관점이 싹튼다.

이와 달리 피타고라스나 플라톤의 데미우르고스(조물주) 이론이나 아리스토텔레스의 형상목적인이나 너나없이 사후적(목적론적) 관점에 그대로 머물렀다. 헤겔의 변증법도 사후적인 관점에서 운동을 재구성하는 것이다. "노예제 사회에서 봉건 사회로, 다시 근대 사회로! 역사는 그렇게 바뀌어가기로 이미 예정돼 있었어! 절대정신이 화려하게 꽃피는 쪽으로!" 그런데 제논의 '날아가는 화살은 날지 않는다'고 하는 변증론(역설)은 어떤 명제(예컨대 연속체는 분할할 수 있다)를 일단 받아들이고 나서 그것을 음미할 때 생겨난다. 헤겔과 좀 다르다.

파르메니데스는 '있지 않은 것이 있다'고 가정할 때, 이치에 어긋나게 된다고 말했다. 제논은 하나인 연속체를 분할할 때 배리背理에 빠진다고 해서 이를 에둘러 증명했다. 이로써 이오니아 자연철학을 간접적으로 긍정했다. 엘레아학파의 간접증명(또는 가설음미 방식)은 이미 이오니아에 있었다. 아낙시만드로스는 만물의 아르케를 불이나 물로 한정할 경우, 이치에 어긋나게 되므로 아르케는 '무한정의 것(아페이론)'이라고 못 박았다. 크세노파네스는 '하나인 신神'을 다음과 같이 간접 증명했다. "신이 태어났다면 그 전에는 무無였으리라. 신이 죽는다면 무가 되리라. 그런데 신이 존재하지 않을 때를 생각할 수 없지 않은가!"

파르메니데스는 이오니아의 유물론을 당연한 전제前提로 삼았다. "물질이 있다. 그리고 '있는 것'을 건드리지 않는 생각은 없다. 다만 생각이 뒤죽박죽일 경우, 생각되는 대상은 있을 수 없다." 가령 피타고라스가 말하는 공허(카오스)가 그런 것이다. 파르메니데스가 거부하는,

있지 않은 가상은 앞서 언급한 '진짜 세계' 같은 가상假象이다. 그는 이런 가상이 있다고 칠 때, 생각이 자기모순에 빠지는 것을 들춰내서 그 가상을 비판했다.[174]

그는 '자연에 대하여'라는 철학시에서 먼저 "있는 것만 있다(이것이 진리)"라고 말한 뒤, 현상들을 (감성적 직관에 근거해) 생각하라고 일깨웠다. 그가 말한 진리의 길은 "이른바 진짜 세계 같은 가상에 휘둘리지 말자"는 것이다. 그래야 현상을 있는 그대로 바라보는 눈이 트인단다. 이 가르침으로 눈이 트인 그의 제자 레우키포스와 데모크리토스가 '원자론'을 세웠다.

데모크리토스도 스승과 마찬가지로 "먼저 신이 있고, 그 신이 무無로부터 유有를 만들었다"고 생각하지 않았다. 그는 놀라운 자연현상, 이를테면 천둥 번개와 지진 따위에 겁먹은 사람들이 신을 믿는다고 여겼다. 여기서 윤리학이 나온다. "미신에서 깨어나 활달하고 유쾌하게 살라! 세상에 대해 겁먹지 말라!" 유럽의 계몽주의(17~18세기)는 탈레스에서 데모크리토스에 이르기까지 이오니아의 자연학에 그 젖줄을 대고 있다. 아리스토텔레스가 '이오니아에는 자연학만 있었다'고 떠든 말에 무심코 넘어가서는 안 된다. 자연학physis을 뒤집으면 윤리학ethics이 된다!

그러나 그는 "있는 것 곧 하나"라는 스승의 생각은 수긍하지 않았다. 세상에 있는 것들을 쪼개고 쪼개서 더 쪼갤 수 없는 것들을 원자(아톰)라고 이름 붙였다. 있는 것이 하나로 있지 않고 끝없이 많은 원자들로 있다고 여겼다.[175] 원자들은 그 모양과 배열, 위치와 크기만 다

174. 이 비판은 이성으로 이성을 비판한 칸트를 선취했다. 칸트도 물物이 바깥에 있음을 긍정한다. 다만 우리가 아는 것은 앎의 주관적인 구성에 근거하는 '현상'이라는 것. 이때 현상은 과학적인 앎이지 가상假象이 아니다. 그런데 현상과 물 자체의 구별이 이중세계론을 닮은 것으로 오해되기도 했다. 개체가 관계 맺어 전체를 이루는 그림을 그렸다.

를 뿐 성질은 모두 같다. 그 모양과 배열과 위치에 따라 맛과 색깔 등등이 달라진다. 그리고 원자들이 합쳐지고 떨어져 나감에 따라 자연의 변화가 생겨난다. 현대 핵물리학은 데모크리토스의 추론을 계속 밀어붙여서 밝혀낸 앎이다.

원자는 운동을 한다. 원자를 누가 만들어내지 않았듯이 그 운동도 누가 갖고 노는 것이 아니다. 이를테면 여기 자명종(스스로 울리는 종)이 있는데 아침 7시마다 시끄러워진다. 그것이 '나를 깨우려고' 울린다고 말하는 것이 신학적인 설명이다. 시계가 어떻게 작동하도록 돼 있기 때문에 그렇다는 것이 기계론적 설명이다. 그는 후자로 설명했다.

원자는 생성되지도 소멸되지도 않는다. 현실에서 무엇이 소멸하는 것은 어떤 식으로 결합됐던 원자들이 서로 분리되는 것일 뿐이다. 원자는 스스로 끝없이 운동한다. 우주는 시작도 끝도 없다. 그런데 원자가 운동하려면 공간이 있어야 한다. 그래서 그는 '없는 것(곧 공간)'도 있다고 봤다.[176] 그는 끝없이 공간이 펼쳐진 '열린 우주'를 생각했다. 이와 달리, 플라톤은 공 모양으로 둥글게 움츠러든 '닫힌 우주'를 그린다. 현대 물리학에 이르기까지 이 두 생각(=거대 이론)이 줄곧 평행선을 달렸다.

뒤의 얘기를 덧붙이자. 데모크리토스는 원자들이 무게를 갖고 있어서 빗방울처럼 위에서 아래로 같은 속도로 떨어진다고 말했다. 떨어지

175. '무수한 원자들이 다 주체'라 보면 폴리스를 넘어선 세계시민의 관점이 열린다. 개체들로부터 전체를 본다! 반면에 '어떻게 폴리스의 주인이 되느냐'는 물음이 사라진다. 실제로 그는 폴리스에 대한 희망이 옭어진 시대에 살았다. 근대 사회도 개개인을 고립된 원자들로 만들고 있어서 '공동체에 대한 꿈'이 자꾸 출현한다. 반면 엠페도클레스는 개체와 개체가 관계 맺어 전체를 이루는 그림을 그렸다.

176. 리만기하학이나 아인슈타인은 '공간이 휘었다'고 본다. 이것은 '공간=없는 것'의 관점이 아니다.

면서 충돌하고 되튀고 서로 얽힌다. 그런데 같은 속도로 나란히 떨어진다면 서로 부딪칠 일이 없다. 그보다 120년 뒤에 태어난 에피쿠로스가 이 모순을 해결했다고 말해진다. 에피쿠로스는 위에서 아래로 떨어지는 원자들이 조금씩 수직에서 비켜나는 이탈 운동을 일으킨다고 봤다. 이 벗어남, 곧 클리나멘(편위)이 있어서 원자들이 서로 부딪치고 일종의 브라운운동(미립자들의 불규칙한 운동)이 일어난다. 그래서 원자들이 자유로운 운동을 통해 만물을 만들어낸다. 자연의 클리나멘은 사람 생각의 클리나멘으로 이어진다. 마르크스는 데모크리토스의 기계론과 아리스토텔레스의 목적론, 이 둘을 에피쿠로스가 지양(극복하고 종합)해냈다고 봤다. 우발적인 벗어남(클리나멘)이 자유로움을 허용했다는 것이다.[177]

이오니아 자연학이 되살아나기까지

이오니아 자연학을 되살피려면 플라톤, 아리스토텔레스와 서로 맞세워야 한다. 후자가 전자를 깎아내렸고, 후자의 학문이 권위를 얻은 뒤로, 오랫동안 전자가 잊혔기 때문이다. 예전에는 비주류 학문 근처에 얼씬거린 사람이 사문난적(斯文亂賊, 글을 어지럽히는 도적놈), 요샛말로 빨갱이로 치도곤을 당하기(얻어맞기) 일쑤였다.

이오니아 사람들이 일관되게 지켜낸 것은 신들이 물질을 움직이는 것이 아니라는 생각이다. "누가 만들어준 것이 아니라 원래 있었다!" 그런데 세상이 이러저러하게 바뀌고 있으므로 '물질이 운동한다'는 것

177. 원자 세계에 꼭 클리나멘이 있어야 사람의 '자유의지'를 설명할 수 있느냐, 반문해봄 직하다.

을 밝혀내는 쪽으로 생각이 나아갔다. 낡고 케케묵은 사회와 분명하게 결별하기 위해서였다.

'물질이 운동한다'는 생각을 부정하면 어찌 되는가. 그러면 운동을 일으키는 주체를 떠올려야 한다. 플라톤은 물질을 움직이는 어떤 신(데미우르고스)이 있다고 상상했다. 아리스토텔레스는 얼핏 보면 이오니아 자연학을 받아들여 '물질이 운동한다'고 수긍한 것 같다. 하지만 운동(곧 생성)은 물질에 들어 있는 어떤 원인에 의해 생겨난다고 봤다. 질료인과 시동인始動因, 목적인과 형상인이 그것이다. 물질이 아니라 그것의 '원인'이 물질을 움직인다! 그 원인의 원인을 캐묻다 보니까 신神이 다시 찾아왔다. 그는 애면글면 신의 부활을 꿈꾼 사람이 아니지만 제1원인을 묻는 제1철학(곧 형이상학)은 사실상 신학이 돼버렸다. 기독교와 이슬람교는 그의 메타피직스(형이상학)를 바탕으로 날개를 폈다.

그는 이오니아 학자들이 질료인과 시동인은 알았지만 형상인과 목적인을 생각하지 못했다고 여겼다. 하지만 그것은 아전인수(我田引水, 제 논에 물 대기)의 생각이다. 이오니아 학자들은 그것을 몰랐던 게 아니라 애써 부정했다. 목적인과 형상인은 나중에 사물이 다 모습을 드러낸 뒤에야 비로소 발견된다. 일이 다 벌어진 자리(곧 사후적 관점)에서서 아리스토텔레스는 "운동은 끝(목적)을 갖는다"고 생각했다. "이 도토리? 응, 참나무가 될 목적을 갖고 태어났어!" 참나무를 알고 있는 사람에게 이 앎은 싸구려 앎에 불과하다. 도토리야 그렇다 해도 인간사회가 어찌 될지, 미리 목적이 주어져 있을까? 정의로운 하늘나라를 꿈꾸던 바울에게 "로마제국은 어김없이 미래의 자본주의 체제로 옮아갈 운명을 갖고 있단다"고 누가 말했다면 그가 납득했을까? "에이, 더불어 상종相從하지 못할 놈!" 하고 혀를 찼겠지.

20세기 말에 후쿠야마라는 친구는 소련이 무너지는 꼴을 보고서 "역사가 끝(종말)에 다다랐다! 인류 사회는 자본주의 사회라는 목적을 이뤄냈다! 더 이상 변화는 없다!"고 만세를 불렀는데 과연 자본주의 사회로 넘어오는 것도 필연이었고 이 체제가 더 이상 바뀌지 않는 것도 필연일까? 자본주의 체제는 성장을 멈추면 요동을 치게 돼 있는데? 21세기에 접어들어, 이미 한 치 앞을 내다볼 수 없는 세계경제 침체의 안개가 자욱하게 피어올랐는데? 인간 역사를 목적론의 눈으로 보는 것은 그러고 싶은 사람의 주관일 뿐이다. 인간 역사는 사람들이 무엇을 바라느냐에 따라 세워지는 것이고, 어디로 갈지 정해진 바가 없다. 누구 목소리가 더 큰가, 계급투쟁의 방향에 따라 결정될 뿐이다.

아무튼 아리스토텔레스가 말하는 형상인[178]과 목적인은 "씨앗에 들어 있는 성체成體가 차츰 현실로 나타난다"는 모델에 근거한다. 이것은 같은 종種의 생물이 어떻게 이어가느냐를 설명하기는 해도 새로운 종이 어떻게 나타나느냐를 설명하지는 못한다. 그는 그런 궁금증도 품지 않았다. 시詩 쓰기나 농사짓기만 관심을 두었지 농사도 일종의 '공업(제작)'에 의거한다는 사실을 몰랐다. 실제로 농작물을 재배하고 목축을 하는 사람은 그 과정에서 '품종 개량'을 꾀할 수 있다는 것을 안다. 그런데 아테네의 자유인들은 생산노동을 노예한테나 맡겨두고 멀찍이서 내려다보기만 했다. 자연에 대해 실천적인 앎이 부족했다.[179]

아리스토텔레스에게서 문제 삼을 것은 그 목적론이다. 그는 "사람은 태어날 때부터 이성을 갖췄다. 폴리스적(정치적) 동물로 태어났다"고 했다. 모든 것에 목적이 있다고 할 경우, 세상은 참 조화로운 곳이

178. 그는 저승의 이데아 관념을 외면하고 이승의 형상(에이도스)을 내세웠다.
179. 아낙시만드로스는 직물 재료를 압축하는 기술에서 힌트를 얻어 '아르케가 공기'라고 생각했다.

된다. 사회 지배세력은 그런 얘기를 듣기 좋아한다. 그러나 엄밀히 살피면 사람이 폴리스에서 자유로운 정치활동의 경험을 쌓고 나서야 나중에 '사회성(=사회를 먼저 생각하는 마음)'이 싹트는 것이지, 폭군 밑에 납작 엎드리는 사회에서 무슨 그런 사회성이 우러나겠는가. 그 얘기는 아테네 정치를 자랑하는 얘기다. 그의 목적론은 얼핏 보면 그렇게 틀린 얘기 같아 보이지 않지만 그 미세한 뻥구라(허세)가 그의 학문을 지배권력의 품 안으로 데려간다.

이오니아 자연학이 되살아난 것은 유럽 르네상스 때부터다. 사람들이 이슬람권에서 계승되던 것도 전해 들었고, 중세 유럽에 이오니아를 닮은 자유도시가 생겨난 덕분이기도 하다. 시계가 멈춘 중세 사회는 (피타고라스의 기하학의 세계처럼) 멈춰 있는 것을 자연스럽다고 봤다. 하지만 자유도시에서는 목적론이 시들해졌다. 럭비공이 튀는 방향을 예측하기 어렵듯이 난생 처음 겪는 자유도시가 어디로 갈지, 다들 알 수 없어서다. 하지만 머지않아 자유도시가 신흥 국가(절대주의 왕정)의 손아귀 안으로 다시 들어감에 따라 '물질이 운동한다'는 관념이 다시 부정됐다. '정신이 먼저, 물질은 나중'이라는 것이고, 정신은 변함없이 신神에 기댄다.

그러다가 조르다노 브루노1548~1600가 불쌍한 물질을 다시 구해냈다. 이때 물질은 '능산적能産的 자연'의 개념으로 되살아난다. 자연 가운데 스스로 무엇을 만드는 부분을 일컫는데, 라틴어로 natura naturans라 한다.[180] 브루노도 이오니아 학파처럼 '물질을 생명으로 여기는 마술적인 생각'이라고 거센 비난을 받았다. 신비로움의 영예는 신이 차지해야 한다는 게다. 그는 "우주는 무한하다. 태양은 여러 별 중에 하나일 뿐"

180. 대립 개념은 '소산적(所産的, 만들어지는) 자연'이다.

이라고 당당하게 밝혀서 교회가 그를 불태워 죽였다. 처형장에서 그는 "말뚝에 묶여 있는 나보다 나를 불태워 죽이려는 너희가 더 떨고 있구나!" 하고 교회를 꾸짖었다. 브루노의 죽음은 르네상스의 잠깐 열린 공간이 다시 닫음을 알려준다.

사실 인류세계에 대한 그런 겸손한 깨달음은 브루노가 처음이 아니다. 같은 얘기를 일찍이 아낙시만드로스가 꺼냈으니 브루노는 이오니아파의 후계자인 셈이다. 스피노자1632~1677가 브루노의 생각을 이어받았다. 그는 유대인 집안에서 태어났으나 유대교든 기독교든 우직하게 비판해서 유대교회와 가톨릭교회 모두에게 '무신론자'라고 박해를 받았다. 그는 데카르트의 2원론을 비판하고, '하나인 자연'이야말로 신神이라고 갈파했다. 인격신이자 초월신인 기독교의 신 관념을 물리친 것이다.

> 스스로 산출하는(만들어내는) 자연이야말로 신이지. 인격신은 사람이 아이로 태어나서 갖게 되는 가족 체험을 투영한(비춰낸) 상상물일 뿐이네.

일찍이 크세노파네스도 같은 말을 했는데 그때 그가 모든 신을 다 부정했던 것은 아니다. 스피노자와 마찬가지로, 어떤 모습으로 나타내서는(=표상해서는) 안 될 매우 드높은 신 관념을 품고 있었다. 기독교의 전통 신 관념과는 무척 다르다. 현대 기독교의 신학자 가운데도 이런 드높은 신 관념을 품은 사람이 없지 않지만 교회는 인격신 초월신 관념을 벗어나지 못했다. 대다수 신자들은 신을 '아버지'라고 떠올려야 교회에 가서 제 마음을 기대고 싶어지니까 말이다. "저기는 우리를 돌봐주는 아버지가 계신 곳이야." 하고.[181]

마르크스1818~1883의 역사유물론도 브루노와 스피노자를 잇는 것이다. 그는 '존재(물질)가 의식(문화와 사상)을 규정한다'고 결론을 내렸는데 이를 두고 입씨름이 한참 벌어졌다. "대체로 그렇다는 얘기"라고 모아진 뒤에야 볼멘소리들이 가라앉았다. 눈여겨볼 것은 그의 '존재'가 능산적=만드는 자연을, '의식'이 소산적=만들어지는 자연을 이어받은 관념이라는 사실이다. 사람의 사상과 문화는 그 사회가 어떤 곳이냐에 따라 달라지는 것 아닌가? 물론 싯다르타와 예수의 사상과 철학이 그 사회의 기풍을 적지 않이 바꿔놓기도 했지만 말이다. 마르크스는 인류의 역사도 자연사自然史의 일부로서 바라봐야 한다고 했는데, 그때 인류의 사상과 문화는 소산적所産的 자연이라는 말씀이다. "돈이 돈을 버는 21세기에는 허무주의 문화가 곳곳에 퍼지기 마련이지. 자본주의 체제에서 인간 소외가 깊어지는 것은 그럴 만한(자연스러운) 일이구나!" 할 때의 자연!

19세기 후반에 찰스 다윈이 진화론을 내걸었다. 사실은 미적분을 발견하고 '모나드(단자)' 이론을 밝힌 라이프니츠1646~1716도 진화를 말하기는 했다.[182] 하지만 그것은 신이 생물체의 진화 과정을 지휘했다는 평범한 얘기다. 다윈의 진화론이 남달랐고 그래서 기독교도들이 혼란스러워했던 것은 진화evolution를 '목적론 없이' 생각했던 데 있다.

목적론이 얼마나 사람들을 보람차게 해주는가! 30여 년 전에 어느 어린이가 이런 시를 썼다.

나는 내가 왜 태어났는지 / 생각해봤어요 // 생각 끝에 하느님께서

181. 하나님 아버지에게 '자기들 잘될 것'만 바라는 신자가 많다. 그런 종교는 사탄의 종교가 아닌가?

182. '모나드'는 단자(낱개), 하나다. 라이프니츠는 '세상이 모나드로 돼 있다'고 특별한 뜻을 부여했다.

/ 내가 이 넓은 세상에 / 뭔가 살며시 빛을 쐬도록 / 내가 무언가 꼭 쓸모가 / 있도록 태어난 걸 거예요 // 하늘의 뜻에 따라 노력할 테여요 / 그래서 샛별처럼 빛낼 거여요

참으로 갸륵한 어린이다. 하느님은 그에게 삶의 목적을 선사해주셨다. 목적(사명)을 부여받은 사람은 마음에 평화가 깃든다. 하지만 목적론을 배운 크리스천들이 잔혹한 노예 상인으로 돈을 벌거나 거리낌 없이 침략전쟁에 나선 일도 숱하게 많았다. 20~21세기의 종교근본주의자들을 보라! 하나님을 구실로 내걸면 아무 짓이나 다 저질러도 용서가 된다. 우리는 섣부르게 무슨 폼 나는 목적(구실)을 정해놓지 않고서 겸손한 마음으로 사람답게 살 길을 찾을 때 더 진실한 삶의 길에 다가서지 않을까? 아무튼 '진화론'은 인류더러 이 세상을 더 성숙한 눈으로 내다보라고 권유한다.

다윈은 목적론으로 오해되는 것을 피하려고 '진화' 대신 '변이modification를 동반한 유전'이란 말을 즐겨 썼다. 그는 비둘기 품종개량 연구를 들여다보고서 '자연 선택'의 힌트를 얻었다. 인간에 의한 선택(품종개량, 제작)과 자연 선택(생성)이 어떻게 다르냐를 살펴야 한다. 그는 '우연히 그렇게 됐다'는 앎을 찾아내서 이오니아의 사상을 되살려냈다.

일찍이 에피쿠로스(아리스토텔레스보다 40년 뒤에 출생)도 원자(아톰)의 운동에서 우연적인 편차(벗어나기)가 생긴다고 봤다. 마르크스는 이 생각이 데모크리토스의 기계적 결정론과 아리스토텔레스의 목적론 둘 다를 비판한 것으로 주목했다.

근대 물리학은 오랫동안 물질과 운동을 따로 떼어놓고 생각했다. 이것은 '으뜸 원인이 곧 신神'이라 말한 아리스토텔레스, 정신과 자연을

두 축으로 본 데카르트의 생각을 이어받은 생각이다. 요컨대 신이 세상을 내다보듯이 우주를 바라보며 자연(곧 죽은 물질)을 지배하는 법칙을 찾으려 한 것이다. "나는 세상의 자질구레한 이모저모에 대해서는 관심이 없다. 신의 뜻이 뭔지만 궁금하다"고 아인슈타인이 말한 적 있는데 이것도 같은 맥락이다. '과학자=신'의 관점을 넌지시 비친 것이다. 그런데 이런 관점을 여지없이 깨뜨린 것이 양자역학이다. 양자(빛이나 전자 같은 미립자)는 입자(질료, 물질)인 동시에 파동(운동)이 아닌가. 20세기에 와서야 이오니아 사상은 현대 물리학 속에서 그 무게를 얻었다. 아인슈타인이 양자역학에 대해 선뜻 수긍하지 않았는데 옛 그리스에서의 관점 대립이 더 정교한 형태로 나타난 것이다.[183]

덧대기
이 책에서 소개하는 가장 중요한 관념은 '이소노미아'다. 근대 인류는 '(자유)민주주의 이념이 으뜸'이라는 생각에 대부분 머물러 있다. 그것이 샘솟은 데가 아테네이고, 그래서 아테네를 (다소 결함은 있어도 딴것들보다는) 이상적인 사회로 칭찬하는 얘기들이 무척 많다. 하지만 소크라테스와 플라톤은 '민주정이 자꾸 참주정(=민중의 인기를 등에 업고 독재하는 것)으로 타락하려는 경향'을 꿰뚫어 봤다. 요즘으로 치면 자유민주주의가 허술했기 때문에 그에 반발해서 히틀러가 등장한 것이 참주정이다. 이와 달리, 플라톤의 '철인왕'과 맥락이 닿아 있는 것이 소련의 '스탈린 독재'였다. 스탈린은 자유민주주의의 허구를 꿰뚫어 봤고 그래서 완벽한 이념인 사회주의를 추구했다. 하지만 '철인왕'처럼 위로부터 내리먹임했기 때문에 빗나갔다. 플라톤이 스승을 계승하려면 '이소노미아'를 온전한 형태로 추구했어야 한다. '철인왕'은 취지(내용)는 좋으나 방법이 글렀다. 그는 '이소노미아'를 소외된(뒤집힌) 형태로 추구했다.

183. 닐스 보어와 아인슈타인은 양자역학에 대한 코펜하겐 해석을 놓고 계속 입씨름을 벌였다.

2 소크라테스와 아리스토텔레스

한국 법학자들이 만들어낸 '악법도 법'이라는 해괴한 구호는 죽음 앞에서 당당했던 소크라테스의 의기를 한갓 자질구레한 행동으로 깎아내렸다.

소크라테스는 이소노미아의 소리를 들었다

소크라테스가 맞겨룬 소피스트sophist들부터 살피자. 요즘 우리는 이 말을 단순하게 '궤변가'라는 뜻으로 쓰지만 원래 뜻은 '지혜로운 사람'이다. '소피아'는 지혜다. 그때 아테네 시민들은 그들에 대해 대부분 전자보다 후자의 인상을 품었을 것이다. 일반화의 오류를 조심해야 하는데, 궤변가라 비난 받을 만한 사람 다시 말해 검은 것을 흰 것이라고까지 우겨댄 사람은 소피스트의 일부에 불과하다. 그런데 나중에 유럽 사람들은 소피스트들을 플라톤의 눈에 비친 모습대로 생각했다. 플라톤이 위대한 학자라고 세상에서 다들 떠받들었기 때문이다. 플라톤에게 소피스트들은 자기 스승을 죽이는 데 한몫 거든 은밀한 공범들로 비쳐졌다. 눈앞에 내게 이익을 가져다주는 것이 최고이고, 옳고 그른 것은 뒷전이라는 식의 생각에 빠져든 민중들이 죄 없는 소크라테스를 처형하는 어이없는 판결을 저질렀고, 그렇게 민중을 중우(여러 바보)로 만드는 데 그들이 한몫 톡톡히 거들었잖은가. 그래서 플라톤은 그들을 서슬 퍼렇게 단죄했다. 하지만 되돌아보면 플라톤이 청년 시절, 소크라테스를 흠모(존경)하기 이전만 해도 그들한테 변론술을 배웠다. 요즘 강남 아이들처럼 그룹 과외로든 독獨과외로든. 제가 배운 것 중에 다소 빗나간 내용도 있었을지 모르나, 대부분은 쓸모 있는 앎이었으리라. 프로타고라스가 '사람이 만물의 척도(잣대)'라고 한 말은 그 당시로서는 나름의 지적知的 혁신이 담긴 말이기도 했다. 그 얘기가 상대주의 진리관으로까지 치달아서는 곤란하지만 말이다.[184] 플라톤은 소크라테스와 소피스트들의 서로 다른 면만 주목했지만, 아이러니하게(역설적으로) 말하자면 소크라테스야말로 '가장 위대한 소피스트'라고 말할 수도 있다. 소피스트들의 긍정적인 면을 치켜세우자면 말이다.

20세기 후반에 철학자 알랭 바디우가 플라톤 옹호의 깃발을 들었다. 그의 이데아론을 죄다 수긍하고 나선 것은 아니고, '진리는 생명 같은 것' '진리는 결코 상대적인 것이 아니다!'라는 그의 기본 생각에 한정해서 '그렇다면 나도 플라톤주의자요!' 하고 커밍아웃(자기 고백)을 했던 것이다.[185] 바디우는 20세기 후반에 유럽 학계에 우르르 들어선 포스트모더니스트들이 현대판 소피스트들이라 여겼다.[186] 아리스토텔레스 시절에는 '소피스트 규탄'이 대세였다면 19~20세기에는 '플라톤 규탄'이 한때 대세였다. 교과서는 소피스트가 경험주의, 상대주의, 쾌락주의의 선구가 됐다고 적었는데 이 세 낱말은 형이상학을 죄다 깎아내리고 쓸모만을 따지는 벤담과 밀의 공리주의, "인간 역사는

184. 소포클레스의 비극 『오이디푸스 왕』은 소피스트 같은 지혜에 대한 비판의 뜻을 담고 있다.

185. 플라톤은 사랑의 경험이 진리를 향한 도약이랬다(플라토닉 러브). '아가페'도 이것과 상통한다.

186. 보드리야르, 리요타르, 푸코, 데리다, 들뢰즈 등등을 꼽는다. 그들 얘기에는 경청할 대목도 있다.

이런 것이어야 해!" 하고 밝힌 거대 담론을 사납게 공격해댄 탈근대론(포스트모더니즘)을 주로 가리킨다.[187] 그런 사상 흐름의 가장 큰 잘못은 돈(자본)과 총칼(국가권력)이 주름잡는 근대 자본주의 체제에 '큰 문제가 있구나!' 하는 깨달음을 앗아가버린다는 데 있다. 사람답게 살아갈 세상을 만드는 데 무엇보다 요긴한 것이 지금의 사회체제를 넘어설 비판정신인데 지식놀이에 빠진 사람은 저도 몰래 그 비판정신을 잃어버린다. 그러니까 플라톤이 소피스트들을 단죄한 데에는 얼마쯤 '감정 과잉'이 들어 있었겠고, 플라톤의 사상에도 구멍(허물)은 많지만 '진리' 범주를 단호하게 움켜쥔 것만 헤아리자면 플라톤을 옹호해줄 일이다.

다시 소크라테스로. 그가 청년들과 이야기한 방식을 '문답술' 또는 산파(출산을 돕는 노파)에 빗대서 '산파술'이라고도 일컫는다.[188] 남이 제게 건넨 말을 일단 모두 긍정한다. 그러고는 그가 꺼낸 말들이 서로 충돌을 일으킨다는 사실을 그에게 일깨워준다.

"네가 이런 말도 했고, 저런 말도 했지. 그런데 두 말이 서로 모순되지 않니?"

변증법은 사실 별것 아니고, 이렇게 자기가 품은 생각들이 서로 아귀가 맞지 않는다는 사실을 발견하는 데서 싹튼다. 혼자서 그 일을 해내기 어려우니까 산파(지혜로운 사람)의 도움이 요긴하다.

생각해볼 것이, 소크라테스가 글을 안 썼다는 것이다. 글은 무엇을 일반화한다. 이를테면 "공부는 (누구한테나) 이런 것"이라고. 이와 달리, 말은 누구와 대면해서 그에게 건네는 것이다. "너, 공부해서 남 주

187. 그 큰 이야기, 거대 서사(=담론)는 주로 마르크스와 레닌의 '사회주의 혁명론'을 가리킨다.
188. 수학적 발견술(문제 해결 수업)을 궁리하는 교육학자들은 소크라테스와 데카르트를 많이 참조한다.

냐? 너 갖는 거야!" 하고. 나는 '공부의 길라잡이'라는 책을 얼마든지 쓸 수 있다. 하지만 누구한테 '너, 공부해라!' 하고 말을 건네는 것은 쉬운 일이 아니다. "그러는 당신은 공부를 많이 했나요?" 하는 빈정거림이 되돌아올 수도 있다. "내가 왜 꼭 공부해야 하나요? 다른 애들더러나 하라고 그러세요." 또는 "공부해서 뭐하나요? 바보 되는 것 아닌가요?" 하는 대꾸를 들으면 말문이 막힌다. 상대방의 대꾸를 듣고 오히려 내가 몰랐던 것을 깨닫기도 한다. 글은 일방통행으로 퍼뜨릴 수 있지만 말은 상대방과 실존적으로 대결해야만 상대에게 가 닿는다. 말은 상대방의 영혼을 움직일 때라야 공명(共鳴, 함께 울림)을 얻는다.

소크라테스는 영혼이 무척 깊은 사람이었다.[189] 특이하게도 마음속에서 들려오는 '다이몬'의 음성을 듣는 버릇이 있었다. 이성적 판단이나 양심의 소리를 전해주고 무엇을 금지하는 일종의 신령神靈 같은 것이다. 그런데 그가 나중에 '젊은이들을 타락시키고 그리스의 신을 인정하지 않는다'는 죄목으로 고발당했다. 그의 다이몬이 전통 신앙에 토대를 둔 것이 아니라는 말이다. 가리타니 고진은 그의 정신적인 기둥이 바다 건너 이집트에서 일찍이 잠깐 움텄던 '유일신 사상'이 아니겠냐고 짐작했는데 그때 아테네 사람들로서는 어리둥절할 사상이다.

플라톤은 자기 얘기가 다 소크라테스에게서 나온 것처럼 퍼뜨리고 싶었겠지만 스승은 이런 말을 했다. "참으로 정의正義를 위해 싸우려는 사람이 그러고도 제 몸을 지키려 한다면 사인私人으로서 살아야지 공인公人으로 살아서는 안 된다." 권세를 누리지 않는 맨주먹의 사람만이 거리낌 없이 싸울 수 있다는 말이다. 이를테면 어떤 국가가 침

189. 그는 진리가 내 안에 있다며 상기想起하랬는데 기독교는 진리가 바깥으로부터 내게 난폭하게 '계시'된다고 했다. 그는 깨달음을 말했고 기독교는 진리와의 외상적外傷的 만남을 말했다.

략전쟁을 벌이고 있는데 침략 전쟁을 결사반대하는 사람이 그 국가의 관리가 되어서 그것을 그만두게 할 수 있을까? 대중과 더불어 전쟁반대 운동을 거세게 일으킬 때라야 제 생각이 실현될 수 있다. 관리가 돼서 제 생각을 펼친다면 당장 그 자리에서 내쫓기므로 자기의 과업이 절실하다면 거기 들어갈 까닭이 없다. 칸트도 소크라테스와 같은 말을 했다. 사인으로 있는 사람만이 세계시민(코즈모폴리턴)으로서 이성을 공적公的으로 사용할 수 있지, 국가의 품 안에 있는 사람은 그러기 어렵다고. 그런데 가만히 보라. 아테네에서 외국인, 여성, 노예는 애당초 공인=관리가 될 수 없었다. 누구나 평등한 세상에 살아야 한다는 것을 그는 암묵적으로 바라고 있었다. 그는 평생을 권세 없이 살기로 결심했더랬다. 그것이 이소노미아 정신이다.[190]

악법도 법인가요?

사형 판결을 받은 그에게 '몰래 도망치자'고 친구가 권유했을 때 그가 수긍하지 않았던 것도 폴리스에 대한 그의 헌신이 남다른 깊은 사상에서 나왔다는 사실을 말해준다. "폴리스가 어리석은 짓을 저지른다 해도 폴리스의 정신(곧 자유로운 시민들의 맹약)을 끝까지 지키겠다." 제논이 죽어가면서까지 참주(폭군)에게 맞서 싸운 것과도 맥락이 통한다. 곰곰이 생각하면 세계시민의 정신이 투철한 사람만이 폴리스를 살리는 데 헌신한다. 이것은 '보편 이념'의 표현인데 이소노미아(!)의

190. 소크라테스와 비슷한 또래인, 이오니아 출신의 히포크라테스도 민중에게 헌신하는 의사의 윤리를 밝혔다(그것이 히포크라테스 선서다). 이소노미아의 숭고한 정신을 이어받은 것이다.

정신이 차츰 잊혀가는 시대에 소크라테스가 그것을 어쩌면 기적과도 같이 불러냈던 것이다. 그 정신이 다이몬(정령)의 음성으로 그에게 나타났다.[191]

이 점에서 보더라도 소크라테스는 '이중세계론'에 근거한 플라톤의 이데아론과 관련이 멀다. 플라톤은 세상이 어리석게 돌아가니까 '철학자가 통치하는 게 필요하다'고 여겼는데 이는 중우(여러 바보)들의 정치에 즉자적으로(무턱대고) 반발하는 짧은 생각일 뿐이다. 우리는 존경할 만한 사람을 존경하고 그렇지 못한 사람에게서는 (그의 뛰어난 학식은 존중하더라도) 존경을 거둬들여야 한다.

여기서 소크라테스의 죽음을 잠깐 짚는다. 한동안 우리는 소크라테스가 '악법도 법'이므로 따르겠다고 말한 것으로 알고 지냈다. 학교에서 그렇게 배웠기 때문이다. 박정희와 전두환 독재 밑에서 민주주의가 짓밟히는 꼴을 겪었던 젊은이들은 그래서 도무지 소크라테스한테 존경심을 품을 수 없었다. "그런 엉터리 말을 한 사람이 성인聖人이라니!" 실제로 1988년까지 사용된 중고교 교과서는 소크라테스의 일화를 예로 들면서 시민의 '법규 준수 의무'를 강조했다. 그런 말을 꼭 소크라테스가 했다고 교과서가 밝히지는 않았어도 그의 취지를 '악법도 법'이라는 차원에서 읽어야 한다는 것이 교과서의 주문이었다. 87년의 민중항쟁이 있고 나서 개정된 교과서에는 '법도 정의로워야 한다(악법은 나쁘다)'는 말이 더 들어가긴 했어도 어찌 됐든 '악법도 법'이라는 명제(命題, proposition)에 대해 토론해보라고 여전히 학생들에게 주문했다. 이런 생각을 군부독재에 앞장선 정부 관리들만 했던 것이 아

191. 랑시에르는 소크라테스 교육학의 한계를 짚었다. 바보 만들기의 개선책일 뿐이란다. 그는 상대에게 질문해서 진리를 깨닫게 했지만 거기엔 앎의 길만 있을 뿐, 해방의 길이 없댔다. 현인賢人 아닌 무지無知한 스승만이 사람을 해방시킨댔다. 랑시에르의 『무지한 스승』 67쪽 참고(궁리 펴냄).

니라 한국의 법학자 다수도 거기 동조했다. 이것은 가벼운 문제가 아닌데, 왜냐면 소크라테스의 말이 우리 사회에서 꽤나 큰 위력을 발휘했기 때문이다. 그 시절 글쓴이가 민주화 시위에 동참했다가 경찰서에 붙들려 가서 조사를 받을 때 경찰들에게 귀에 못이 박히도록 들었던 잔소리, 아니 으름장이 그 말이었다. "학생들 뜻은 좋지. 하지만 소크라테스 선생님이 '악법도 법'이랬거든. 그러니까 법부터 바꾸고서 시위를 하든지 말든지 해. 지금은 실증법에 따르라고!" 전국의 경찰들이 데모 학생에게 훈계할 때마다 그렇게 으름장을 놓지 않았겠는가. 그러니까 현실에서 소크라테스는 박정희와 전두환의 응원자로 구실한 것이 아닌가. 젠장!

소크라테스는 그런 말을 한 적 없다. 한국놈인지 미국놈인지 어떤 먹물 먹은 놈(지식인)이 날조를 해서 끄적거렸다. '아'와 '어'가 얼핏 보면 비슷해 보여도 예민한 대목에서는 엄연히 다르다. 소크라테스가 따른 것은 무슨 법규regulation가 아니라는 말이다. 그가 '탈옥해서 도망가라'는 권유를 무슨 생각으로 퇴짜 놓았는지, 학자들의 해석은 갖가지인데[192] 이를 일일이 소개할 겨를은 없고, 굵직한 사실만 짚는다. 소크라테스는 탄핵제도(법)에 의해 처형됐는데, 그렇다면 그 제도가 악법일까? 귀족 출신의 플라톤은 그렇게 여겼을 수도 있겠다. 그러나 그 제도는 플라톤 같은 귀족과 부자들을 억눌러서 민중의 지배를 실현하기 위해 만들어졌다. 아테네 민주주의를 지탱하는 핵심 제도였다. 민주정치 자체를 반대한다면 모를까, 그렇지 않다면 그 제도를 '악법'이라 말하기 어렵다.

문제는 그 제도가 어리석게 쓰인 것이다. 여러 바보(곧 민중의 대표)

192. 강정인이 쓴 『소크라테스, 악법도 법인가』(문학과 지성사 펴냄)를 참조하라.

들이 귀족이 밉다고, 그래서 귀족들과 잠깐 가까이 지낸 그도 밉다고 터무니없는(또는 시대에 퇴행하는) 구실을 들어 그를 처형한 것이 부당할 뿐이다. 법의 집행이 빗나갔지, '그 법을 없애라.' 하고 말할 문제가 아니다. 물론 데모크라시(다수자 지배)가 완전무결한 이념은 못 되고 숱한 삐걱거림을 낳는 것을 부인해서는 안 되지만, 귀족정이나 철학자의 통치가 그 대안은 아니다. 진정한 대안은 이소노미아다.

더 중요한 문제는 그때의 아테네와 박정희 전두환 때의 한국 국가가 전혀 다르다는 사실이다. 대다수 시민들이 정치의 주체로 나서는 민주 체제에서 시민은 폴리스가 아무리 어리석게 결정하더라도 일단 따르는 게 당당한 태도다. 하지만 군부독재 국가에서 국가폭력을 앞세워 저희끼리 정한 반민주 악법을 '악법도 법'이니까 따르라고 하는 것은 민주주의를 희롱하는 짓이다. 일찍이 제자백가 시대에 맹자가 "폭군? 쫓아내야지!" 하는 말까지 했다. 시민에게는 법규를 따를(준수할) 의무가 있어서 따랐다고? 소크라테스는 폭군이 내리먹인 악법을 따른 게 아니고 민중을 능동적 주체로 삼자는 뜻에서 마련된 탄핵제도의 결정을 따랐다. '법규를 따르자'는 말은 무슨 도로 교통을 위반했을 때처럼 달갑게 벌금을 내자거나 감옥에서 좀 고생하더라도 참자고 할 때는 그런 말을 건넬 수 있어도, "(그러니까) 군말 없이 죽어라!" 하고 말을 건네는 것은 참 낯선(우스운) 일이다. "빵을 달라!"고 외치는 굶주린 군중에게 "(빵이 없으면) 과자를 드세요!" 하고 뇌까렸다는 유럽의 어느 왕비처럼 오만불손한 말이다. 한국의 법학자들이 자신의 굳센 의기義氣를 그런 얘기로 둔갑시킨 것에 대해 소크라테스가 저승에서 모욕을 느끼지 않았을까?

아테네가 대다수 민중에게 폭압 국가가 아니었던 것은 분명하다. 탄핵제도든 추첨제도든 좀 불합리한 구석도 없지는 않지만[193] 민중의 지혜가 깊어진다면 자유평등의 폴리스(곧 이소노미아의 사회)로 나아갈 수 있을 거라는 희망을 품고서 소크라테스가 아테네 청년들을 계몽해오지 않았던가? 아테네 청년들의 길라잡이가 되기로 결심한 그에게는 '도망가지 않는다'는 꿋꿋한 태도를 보여주는 것 자체도 큰 가르침을 남기는 일이었다. 이것은 '일단 따르고 악법을 고칠까, 분통이 터지니 대들까' 하는 차원의 문제가 아니다. 그는 국가건 무엇이건 대담하게 의심하라고 청년들의 잠자는 생각을 황소 등에 달라붙은 '등에'처럼 쪼아댔던 사람이다. '공인=관리가 안 되겠다'고 그가 다짐했던 것을 떠올려보라. 언제든 국가와 싸우기 위해서였다. 그가 도망가지 않은 까닭은 '자유평등의 폴리스 이념'에 대해 희망을 잃지 않았기 때문이지, '무슨 법이든 거룩한 것이니까 따르겠다'는 뜻에서가 아니다. '악법도 법'이라고 뇌까린 일부 학자들은 실상 머릿속에서 '민주 이념은 고결한 것'이라는 공감을 단 한 번도 해본 적 없는 작자들이다. 한국사회는 독재사회를 지탱하는 축의 하나가 반민주 악법이었고 법학자들 상당수가 그것을 "옳은 것이야!" 하고 꾸며주는 꼭두각시 아첨꾼으로 놀면서 영화榮華를 누렸다. 국가보안법(반공법을 잇는 법)은 아직도 살아 있다! 그 작자들이 요망하게 세 치 혀를 놀린 악행惡行의 하나가 '악법도 법'이라는 주문 외우기였다. "수리수리마수리 말발타 살발타…… 악법도 법이니라! 아멘!"

193. 아테네 사회가 여러 모순을 안고 있어서 두 제도가 불합리한 모습을 보일 수도 있었다. 하지만 민주를 뒷받침할 강력한 힘을 발휘한다. 고진은 추첨제도를 들여올 것을 진지하게 권유한다.

근대 과학은 아리스토텔레스의 목적론을 거부한다

아리스토텔레스는 유럽 학문의 밑돌을 놓은 사람이다. 그가 무슨 학문을 했는지 간단하게 둘러보자.

플라톤이 (흐릿한 내용일망정) 참세상을 꿈꾸었다면 그는 현실 세상을 조리 닿는 말로 정리했다. 신화가 세상에 대한 옛 사람들의 생각을 이미지(심상)로 알쏭달쏭하게 나타낸 것이라면 철학이 하는 일의 절반은 말을 이치(개념)에 맞게 쓰는 것을 연구하는 일이다.

이오니아파는 만물의 근원(아르케)을 찾았는데 아리스토텔레스는 아르케 대신에 실체實體를 탐구했다. 그뒤로 데카르트와 스피노자든 헤겔이든 실체 탐구를 이어받았다. 실체는 '진짜 있는 것', '언제나 있으며 없어지지 않는 것', '변화하는 것들의 바탕에 있으면서 변화하지 않는 것', '그 자신에 의해 있으며 그것을 위해 다른 것이 필요하지 않은 것'을 가리킨다. 그리스 말로 우시아ousia이고, 영어로 substance, noumenon이다.

아리스토(앞으로 이렇게 줄여 부른다)는 말을 분석했다. 이를테면 "집은 ……이다"라는 말을! 그는 '집'이라는 주어를 풀이하는 서술어를 10가지 범주(카테고리, 개념들을 묶는 큰 틀)로 떠올렸다. 그 '집'은 무엇일까(실체, 본질), 그것이 어떻게 있을까(성질), 얼마나 있을까(양), 다른 무엇과 견줘서 어떠할까(관계), 그것이 하는 것(능동), 그것이 받는 것(수동), 어디 있을까(장소), 언제 있을까(시간), 어떤 상황일까, 무엇을 갖고 있을까(상태). 어떤 실체(이를테면 '집')가 있는데 그 속성(성질, 양, 관계, 시공간)이 변화한다는 것이다. 범주는 '어떤 식으로 있느냐'에 대한 생각의 기본 틀이요, 말에 의한 정리다. 그는 철학에서 중요한 것이 '저편의 것(이데아)'에 대한 꿈꾸기가 아니라 '무엇은 ……이다'라는 문장을 분석하는 능력이라 여겼다.

그는 정의定義하기도 따졌다. 본질적인 정의definition는 유類와 종차種差를 곁들이는 것이라 했다. 이를테면 "사람은 포유류 가운데 이러저런 특징(종차)을 갖는 것"이란다. 연역과 귀납의 두 추론 방법도 탐구했다. 그는 '형식 논리학'을 창안한 셈이다.

그는 예술과 시詩도 말했다. 시와 예술은 세상(삶)을 모방하는 것(미메시스)이라 했다. 문학 가운데 비극을 으뜸으로 쳤는데 관객들은 그 잘 짜여진 줄거리에 빠져서 연민(가엾어함)과 공포의 감정을 느끼는 가운데 정념sentiments의 카타르시스를 경험한다는 것이다. 카타르시스는 정화淨化, 곧 깨끗이 씻어준다는 뜻이다.[194] 소포클레스의 비극 『오이디푸스 왕』에서 주인공이 자기가 그토록 찾던, 자기 아버지의 살해자가 바로 자기 자신이었음을 깨닫는 급격한 반전(反轉, 뒤집기)의 순간에 관객들도 소름 끼치는 두려움의 감정에 휩싸인다. "어찌 자기 운명을 저렇게도 모른다는 말인가! 어찌 운명이 저렇게도 참혹한가!" 이어서 카타르시스가 찾아온다.

그는 자연세계에 대해서도 쉼 없이 탐구했다. 엠페도클레스의 4원소설을 이어받아, 흙과 물은 본래 무거워서 자꾸 지구 중심 쪽으로 떨어지려고 하고, 바람과 불은 본래 가벼워서(이것은 무거움과 다른 성질이라고 봤다) 지구 중심으로부터 멀어지려고 한댔다. 보통사람의 경험과 감각을 그대로 이론으로 옮겨놓은 쉬운 얘기다. 갈릴레오와 뉴턴에 이르러서야 인류가 이 소박한 물리학에서 벗어났다. 요즘은 물체가 떨어지는 속도가 그 물체의 무게에 따라 달라진다고 생각하지 않는다. 그

194. 옛 그리스의 극장은 무대장치가 발달돼 있어서(가령 천둥소리를 내는 천둥기계도 있었단다), 관객에게 충격을 주는 효과가 무척 컸다고 한다. 물론 가장 핵심은 뒤집기를 계속하는 정교한 줄거리다.

는 '관성'의 개념도 몰랐다. 하지만 그의 동물학 연구는 19세기 중반까지 정설定說로 받아들여졌다.

그는 '사물을 안다'는 것은 그 원인原因을 아는 것이랬다. 그 말이야 옳은 말인데, 원인의 원인까지 따지는 것은 관념론으로 넘어간다. 원인의 원인이 제1원인이고 그것이 '신神'이라는 얘기는 머릿속 생각(순수 사변)일 뿐이다. 그런데 이런 생각이 과학자들에게는 참 매혹적인 것이어서 뉴턴과 아인슈타인에 이르기까지 수많은 과학자들을 사로잡았다. 엄밀히 살피자면 이 생각은 기독교의 신 관념(인격신, 초월신)과 다르다. 하지만 '초록이 동색同色'이라고 기독교 교회에서는 "신이 있다!"고 말하는 사람은 다 자기편으로 삼았다(스피노자 빼고).

그의 운동 관념도 현실의 운동을 설명하는 게 아니라 질료가 형상을 향해 가는(다시 말해 사물이 제 꼴을 갖춰가는) 관념적 목적론적 운동이다.[195] 그 생각을 자연과 인간 사회 모두에로 넓혀서 적용하면 못 말리는 관념론이 된다. 우리 모두는 전체로서의 자연의 본질을 실현하기 위해 있는가? 인류 문명이 통제되지 않는 눈먼 힘으로 팽창해온 것을 그가 타임머신을 타고 와서 목격한다면 제 생각이 인류가 아직 유년기일 때의 장밋빛 공상에 불과하다는 사실을 실감할 것이다.

근대 과학이 출현하면서 자연을 물리법칙이 지배하는 세계로 여기는 기계론적 생각이 널리 퍼졌다.[196] 근대 과학은 우주의 우연성을 주장하는 것이고, 아리스토텔레스적 목적론과 날카롭게 단절했다. 하지만 여전히 우주를 신이 '지적知的으로 설계'했다며 세계를 목적론적으로 정돈된 통합체로 보고 싶어 하는 유혹도 많이 남아 있다(이것이 종

195. 예컨대 도토리에게는 참나무로 커갈 목적이 들어 있다는 말이다.
196. 근대 자연과학은 모든 것을 양(숫자)으로 환원해서 추상법칙을 구했다. 아리스토에겐 낯선 얘기다.

교의 토대다).

그는 개혁적이었지만 지배 질서에 안주했다

아리스토는 플라톤과 달리 민주정을 얼마쯤 긍정했다. 그는 노예제도 타파는 아예 생각도 안 했으므로 '변혁적인 기풍을 지녔다'고 칭찬해줄 수는 없지만(디오게네스나 에피쿠로스나 인간 평등 사상을 품은 점에서 그보다 낫다), "저마다 자기 몫을 주라!"는 배분적 정의를 강조했으니 개혁사상은 품은 셈이다. 유럽의 정의론은 20세기의 롤스에 이르기까지 배분적 정의론을 벗어나지 않았으므로 그가 틀을 짠 범위 안에서 놀았던 셈이다.[197] 데모크라시는 민중에게 제 몫을 주라는 사회적 재분배 투쟁을 담보한 이념인데, 과연 '제 몫'이라는 게 엄밀 타당하게 규정될 수 있느냐 하는 근본 질문이 필요하다. '제 몫'이라는 관념도 선험적으로(경험하기 이전에) 미리 전제된 관념이라는 것을 부인하기 힘들다.[198]

우리는 더 나아가 다음과 같은 질문도 던져야 한다.

"왜 내가 꼭 내 몫을 차지해야 하는데? 내가 받은 것을 남들에게 더 얹어줄 수도 있는 것 아닌가?"

이런 질문을 던진 사람이 이미 고대에 있었다. 기독교를 일으킨 바울이 이렇게 말했다.

197. 롤스는 '기회가 균등하게 주어지고 최빈층도 최소한의 삶을 누리는 것'을 정의의 최소 기준으로 삼았는데 20세기 유럽 사회민주주의가 '실질적 평등'까지 말한 것에 견주면 한참 후퇴한 생각이다.

198. '저마다 제 몫'에 따른 질서를 추구하게 되면 '제 몫'이 없는 사람들이 설 자리를 잃는다.

그들은 이제 선물gift로서의 하나님 은혜를 통해 정의롭게 됩니다.

신약 성서 로마서 3장 24절

바울은 '내 몫'을 따지는 것, 곧 교환과 계약의 원리는 '죄의 법'이요, 아무 대가도 바라지 않고 남에게 선물을 주는 것을 '하나님의 율법'이라고 했다. 정의는 '지금 세상의 법 그 너머'에 있다는 말이다. 바울은 하나님이 거저 은혜를 베풀어 인간을 구해내듯이 사람들이 남들에게 대가를 바라지 않고 선물을 베푸는 사회야말로 정의롭다고 했다. 그는 그런 사회를 실제로 싹 틔우기 위해 사람들을 엮었다. 초기 기독교운동을 단순히 '새 종교' 운동으로 협소하게 여겨서는 안 된다.[199] 아리스토의 사회사상은 그것에 견주자면 훨씬 범속凡俗한 것이다. 없는 사람들한테 쪼금만 더 베풀어주고, 그 밖에는 '지금 이대로' 살자는 얘기다.

'분배적 정의' 관념을 넘어서는 바울의 이런 혁명사상이 19세기 사회주의자들한테 계승됐다. 마르크스는 '능력에 따라 일하고, 필요에 따라 누리는' 그런 사회를 꿈꾸었다. 착한 부모는 능력이 뛰어난 자식보다 돌봄을 필요로 하는, 어떤 타고난 장애에 시달리는 자식에게 더 많은 재산을 물려준다. 사회는 자기 성원들에게 그러라는 법이 없을까?[200] 그런 사회를 높은 단계의 사회주의라고 일컫는다. 유토피아는 꿈꾸는 세상에 불과하지만 이소노미아는 에게해의 이오니아나 미국의 초기 식민지 땅에서나 또 어디서나 잠깐이나마 현실에 살아 숨 쉬었다. 그래서 우리가 사회주의(또는 교환양식 D)로 나아가는 길에 찬란

199. 그린비에서 펴낸 제닝스의 『정의에 대하여』를 참조. 그는 데리다를 통해 바울을 읽었다.
200. 쿠바는 장애인 돌보기를 으뜸 과제로 삼았다. 그 점에서 인류 사회의 선구자다.

한 별빛이 돼준다.

물론 앞으로도 '저마다 제 몫이 얼마일까' 하는 토론이 이어져야 한다. 돈이 돈을 버는 것을 당연하게 여기는 사회에서는 '이윤은 자본가 몫'이라는 관념이 서슬 퍼렇게 작동하고 있는데 그 생각이 맞는지 정면으로 토론돼야 하기 때문이다. "자본가에게는 이윤이, 땅 주인에게는 지대地代가 제 몫"이라는 철칙이 무너지지 않고서는 "저마다 제 몫!"이라는 아리스토의 구호口號가 얼마쯤이라도 실현될 날이 영원히 찾아오지 않는다.

아리스토는 공화주의 사상의 기틀도 마련했다. 공화국은 republic이다. 공화주의는 '인민 주권에 기초한 공동의 정치 형태'요, 민중의 자기 지배와 공민적 자유를 핵심 개념으로 삼는다. 그는 자유로이 말하고 사람다운 행위를 펼칠 정치적 공간이 공화국이랬다. 르네상스 때 『군주론』을 써서 근대 정치학의 아버지라고 칭찬을 듣는 이탈리아의 마키아벨리1469~1527와 견줘 보자. 그도 아리스토처럼 '공화주의'를 말했는데 그 논거가 후자보다 훨씬 소극적이다. 민중 대다수는 삶의 안전을 위해 자유를 바라는데 공화국이 이를 보장해줘야 한댔다. 정의를 쉽게 믿기 어렵고 공평한 사회를 기대할 수 없었던 시대, 아무리 덕성을 길러도 운명(언제든 찾아오는 곤궁) 앞에서 속수무책이었던 시대를 반영하는 생각이다. 마키아벨리에게 목적론 같은 생각은 공허한 허세였다. 민족이 캄캄한 운명(=약소국들로 나뉘어서 외세에 휘둘리던 암울한 정치 현실)에 맞닥뜨려 헤쳐 나갈 길을 시급하게 찾아야 했던 때다.

아리스토는 '행복이 제일 좋다(최고선이다).' 하고 말했다. 옳은 것을 추구하는 게 자유 시민의 의무라 여긴 칸트1724~1804는 누가 "아, 행복해지고 싶어!" 하는 말만 꺼내도 질겁하고 꾸짖는 눈길을 퍼부었는데 그래도 그에게까지 눈을 흘기지는 않았으리라.[201] 칸트한테 혼나야 할 행복주의자는 주판알을 튕겨서 행복의 양을 계산할 수 있다고 설쳐댄 벤담 부류의 속물스러운 공리주의자다. 그는 폴리스 속에서 절제할 줄 알고 중용을 지킬 때라야 참된 행복을 얻는다고 착한 얘기를 했으니 그렇게 흠 잡힐 것이 없다.

그런데 가만히 생각해보라. "참을 줄 알고(절제), 두루두루 감싸 안아라(중용)! 그게 착한 짓이다!" 하는 얘기는 누가 함직한 얘길까? 사회의 지도층이 교양 있는 시민들한테 권고하는 말이다. "너희가 그렇게 착하게 살아야 우리 사회에 좋은 기풍이 깃든다!" 그는 어느 자리에 서 있는 사람일까? 위에서 내려다보는 자리에! 그가 알렉산드로스 대왕의 스승이었음을 떠올리라. 지배자가 그런 너그러운 윤리를 갖고 처신하면 '덕이 있다'는 소리를 듣는다. 그런데 사회로부터 따돌림을 당하거나 피땀 흘려 일한 것을 뺏기며 살아가는 사람한테는 절제와 중용이 무척 한가로운 얘기가 되기 십상이다.

그는 그의 선대先代에 상연된 비극 『안티고네』를 잘 안다. 안티고네는 국법보다 더 무거운 진실이 있다고 여겼다. 죽임을 당하는 한이 있더라도 죽은 제 오빠의 두 눈을 온전히 감겨주고 싶었다. 그녀는 제 목숨을 내던져 세상(=기성사회의 그럴싸한 질서)의 허구를 파헤침으로써 사람들의 영혼을 철렁 흔들었다. 그녀가 나아갈 자리에 절제와 중용이 들어설 공간이 어디 있는가? 유관순과 전태일은 한국인들에게 별이 된 사람이다. 아리스토텔레스의 최고선 윤리만 갖고서 두 사람이 세상을 힘차게 살 수 있었을까? 아리스토텔레스 학문의 가치가 좁은 테두리 안에 있다는 사실을 눈여겨보는 게 좋겠다. 그의 덕담(윤

201. 그의 생각을 요약하면 "진리에나 신경 쓰고, 결과를 무시해라. 그러면 저절로 치유된다." 성서는 "하느님께서 의롭게 여기시는 것부터 구하라(그러면 너도 좋아질 것)"라고 했다. 세상에 불행한 사람들이 가득한데도 '행복에나 관심 두자'고 말하는 공리주의는 '배부른 돼지'의 철학이다.

리론)은 아테네의 중간계급한테나 그럴싸하게 먹힌다. 아테네의 노예들, 참정권을 누리지 못하던 여성과 외국인들한테 그는 말도 걸지 않았고 눈길도 주지 않았다.[202] 혹시 그가 그들 모두를 아우르는 윤리학을 궁리했더라면 그의 언어는 예수와 바울처럼 혁명의 장밋빛이 벌써 감돌기 시작했을 것이다.

202. 아테네의 민주주의에 진정한 정치의 싹이 들어 있었던 것은, 자기 자리(몫)가 없는 자들(데모스)이 보편성을 대표하고 나선 데 있다. "데모스야말로 주인이다!" 그 변화를 더 밀고 갈 때, 여성/외국인/노예도 사회의 구성원으로 대접받을 길이 열린다. 그런데 아리스토텔레스는 데모스의 자리에서 정치를 말하지 않았다. 지배층의 자리에서 보면 상하층을 통합하는 중간계급이 가장 예뻐 보인다.

덧대기 1

소크라테스는 민주파도, 귀족파도 아니었다. 그리고 누가 보더라도 '정치적 함정'이 분명했던 재판과 사형집행에서 왜 소크라테스가 도망치려고 하지 않았는지, 그 시대 아테네인들 모두에게 수수께끼(!)였다. 그는 폴리스가 인정하는 신 말고, 새로운 신(다이몬)을 들여와서 젊은이들을 타락시켰다는 구실로 고발됐지만 진짜 이유는 아테네 사회가 '덕virtue'이라 여긴 것을 깎아내린 데 있다. 그에 따르면 다이몬이 제게 "공인公人이 되지 마라. 사인私人으로서 정의를 위해 싸우라"고 명령했단다. 그는 민회(요즘으로 치면 의회)에는 얼씬도 하지 않고, 아고라(광장, 시장)에 갔다. 권력(출세)을 욕심내지 않았다는 말이다. 민회에 출입할 자격이 없는 외국인, 여자, 노예가 아고라에 있었기 때문이다. '민회 참여가 시민의 숭고한 의무'라고 뽐내던 아테네 지배층은 이것을 자기들에 대한 비판으로 느꼈다. 소크라테스가 공公과 사私의 구별을 반대한 것은 자유인과 노예의 구분을 반대한다는 뜻이다. 사인으로서 공公을 추구한 그의 철학은 플라톤과 디오게네스보다 훨씬 통이 컸다. "일부 사람끼리만 정치를 독점하는 것이 무어 훌륭하다는 얘기냐! 나는 노예와 여성을 민회가 받아들일 때에만 민회에 나가겠다!" 그는 자기가 '이오니아 사상을 이어받았다'고 말한 적 없지만 실제로는 이오니아의 패망 이후 억눌려진 것(이소노미아 이념)이 다이몬의 목소리를 통해 그에게 귀환했다.

문답술에 대해. 이것은 그가 창안하지 않았다. 엘레아학파가 피타고라스를 비판하려고 '간접 증명'의 논법을 먼저 썼더랬다. 그의 문답술은 상대방이 스스로 자기 말의 모순(자가당착)을 깨닫게 하는 것인데 그것이 상대방의 깨달음으로 이어지라는 법은 없다. 오히려 성이 난 상대방에게서 그가 두들겨 맞은 적도 있거니와, '사형 판결'도 수치심을 느낀 아테네 지배층이 저지른 앙갚음의 완결판인 셈이다. 정신분석 의사가 환자의 '자각(깨달음)'을 이끌어내는 대화dialogue도 그의 '산파술(문답술)'을 계승한 것이다.

사제師弟 관계에 대해. 플라톤은 자기가 소크라테스한테 '철인왕' 이념을 배웠다고 뻥구라를 쳤다. 플라톤은 스승의 이름까지 들먹이며 이오니아 자연학을 비판했는데 그 스승은 이오니아 사상의 근본을 계승했다. 플라톤과 디오게네스가 저마다 소크라테스의 한 면만 주목했고, 그 둘 다 소크라테스의 핵심을 놓쳤다. 가리타니 고진이 쓴 『철학의 기원』 참고.

덧대기 2

고교 윤리책은 아리스토 이후를 다음과 같이 간추린다.

〈쾌락주의(에피쿠로스) 대 금욕주의(스토아학파), 교부철학(아우구스티누스) 대 스콜라철학(아퀴나스), 프로테스탄티즘(교회에서 벗어나자는 루터, 직업 소명설을 말한 칼뱅), 경험주의(영국, 미신에서 과학으로) 대 이성주의(대륙, 생각하는 나), 결과론(공리주의, 유용성, 쾌락의 계산) 대 의무론(칸트, 자유와 책임), 실용주의(도구, 다양성) 대 실존주의(이성주의 비판, 본질보다 실존이 먼저), 현대 덕윤리 부활(근대윤리 비판, 공동체주의)과 배려윤리(페미니즘), 개인의 자율(권리의무, 갈등관용)과 공동체(연대와 정체성, 자유주의↔공동체주의), 국가 윤리(건전한 애국심, 청백리)와 민주시민 윤리(자연법과 계약론, 천부인권), 정의론(분배적 정의와 공정성, 소유권과 복합적 평등), 자본주의 사회의 미덕과 문제, 사회주의 사상의 함의와 시사점〉

인류의 윤리 사상을 빠짐없이 훑고, 무엇인가 앎을 크게 베풀어준 것 같다. 하지만 정말 그런가? 몇 가지만 짚자. 정의론을 말하는 학자들의 눈길이 좁다. 지금 당장 이 사회 속에서 무엇을 따져야 할지만 소개했지, 지금의 사회를 넘어설 눈을 틔워주지 않는다. 교과서는 사회주의 사상에서 배울 바가 있다고 서술했지만 정작 '정의'를 헤아리는 자리에는 그것을 들이밀지 않았다. 교과서가 소개하는 롤스와 노직의 입씨름에는 "하나님이 사람들에게 은혜를 베풀 듯이 정의가 이 땅에 강물처럼 넘쳐흘러야 한다"는 믿음이 들어설 자리가 없다.

하지만 교과서는 자본주의와 사회주의에 대해 '중용'의 자리에서 서술한 것 같은 겉모습을 띤다. 어느 쪽을 편파적으로 두둔한 것 같지 않다. 그런데 현실 사회주의 체제가 대부분 무너진 덕분에 국가가 배포하는 교과서의 서술자가 그렇게 너그러운(통 큰) 태도를 취할 수 있다는 사실을 놓쳐서는 안 된다. 미국과 소련이 대결을 벌인 냉전 체제 때는 그럴 수 없었다. 반공법이 활개 쳤던 그때와 견줘서 지금의 교과서 서술이 무난하기는 해도 그 대신, 학생들을 깨우쳐주는 바가 없다. 맹물을 끓여놓고서 '이것이 훌륭한 음식'이라고 내놓는 꼴이다. 문제가 뭘까?

자본주의는 사회경제 체제이지 사상이 아니다. 이 눈먼 체제(자동 기계)가 아무런 생각을 담고 있지 않은 탓에 이 체제를 두둔하는 사람들은 이것을 그럴싸하게 꾸며주는 다양한 겉옷들을 여기저기서 빌려온다. 이를테면 개신교 윤리(칼뱅의 직업소명설 따위)나 유교 자본주의론.

이와 달리 사회주의는 지금 대부분 사상으로 있지, 체제로 있지 않다. "쿠바와 북한은 사회주의 체제로 있지 않으냐?" 하는 반론이 나올 수 있다. 그렇기는 한데 거기의 체제는 완성된 사회주의 체제가 아니다. "그곳들이 좋아 보이므로 사회주의를 찬성한다"거나 "그곳들이 나빠 보이므로 사회주의를 반대하겠다"고 말할 수 없다. 사회주의 사상을 현실로 옮길 첫 걸음마만 간신히 뗀 곳들이라서다. 지금의 쿠바와 북한처럼 국가사회주의를 운영하는 길 말고도 사회주의로 나아갈 길은 여러 갈래이고, 그 구체적인 모습이 어찌 될지는 실제로 변혁이 진행돼봐야 알 수 있다.

그러므로 교과서는 문제틀을 달리 세워야 한다. "지금의 자본주의, 어떻게 개선(개혁)할 거냐?"를 묻는 학자들과 "역사적 자본주의를 넘어서 어떤 대안 사회로 나아갈 거냐?"를 묻는 학자들의 생각을 나란히 들려주고, 이 둘을 서로 맞세워야 한다. 학생들을 사회와 역사에 대해 책임을 지는 주체로 세우려면 말이다. "지금 이대로 살아가도 되는 거야, 아니면 뭔가 고민을 잔뜩 해서 딴 길을 찾아야 하는 거야?" 하고 캐물어야 학생들은 그 질문을 자기 삶으로 받아안는다. '역사에 대해 책임을 진다'는 말은 미래의 후손들에게 어떤 세상을 물려줘야 하는지 숙고한다는 뜻이다. 글쓴이가 아테네와 이오니아를 맞세우는 까닭도 지금 우리 인류가 놓인 처지에 대한 질문에서 비롯됐다.

한국 정부가 내놓는 교과서는 참으로 한가로운 놈이다. "우리, 대체로 잘하고 있어! 조금만 더 잘해보자고!" 하는 속내를 은근슬쩍 깔고 있다. 이것은 한국의 지배세력이 "우리, 곧 선진국 돼! 국민소득을 4~5만 달러로 높일 거야." 하고 장담하는 것과 은밀히 내통한다.[203] 글쓴이에게는 2NE1의 노래 "내가 제일 잘나가!"도 그런 자랑을 공유하는 것으로 느껴진다. 그런데 지금의 20~30대가 살갗으로 느끼는 우리 사회가 그렇게 희망찬 곳인가? 출산율이 무척 낮아진 사실(최근 합계출산율 1.19명으로 세계에서 세 번째로 낮다)이 그들이 미래에 대해 느끼는 불안과 두려움을

203. '4만 달러'를 장담한 2015년 대통령 신년사를 듣고 어느 신문은 '5~10만 달러!'를 주장했다.

웅변하고 있지 않은가? 지금 세계는 빈부 양극화가 아주 날카로웠던 자본주의 초기로 되돌아가고 있지 않은가? (인류 살림살이의 밑바탕 자체를 허무는) 생태계 위기라는 덤터기까지 쓰고서! 그런 냉엄한 현실을 직시한다면 교과서가 "이러저런 생각들이 있다더라." 하고 공리공론을 잔뜩 늘어놔서는 안 될 것이다. 모든 앎은 앞으로 인류가 어느 길로 가야 할지 지혜를 모으는 데 이바지해야 한다.

다시 앞으로. 교과서는 옛 시절의 윤리사상을 비판적인 눈으로 살피지 않는다. "다 그 시절에는 의미 있었던 거야. 우리가 배울 게 있어." 하고 말하는 셈이다. 물론 배울 바가 전혀 없지는 않겠지. 하지만 인류 사회는 옛 시절의 사상과 문화를 뒷전으로 물리면서 변화해오기도 했다. 로마제국과 중세 유럽은 기독교가 주류 사상이었지만 근대 사회는 더 이상 '종교'가 주도하지 않는다. 그것이 되돌릴 수 없는 역사의 흐름이다. 교부철학과 스콜라철학은 한물간 지 오래다. 에피쿠로스와 스토아학파도 '폴리스에 대한 희망'을 잃어버린 시대의 허약한 철학이다. 대학생이야 그런 사상도 (비판적으로) 알아야겠지만 고등학생은 주된 사상을 습득하는 것만도 벅찬 때가 아닌가? 백과사전처럼 사상의 역사를 죄다 읊어대는 것은 '겉핥기로 공부하라'는 주문이다.

무슨 사상이든 현실에 비춰서 봐야 온당하게 자리매김된다. 공리주의와 실용주의는 근현대 자본 체제에 대해 큰 깨달음을 주지 못한다. 그 생각에 사로잡힌 사람은 현실의 자잘구레한 개선만 관심을 갖는다. 지배세력을 돕는 지배 이데올로기라고까지 비판될 수 있다. 비판될 얘기는 아니라 해도 현대의 덕윤리와 배려윤리를 굳이 낯선 학자의 이름까지 들먹여 소개할 가치가 있는가 싶다. 인간의 덕성과 배려하는 마음을 앙상한 이론적 지식으로서가 아니라 훌륭한 고전작품을 음미해서 배우는 것이 더 훌륭한 공부가 아닐까? 이를테면 소로(19세기 미국의 사상가)가 쓴 에세이 『월든』을 읽어본다든지.[204] 윤리 책에 들어 있는 온갖 학자들은 '윤리학'이라는 분과 학문만 들이파는 학자들에게는 알아야 할 대상이지만 일반 사람이 꼭 알아야 할 대상은 아니다. 교과서가 그것을 집필하는 학자들의 지식을 자랑하는 공간이 돼서는 안 된다.[205]

204. 그는 노예제도와 침략전쟁을 반대했다. 간디가 그의 영향을 받았다. 『월든』은 숲 속 삶의 성찰이다.

교과서가 까맣게 외면한 대목은 코스모폴리턴(세계시민)으로서 품어야 할 윤리 문제다. 세계가 하나의 경제체제로 돌아가는 그야말로 지구촌이 됐다면 이제 더 무겁게 물어야 할 것은 민족에 대한 책무가 아니라 인류에 대한 책무다. TV에는 어쩌다가 "아프리카나 아시아의 굶주리는 어린이들을 돕자!"고 호소하는 방송이 나오는데 그 문제를 진지하게 우리의 일로 받아안는다면 사회윤리 교과서에 실리는 내용과 그 서술 관점이 달라져야 한다. 자, 이런 갖가지 생각거리들을 머리에 넣고서 이 글의 앞머리로 돌아가자. 우리는 아테네로부터 무엇을 (비판적으로) 배울 것이며, 이오니아에서 무엇을 캐내야 할까?

205. 어느 전공자의 입김이 세냐(=밥그릇 싸움)에 따라 수학 교과서에 무슨 단원이 첨가되고 삭제된다.

4부

논술 대비

부록

1 논술 주제 훑어보기

쪼가리 지식을 묻는 중고교 교육을 그나마 논술고사가 쪼금 살려냈다. 하지만 규격에 맞춘 글쓰기라 자유로운 정신을 담아내기 어렵다.

논술은 창의적인 생각을 펼치는 자유로운 글쓰기가 아니다. 논제 안에 '요구' 조건이 많고, 논제와 제시문 속에 '정답'이 있다. 최근 들어 논술 시험에 나오는 지문이 좀 쉬워졌지만 논제의 요구 사항은 여전히 까다롭다.[206] 그러므로 논제의 요구 사항에 따르는 것이 무엇보다 중요하다. 더욱이 논제 안에 '답안의 구조'까지 지정돼 있는 경우가 대부분이다. 논제를 잘 읽으면 답안을 몇 개 문단으로 나누어서 어떻게 써야 할지 가늠이 된다. 논술 강사 입장에서야 '논제의 요구에 맞춰 답안을 작성하라'는 말을 건넬 수밖에 없다.

왜 논술이 이런 식인가? 수많은 학생의 답안을 '객관적인 기준에 따라 공정하게 평가해야 한다'는 부담이 있어서 출제자들은 자유로운 글쓰기 대신, 요구 사항을 까다롭게 제시하고 이에 따를 것을 요구하는 문제를 선호한다.[207] 가장 중요한 채점 기준은 논제의 요구 사항과 조건에 충실한지 여부다. 답안 내용에서 감점 요인이 있다면 무조건

206. 박근혜 정권의 공약인 '선행 학습 금지'에 따라 2014년 대입 논술 시험부터 '고교 일반 교과 범위' 안에서 제시문을 내도록 대학 쪽에 강제됐다. EBS 수능 교재에서 지문을 뽑아 출제하는 경우도 많다. 따라서 제시문을 읽어내는 부담이 줄어든 반면, 생각하는 힘을 갖춰야 할 필요가 더 커졌다.

점수를 깎는다. 반면 논제의 요구 사항과 조건에 충실하고, 감점 요소가 없다면 글의 수준이 조금 떨어져도 점수를 높게 받는다. 그런데 문제의 출제 의도와 요구를 제대로 받아안는 학생이 그리 많지 않다.

1. '모방'에 대한 철학적 논의와 자본주의적 '소비'

모방imitation은 '다른 것(원본)을 본뜨거나 본받는 것'이다. '예술 작품에서는 모방보다 창조를 더 소중히 여긴다'는 말처럼 부정적인 뜻으로 많이 쓰인다. 하지만 다양한 분야에서 이뤄지는 수많은 모방 행위야말로 기본적인 삶의 방식이면서 창조의 원동력이 될 수 있다.

모방을 하찮게 여긴 대표적인 철학자가 플라톤이다. 그는 『국가』에서 신神, 장인匠人, 화가가 만들어내는 '세 개의 침대' 사례를 말하고서 '모방'이 진리와 본질을 왜곡한다고 단언한다. 신은 '참된 본질'로서 단 하나의 침대를 창조하고, 장인은 이를 모방한 '인위적인' 침대를 제작해낸다. 화가는 장인의 침대를 그림으로 표현하는데, 이는 두 단계나 뒤떨어진 모방이다. 화가의 이미지(침대 그림)는 '실제 이미지의 이미지'일 따름이다. 반면 아리스토텔레스는 『시학』에서 모방이 인간에게 배움의 즐거움을 베풀어 교육에 기여한다고 말했다. 모방은 인간의 본능이며 지식 습득의 도구라는 설명이다. 그는 플라톤의 모방 개념을 반박하고 긍정적으로 달리 해석했다.

플라톤과 아리스토텔레스의 모방 개념을 종합하면 '모방'이 지니는

207. 특정 제시문을 '요약'하거나 비슷한 입장으로 '분류'하기, 서로 다른 의견의 제시문을 일정한 기준에 따라 '비교'하여 그 특징을 파악하기, 한 입장에서 다른 입장을 비판하고 설명하기, 다양한 자료(통계와 그림)의 함의를 읽어내기, 제시문의 내용을 두루 살펴서 '자기 견해(대안)'를 밝히기 등등.

양면성을 이해할 수 있다. 남을 따라 한 것이라는 수동성과 더 큰 창조를 낳는 생산성! 상반된 두 개념을 활용하여 다음 그래프에 나타나는 현실을 분석할 수 있다.[208]

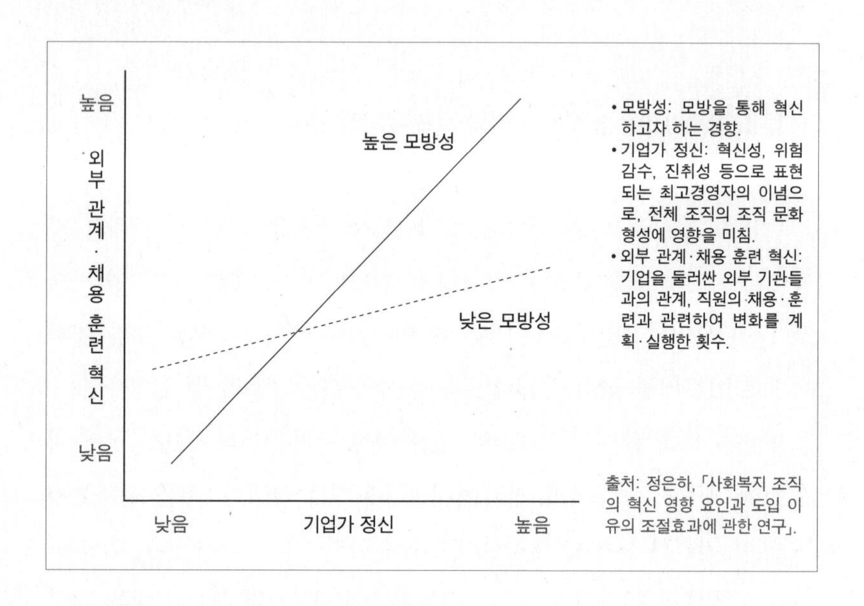

출처: 정은하, 「사회복지 조직의 혁신 영향 요인과 도입 이유의 조절효과에 관한 연구」.

그래프에서는 일반적인 예상과 달리 '높은 모방성'에서 '기업가 정신'과 '혁신' 사이에 긍정적 상관관계가 나타난다. 두 직선의 교차점을 기준으로, 모방성이 높고 기업가 정신이 낮은 경우 조직의 진취성과 경영 혁신의 정도가 낮다. 하지만 기업가 정신이 함양될수록 진취성과 혁신의 정도가 높아져서 모방성이 낮은 경우를 넘어선다. 반대로 모방성이 낮을 경우 기업가 정신이 높아지더라도 조직의 진취성이나 경영 혁신의 정도는 크게 높아지지 않는다. 높은 모방성 속에서 기업가 정

208. 2013년 건국대 예시논술은 플라톤과 아리스토텔레스의 '모방' 개념을 견줄 것을 주문했다. 이 문제는 모방이야말로 창조의 원동력이 될 수 있고, 왜곡된 모방인 오리엔탈리즘을 극복하자는 주제의식을 담고 있다.

신은 외부 관계·채용 관계 혁신으로 나타날 수 있었으며, 모방성이 혁신의 정도에 긍정적으로 기여했다고 해석할 대목이다. 따라서 남들의 사례를 애써 검토하고 수용하는 학습과 적용 과정이 이어질 경우 길게 봐서 더 큰 혁신과 창조가 가능하다.[209] 아리스토텔레스의 견해처럼 '모방을 통한 배움과 성장'의 과정을 확인시켜주는 것이다.

또 다른 질문. 왜 플라톤은 '모방'은 못마땅하게 여겼는가? 플라톤 사상의 핵심은 '이데아론'이고, 이는 이데아를 꿰뚫어 볼 현인이 국가를 다스려야 한다는 '철인哲人 정치론'으로 이어진다. 아테네 귀족 출신으로서 플라톤은 신분사회를 옹호하는 한편, 생산계급인 농민이나 말하는 도구로서의 노예는 귀족을 앞설 수 없다고 금을 그었다. '모방'을 부정적인 것으로 간주했다. 아무리 대중(생산계급)이 엘리트를 따라가도 결국 한두 단계는 낮은 수준이라며 깎아내린다. 이처럼 시대적 맥락이나 상황을 고려하고, 오늘날의 관점으로 재평가해야 비로소 플라톤 사상의 한계도 짚어낼 수 있다.

모방 심리는 자본주의적 소비를 지탱하는 요인

자본주의는 대량생산과 대량소비를 통해 굴러간다. 그런데 대중의 모방 심리가 작동해야 대량 소비가 이뤄진다. 명품 소비나 짝퉁imitation 열풍을 보라. 경제학에서 이런 현상은 속물 효과와 편승 효과

209. 2012년 연세대 사회계열 수시논술도 '모방과 창조성'이 주제인데 논점이 다르다. 한 사회에 새로움이 생겨나는 과정에서 다수가 떠맡는 구실을 물었다. 먼저, 대중은 단순 모방에 그칠 뿐이라는 의견이 있다. 새 종교를 부르짖는 개인은 창조적이겠지만 그를 따르는 대중이 창조적이라 하기는 어렵다. 하지만 예술사에서 '아류'가 갖는 의미는 다르다는 반론도 있다. 걸작을 본뜬 아류는 예술적인 전승의 수단이 됐다. 한편 '모방의 메커니즘'이 창조, 유행, 진보와 같은 사회 현상을 지배한다고 파헤친 의견도 있다. 흔히 창조는 사람들에게 제기된 문제가 온갖 모순적인 창안(상상)을 불러일으키거나 특정한 해석 틀이나 편리한 기계가 등장하는 형태로 이뤄진다. 그러므로 진보는 집단적인 성찰의 결과다. 창안자들 사이의 무수한 모방으로 생겨난다.

개념으로 설명된다. 상류층의 명품 소비 행위는 이른바 '속물 효과'의 결과다. 자기의 남다른 위신을 뽐내려는 것이다. '베블렌(=유한계급의 과시적 소비를 연구한 학자 이름) 효과'라고도 일컫는다. 한편 중산층이나 하류층은 유행에 뒤처지지 않으려고 끊임없이 모방 소비하는 '편승 효과'를 보여준다.

벤야민과 부르디외가 자본주의적 소비구조에서의 계급 간 차이를 주목했다. 벤야민은 패션을 포함한 유행을 개인적 요인要因이 아니라 사회적 요인으로 설명한다. 신분제가 폐지된 근대 사회에서도 상류층(부르주아)은 다른 계층과 자기들을 끊임없이 구별 지으려고 한다. 그들이 패션을 선도하고, 중산층은 이를 모방하는 술래잡기 속에서 유행이 탄생한다. 유행은 차별화를 꾀하는 신분적인 허영심에 따라 '쳇바퀴 돌듯 무한대로 반복'된다.[210]

부르디외는 사회 계급 간에는 문화 상품 소비 방식에 구조적인 차이가 있다고 했다.[211] 계급 간에는 저마다 독특한 문화 소비 취향(패턴)이 나타난다는 것이다. 예컨대 상류층은 고급 클래식 음악을 즐겨 들으며, 종종 해외여행을 떠나는 고상한 취향이 있다. 이에 반해 하층 노동계급은 스포츠 경기를 직접 가서 보거나 TV를 통해 시청할 뿐이다. 한편 중간 계급은 오페라를 모방한 뮤지컬을 관람하거나 영화를 본다. 이때 개개인의 취향은 우연적이고 자생적인 개성의 표현이라기보다는, 그가 소속된 사회 계급의 구조적 속성을 반영한다. 문화 상품

210. 2010년 서울여대 수시논술은 중산층의 '모방' 심리와 상류층의 '구별' 욕망이 다투는 갈등의 경계선에서 유행이 바뀐다는 설명과 자본주의적 대중 소비의 메커니즘을 연결시키라는 문제를 냈다.

211. 2012년 건국대 수시논술에 부르디외의 '아비투스' 개념을 활용하는 문제가 나왔다. 아비투스habitus란 '일정하게 구조화된 개인의 성향 체계'로서 무의식에 속하며 상속되기도 한다. 2008년 한양대 정시 논술에서도 문화 소비와 관련된 계급 간 차이를 다룬 적 있다.

소비에 있어서 개인의 선호도가 가장 중요하다는 신고전파 경제학의 가설이 허구라는 것이다. 문화 상품의 소비는 우선 개인의 취향에 좌우되지만, 그 과정에 여러 사회·경제적 요인들이 개입하므로 심층적으로는 소속 계급의 속성에 영향을 받는다는 설명이다.[212]

이와 같은 논의를 모아서 다음 그림의 변화가 보여주는 사회 현상을 분석할 수 있다.[213]

⇩

⇩

그림 ①, ②, ③은 일정한 줄거리에 따라 전개되는 서사(이야기 구조)이다. 시공간 배경은 19~20세기 유럽의 한 도시로 짐작된다. 나무가 자라고, 하늘에 전깃줄이 나타났다가 사라지며 TV 안테나가 등장하고 주변 건물이 들어차는 과정을 통해 이야기가 꽤 긴 시간에 걸쳐 진행되고 있음을 알겠다. 이웃 사이인 두 인물의 집, 옷, 태도 등을 살펴볼 때 왼쪽의 인물은 하류층, 오른쪽의 인물은 상류층으로 보인다.

212. 그는 문화자본의 차이를 통해 사회 불평등이 대물림된다는 사실을 밝혀냈다

213. 이는 2013년 숭실대 수시논술에서 질문한 것이다. 셈페의 만화인데, 세상살이를 풍자했다. 열쇳말은 '모방' 욕망과 '구별 짓기'다. 후자는 남들과 구별되는 차이를 만들어내서 자기의 가치를 높이려는 욕망의 일종! 한편 2013년 이화여대 인문 2 모의논술은 부富의 축적과 소비 같은 경제 활동이 타인과의 관계에서 비교우위를 점하려는 경쟁 심리에서 비롯된다는 의견을 소개했다.

그림 ①에서 하류층은 상류층이 자전거 타는 모습을 본다. 자전거의 모양을 미루어 보아 아직 초기 단계의 제품이며 따라서 부유층은 자전거의 실용적 가치보다 첨단 제품의 희소성에 끌렸으리라 짐작된다.

시간이 흘러 비로소 하류층이 실용성이 커진 자전거를 이용하는 단계에 이르렀으나 같은 때에 부유층은 자동차를 타는 새로운 단계로 넘어간다.

그림 ③은 하류층에게까지 자동차가 대중화된 시대다. 하류층은 꽉 막힌 도로에 발이 묶인 반면 상류층은 다시 자전거로 회귀했다.

2. 자본주의 구조의 불안정성과 신자유주의적 세계화

'자본주의' 체제는 수많은 문제를 안고 있어서 논술 주제로 자주 나온다. 사회 구성원들 사이의 소득 불평등이나 기업의 독점을 중심으로 하는 양극화 문제, 인간이 노동에서 소외되거나 과잉 노동 혹은 감정노동(=손님을 늘 웃는 낯으로 맞아야 하는 서비스 노동)으로 고통받는 현실, 상품의 아름다움을 내세우는 판매 전략에 따라 생겨나는 소비 왜곡 현상, 효율성을 중시하는 성장논리와 분배의 형평성 사이의 다툼, 선별적이냐 보편적이냐를 둘러싼 복지 정책의 방향 논란 등등.

애덤 스미스는 시장market에 자율적인 조정 기능이 있노라고 큰소리쳤다. 하지만 1929년에 터져 나온 대공황은 시장이 공정한 조정자mediator가 아님을 생생하게 보여주었다. 1929년 뉴욕 증권거래소의 주가 폭락으로 기업과 은행이 무더기로 무너졌다. 공황이 전 세계를 휩쓸었다.

시장이 불공정해지고 형평성이 심각하게 위협받을 때 정부가 끼어든다. 정부가 자원을 효율적으로 배분하고 사회의 형평성을 높일 수 있다는 것이다(수정자본주의). 자유방임주의라는 과거의 경제 기조基調를 수정한 것이다. 케인스 경제학은 공공 부문과 민간 부문이 공존하는 혼합경제를 장려하고, 불황에서 벗어나게 해줄 요소로서 '총수요'를 강조한다. 케인스는 1930년대의 높은 실업률과 디플레이션(물가 하락)에 맞서려면 정부가 '소비'를 북돋아야 한다고 했다. 불황 때 정부가 지출을 늘려야 더 많은 돈이 돌아 소비와 투자가 살아나고 경제가 정상 상태를 회복한다는 얘기다.

논술에서는 이런 사상가들의 견해를 비판적으로 평가하길 요구한다. 예컨대 다음에 제시된 '카오스(혼돈) 체제'가 사회 현상에도 적용될 수 있다고 가정할 때, 애덤 스미스의 자유방임주의 사상과 케인스의 수정자본주의를 각각 비판하라는 식이다. 이런 유형의 비판적 사고는 자연 현상의 작동 메커니즘을 이해한 뒤 이를 사회 현상에 들이대는 '영역 전이(옮겨 가기)'다.[214]

> 복잡계 이론에서는 매우 단순한 결정론적 체제 안에서조차 '마구잡이식random' 움직임이 일어날 수 있다고 본다. 우리가 어떠한 체제에 관해 아무리 자세한 정보를 가지고 있다고 해도 그 작동 과정에서 임의로(멋대로) 생겨나는 수많은 움직임과 그로 인한 불확실성을 극복하기가 불가능하다. 근래 들어 무질서 현상 중에서도 '어느 정도의 패턴을 보이면서 결정론적 법칙에 따라 움직이는 것'이 발견됐다. 이러한 비非정형적인 체제를 '카오스 체제'라고 부른다. 카오스 체제

214. 질문은 2009년 중앙대 수시논술 문제다. '카오스 체제'에 대한 지문은 일부 내용만 간추렸다.

안에서는 초기 상태의 매우 작은 변화가 장기적으로 매우 커다란 차이를 유발할 수 있으며 따라서 그 복잡한 작동 과정을 예측한다는 것은 거의 불가능하다.

2009년 중앙대 수시논술 제시문의 일부다. 카오스 체제는 무질서의 흐름에서도 철저하게 결정론적 법칙을 따른다. 특히 이 체제는 초기의 작은 변수가 장기적으로 전체에 큰 영향을 미칠 수도 있고, 그러한 변수는 예측이 불가능하다. 이러한 체제가 사회 현상에 적용된다면, 애덤 스미스의 자유방임주의는 성립할 수 없다. 그는 개인의 사익 추구가 공공의 이익을 늘려준다는 전제 밑에 시장에서 개인의 자유를 옹호한다. 그러나 개인이 자기 자신의 이익만을 위해 일한다면, 그 과정에서 개인의 지나친 욕심으로 탈법 행위처럼 작은 변수들이 무수하게 생겨날 것이고, 이는 길게 봐서 공익 증진에 커다란 악영향을 미친다. 따라서 카오스 체제의 관점에서 사익 추구가 공익을 북돋는다는 전제는 성립될 수 없다.

한편 카오스 체제의 관점에서 정부 개입이 시장의 안정된 성장을 보장한다는 주장도 설득력이 없다. 정부가 경제 정책을 통해 적극적 개입을 꾀하면, 자칫 잘못된 정책 하나가 시장경제를 뒤흔들 수 있어서다. 또한 정부가 모든 변수를 완벽하게 파악하지 못해 초래될 폐해도 염려된다. 따라서 완벽하게 변수를 통제하지 못할 경우 정부 개입을 옹호하기가 힘들다.

한 가지 더 짚어보자. 시장의 구조적 불안정성 문제에 대해, 개개인의 마구잡이식 이익 추구 성향에 맡겨둘 수도 없고, 정부 개입에 맡겨서도 안 된다면 어쩌자는 것인가. 칼 폴라니는 시장의 구조적 맹점을 날카롭게 파헤쳤다. 자본주의가 상품화할 수 없는 것들을 억지로 상품화했기 때문에 그 자체로 불안정하다고 했다.[215] 이는 '상품 허구(픽션)'란다. 곧, 존엄성을 지닌 인간의 노동력, 제도와 신뢰의 표시인 화폐, 만인이 공유해야 할 자연이 돈으로 사고파는 상품이 돼버려서 사회가 틀림없이 불안정해진다는 비판이다. '악마의 맷돌'인 시장에 맡겨진 인간은 노동 착취나 일자리 잃은 고통을 견뎌내야 한다. 자연환경은 오염되고, 식량과 원자재를 생산하는 능력도 파괴된다. 화폐의 공급을 전적으로 시장 기구에 맡기면, 화폐 부족이나 과잉에 따라 영리 기업들은 주기적으로 파산하고 경기가 불안정해진다. 그는 암울한 현실에 대한 반작용이 반드시 나타난다고 봤다. 악마의 맷돌이 낳는 불안정성에 대한 반작용으로 '사회의 자기 보호'가 나타난다는 것이다. 노동조합, 사회입법과 사회보장제도, 중앙은행과 탄력적 금융제도, 국가가 떠맡는 의료 및 교육제도 실시 등 시장의 횡포에 맞서는 사회적 장치를 만들게 된다는 것이다.[216]

신자유주의 세계화는 모두에게 이익이 되는가?

신자유주의는 '탈규제-민영화'를 부르짖는 생각이다. 하이에크 등은 케인스 경제학을 바탕으로 국가 개입과 복지정책을 지나치게 몰아붙인 결과로 1970년대 유럽 경제가 침체되고, 사회적 활력이 떨어졌다고 비난했다. 사회주의에 대해서도 경제 계산이 불가능하기 때문에 정부 개입이 결국 국가적 재앙을 초래한다고 비판했다.

215. 그는 시장경제가 세상을 휩쓺에 따라 사람이 영혼 없는 짐승이 됐다고 탄식했다. 사람은 단순히 밥벌이만을 위해 일하는 게 아닌데 그렇게 강요된댔다. 시장이 판치는 곳에 사회는 없다. 그가 쓴 『거대한 전환』 참고.

216. 2008년 서울대 예시논술은 칼 폴라니의 얘기를 소개하면서, 자본주의 시장이 노동, 토지, 화폐를 '상품 허구'로 끌어들여 파국을 만들고 있으며, 이를 막으려면 사회적 개입이 필요하다고 말했다.

논술에서 신자유주의와 세계화는 단골로 나오는 주제다.[217] 세계화에 대한 옹호와 비판의 관점을 묻는 경우가 많다. 먼저, 세계화를 긍정하는 이야기는 다음과 같은 근거를 든다. 첫째, 관세 인하나 철폐를 통한 자유무역이 상호주의적 협상 없이도 정치, 경제적 힘의 증가를 가져올 것이다. 둘째로, 문화적 세계화가 진행됨에 따라 물리적 거리와 상관없이 많은 사람들이 상호 협력을 통해 자신들의 에너지와 재능을 활용할 수 있게 된다. 셋째, 국가 간의 교역 개방을 통한 상품들의 교환이 서로에게 이익이 되므로 세계화에 따른 개방이 현명하다는 것이다.

세계화를 부정적으로 보는 쪽도 팽팽하게 맞선다. 인터넷과 같은 통신 및 운송 기술의 혁명적 변화로 인해 세계화가 불가피하다고 보는 것은 잘못이며 세계화의 정도를 결정하는 것은 정치라는 것이다. 게다가 경제 논리에 따른 문화 세계화는 문화 획일화, 지역문화의 소멸, 개인의 창의성 약화 등의 부정적 결과를 낳는다.

두 견해를 고려하면서 다음 〈자료〉에 나타난 현실을 찬찬히 따져보자.

〈자료〉는 개발도상국의 시장 자유화 정도와 평균 1인당 국민소득 증가율의 시기별 연관을 보여주고 있다. 실제로 1960~1980년에 견줘서 시장 자유화가 크게 진전된 1980~2000년 기간에 개발도상국들의

217. 2014년 숙명여대 수시 인문 1교시 논술은 한나 아렌트의 『인간의 조건』을 제시문으로 냈다. 신자유주의 지배세력이 사적 소유를 악착같이 두둔해서 공적인 것이 '박탈'되었다는 얘기다. 가령 미국의 사기업들이 미디어 기구를 죄다 장악한 결과, 의사 결정이 소수에게 집중돼 민주주의가 후퇴했으며, 영국 정부가 철도 민영화를 밀어붙여서 얻은 '효율성'은 개별 기업의 이윤 극대화일 뿐 시민의 안전이나 공공 서비스의 효율은 아니었다는 지적이다. 2015년 서강대 모의논술은 생명체 간의 경쟁과 협력에 빗대어 자본주의의 속성을 설명하고, 역사적인 통계자료를 활용하여 19세기 말 세계화 추이(추세)를 살피라는 문제를 냈다. 한편 2015년 성균관대 모의논술은 세계화에 대한 찬반론을 직접 다뤘다. 다음에서는 성균관대 문제의 일부를 소개한다.

〈자료〉

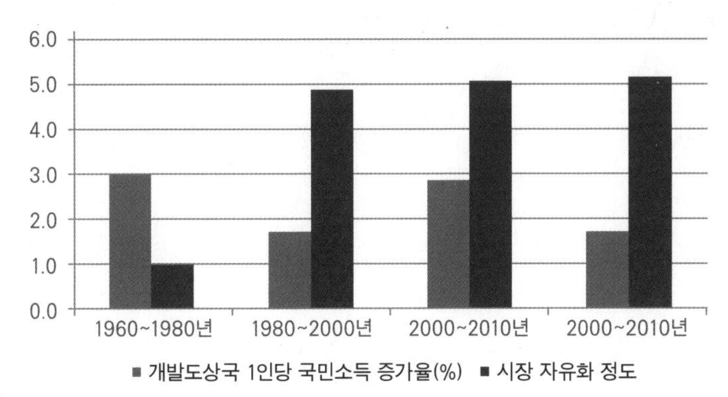

중국, 인도 제외(중국과 인도는 이 시기 시장 자유화 정책을 채택하지 않았음).

평균 1인당 국민소득 증가율이 크게 줄어들었다. 그 뒤로 2000~2010년 기간 동안 1인당 국민소득 증가율이 회복된 것처럼 보이지만, 이는 중국과 인도의 국민소득 증가율이 크게 오른 덕분이다. 이 무렵 중국과 인도가 통상적인 시장 자유화 정책을 채택하지 않았음을 감안하면, 시장 자유화는 2000년 이후 개발도상국의 국민소득 증가율 회복에 전혀 기여하지 않았다. 결과적으로 이 도표는 시장 자유화가 개발도상국의 경제 성장에 오히려 부정적 영향을 끼쳤음을 말해 준다.[218]

이런 분석 결과를 종합하면 세계화 긍정론을 비판할 수 있다. 먼저, 시장이 자유화될수록 소득 증가율이 떨어진 것을 보자면 자유무역이 양국의 이익에 부합한다는 주장은 현실적인 타당성이 떨어진다. 또한 세계화가 진행되면 모든 국가가 혜택을 받고, 개개인들의 재능이 중시

218. 2015년 모의논술에서 성균관대가 이 〈자료〉를 출제한 의도는 시장 자유화 정도로 측정되는 세계화가 개발도상국의 경제 성장에 '어떤' 변화를 가져올지 분석해서 세계화의 경제적 영향력을 평가하라는 것이다.

된다는 입장도 잘못이다. 왜냐하면 〈자료〉에서 개발도상국은 개방화의 혜택을 거의 받지 못한 것으로 나타나기 때문이다. 한편 자유무역이 서로에게 현명하다는 주장도 설득력이 떨어진다. 〈자료〉에 따르면 시장 자유화를 하지 않은 인도와 중국이 높은 경제 성장을 이뤄냈기 때문이다.

3. 소유와 빈곤, 불평등에 대한 철학적 성찰

존 로크는 자본주의적 소유권 개념을 가다듬었다.[219] 인간의 노동생산물은 그의 소유물이 된다. 개개인이 해낸 노동과 손의 작업은 당연히 그의 것이다. 또한 자연이 제공한 것에다가 자기 노동을 섞고 무엇인가 자신의 것을 보태면, 해당 물건은 그의 소유가 된다. 곧, 인간의 노동이 첨가될 경우 자연 대상물은 공유의 상태에서 벗어나 개인의 소유가 되며, 그의 노동이 첨가됐기 때문에, 소유물에 대한 타인의 공통된 권리가 배제(묵살)된다.[220]

로크의 소유권 이론은 아무런 노력도 하지 않고 편히 먹고사는 귀족들에게 퍼부은 날카로운 공격이었다. 한편 로크는 노동에 의한 소유를 주장하면서 두 가지 단서(부속 조건)를 달았다. 첫째는 '다른 사람들을 위해 공동으로 남아 있는 것이 충분해야 한다'는 것이다. 어떤 이가 열심히 노력해서 우물 하나를 팠다면 그 우물은 그의 소유가 되지만, 마을 사람들이 열심히 노력해도 다른 우물을 찾을 수 없

219. 2008년 서울대 예시논술은 로크의 소유권 이론이 정보 사회의 '지적 재산권'에 통용될 수 있는지 물었다.
220. 민법에서 소유권이란, 소유물에 대해 배타적으로 사용·수익·처분할 수 있는 권리이다. 그의 『통치론』 참고.

다면 다른 우물들이 충분히 발견될 때까지는 그의 소유가 될 수 없다는 논리다. 둘째 '하인下人의 노동의 산물은 주인 차지'라고 했다.[221] 로크의 시대에 '시민'이란 세금을 낼 수 있는 수준의 재산을 가진 자로 제한되었기 때문에 그도 이런 주장을 당연하게 여긴다. 하지만 이는 노동자가 일한 것 가운데 잉여노동을 공장주(부르주아)가 가져가는 것을 두둔하는 논리다. 로크는 봉건 귀족에 맞서 노동에 의한 소유권 이론을 떠들면서, 하인이나 노동자에 의한 노동에 대해서는 소유권 이론의 적용에서 예외로 돌려버렸다. 이중二重의 잣대를 들이댄 것이다.

루소는 소유권이 북돋아주는 부자들의 탐욕을 비판했다. 『인간 불평등 기원론』에서 그는 두 가지 불평등을 구분한다. 자연적 불평등은 키, 지능, 성별의 차이 등이다. 이와 달리 사회적 불평등은 사람들 사이의 약속과 합의에 의해 정해진다. 그가 문제 삼는 것은 부, 권력, 명예 등 인위적인 문화로 생겨나는 사회적 불평등이며, 이것이 인간을 타락시킨다고 했다. 자연 상태에서 인간은 착한 본성을 품고 있는데, 땅에 울타리를 치고 '이것은 내 땅'이라고 선언한 사람들 때문에 불평등이 생겨났다는 것이다. 루소의 대안은 '자연 상태로 돌아가자'는 것이다. 이는 원시 상태로 돌아가자는 말이 아니라 우리 모두, 애초의 선한(착한) 본성을 회복하자는 얘기다.

사적 소유권이 제국주의와 환경 파괴의 길을 열었다

당신들은 어떻게 저 하늘이나 대지의 온기溫氣를 사고팔 수 있는가?

221. 그는 "내 하인이 잔디밭에서 뜯어온 뗏장…… 등은 누구의 양도(동의) 없이도 내 것이 된다"고 했다.

대기의 신선함과 반짝이는 물을 우리가 소유하고 있지도 않은데 어떻게 그것들을 팔 수 있는가? 우리에게는 대지의 모든 것이 신성하다. (중략) 짐승들, 나무들, 그리고 사람은 같은 숨결을 나누고 산다. 그런데 백인들은 자기가 숨 쉬는 대기를 느끼지 못하는 듯하다. 악취에 무감각하다.

고교 문학 교과서에 실린 미국의 시애틀 추장의 글은 유럽의 제국주의적·자본주의적 소유 개념을 뿌리째 비판한다. 로크의 생각과 정면으로 충돌한다. 로크에게 사적 소유권은 자신이 투여한 노동의 가치를 반영한 것으로 인간의 편익benefit 증진에 꼭 필요하다. 심지어 그는 아메리카 인디언들은 사적 소유권을 인정하지 않아서 자연이 주는 풍요를 누리지 못하고 있다고까지 비판한다. 이와 달리 시애틀 추장은 자연의 일부인 인간이 자연을 소유하는 것은 불가능하다고 갈파하고, 사적 소유권을 절대적인 것으로 떠받든다면 삶의 질도 떨어질 것이라 경고한다. 그는 자연을 소유물로 여기는 백인들에 의해 (인류의 삶의 터전인) 자연이 파괴되고 있다고 고발했다.[222]

불평등한 현실과 '정의'

'빈곤'이란 인간의 기본 욕구가 충족되지 않은 상태다. 절대적 빈곤과 상대적 빈곤의 두 가지가 있다. 그런데 현대 사회에서는 절대적 빈곤보다 상대적 빈곤이 더 주목을 받았다. 첫째, 시장 지향적 사고가 널리 퍼져서 거의 대부분의 것이 상품으로 바뀌었고, 이에 따라 상대

222. 2014년 건국대 상경계열 수시논술은 사적 소유권 개념을 비판적으로 성찰하고, 소유에 대한 여러 관점을 살피는 내용이다. 존 로크의 '소유' 이론, 환경주의자들에게 중요한 문헌이 된 시애틀 추장의 글, 세상 무엇이든 남들에게 빌린 것이라는 깨달음을 건네주는 이곡(14세기)의 수필 「차마설借馬說」을 실었다.

적 욕구가 높아졌기 때문이다. 둘째, 오늘날 자본주의 사회가 사람들에게 인위적으로(일부러) 상대적 박탈감을 불어넣어서 소비를 부추기기 때문이다. 소비자들이 부자를 숭배하는 세상이 돼야 소비주의를 기반으로 자본주의 사회가 굴러간다. 그러나 현대 사회가 상대적 빈곤에만 관심을 두다 보면 절대적 빈곤에 허덕이는 사람들에 대해 오히려 무관심해진다. 그래서 절대적 빈곤층에 대한 사회적 배려(복지 대책)가 소홀해질 수 있다.[223] 이는 소비자본주의 속에서 (최저 생활을 보장해줘야 할) 절대적 빈곤이 오히려 외면당하는 '빈곤의 딜레마'로 귀결된다.[224]

롤스에 따르면, 정의는 개인적 차원이 아니라 사회적 차원의 문제이므로 바람직한 사회구조와 제도를 세워야 비로소 구현된다. 구성원 모두에게 실질적인 기회의 평등을 보장하고, 최선의 자아실현이 가능하도록 돕는 사회라야 정의롭다. 그는 정의의 원칙으로 '평등한 자유의 원칙'과 '차등의 원칙' 두 가지를 내놓았다.[225] 후자는 '기회 균등의 원칙'과 '최소 수혜자 최대 이익의 원칙'으로 나뉜다. 사회에서 가장 불리한 처지에 놓인 '최소 수혜자'들에게 최대의 이익이 돌아가도록 '역차별적인 분배'를 단행해 사회 안전망을 넓혀야 한다. 모든 사회 구성원의 운명은 무지無知의 베일에 싸여 있다. 누가 부유해질지, 또 누가

223. 2014년 2월 생활고를 비관한 서울 송파의 세 모녀가 번개탄을 피워놓고 제 목숨을 끊었다. 세 모녀가 병을 앓아 수입이 끊겼는데도 사회로부터 어떤 도움도 받지 못한 사실이 알려지면서 복지제도의 허실에 대해 논란이 일어났다. 요즘 급속하게 고령 사회로 바뀌어 노인 빈곤 문제도 심각하고, 젊은 층에서는 '(연애, 결혼, 출산, 대인관계와 내 집 마련을 포기한) 5포 세대'가 늘어나고 있다. 통계청의 2015년 1월 고용 동향 데이터로는, 취업 준비자와 구직 단념자, 불완전 취업을 합쳐서 15~29세 청년층의 체감 실업률이 21.8%에 이른다. 107만 명이다. 영국은 이런 청년층을 '차브', 일본은 '사토리' 세대라 일컫는다.

224. 2014년 동국대 수시논술은 절대적 빈곤과 상대적 빈곤 개념을 적용하여 현실을 분석한 뒤, 상대적 빈곤을 자극해서 소비를 부추기는 사회 분위기에 휩싸여 정작 절대적 빈곤이 외면당하는 문제를 살피라고 했다.

225. 2011년 동국대 수시논술은 롤스의 '정의론'을 검토하라는 문제를 냈다.

사회 극빈층의 나락으로 떨어질지 아무도 모른다. 따라서 사회 구성원들은 기본적 자유를 모두에게 주되, 인간다운 삶을 살 만큼의 평등은 보장할 것을 합의하게 된다.

롤스는 자본주의의 구조적 불평등을 어쩔 수 없는 현실로 인정하고 '제도'로 보완하자는 의견이다. 따라서 불평등 문제에 대해 근본 대안이 될 수 없다는 한계가 있다. 그의 견해는 자유주의의 '폐기'가 아니라 자유주의의 상황적 '적용'에 가깝다. 하지만 그는 자유권을 유연하게 생각해서 약자를 위해 재산권을 제한할 수 있다고 부르짖는다. 예컨대 부유층에 대해 누진세율로 세금을 부과하는 것이다. 롤스의 '정의' 개념에서는 부유층으로부터 고율의 세금을 걷어 가난한 층의 복지를 확충하는 것이 정의롭다. 그는 저소득층의 소득이 늘어나도록 돕는 정부의 정책적 노력이 소중하고, 나날의 삶에서도 경제적 약자를 우선 배려하는 자세가 긴요하다고 우리를 일깨운다.

4. 다양성의 시대, 공감과 관용은 어떤 의미를 띠는가?

최근 '다문화' 이야기가 논술에도 자주 나온다.[226] 그 화두는 공감[227]과 관용이다. 관용tolerance은 정치, 종교, 도덕, 학문, 사상, 양심 등의

226. 2015년 경희대 사회계열 모의논술은 낯선 문화를 맞는 다양한 태도를 정리한 뒤, '문화적 주체의식이나 정체성 없는 똘레랑스는 불가능하다'는 문제의식에 따라 각각의 문화 이해 방식을 비판하라는 문제를 냈다. 2015년 경희대 인문예체능 모의논술은 여러 상황에서 타자와 공감하는 양상을 분석하라는 문제를 냈다.

227. 2014년 연세대 인문계열 수시논술은 '공감'과 관련된 주체, 상상, 폭력 등의 개념을 논리적으로 연결하여, 그 여러 측면을 이해하는 능력을 따져 묻는 문제다. 2015년 연세대 사회계열 수시논술은 '차이와 갈등'을 주제로 삼았다. 예컨대 다른 문화를 이해하려는 프랑스인 부부가 알제리인들이 일으키는 현실적인 문제로 피해를 겪고, 자기 신념을 배반하는 행동을 한 뒤 느끼는 죄의식을 여러 각도에서 짚어보라는 문제다.

영역에서 의견이 서로 다를 때 입씨름은 벌이되 물리적 폭력에 호소하지는 말자는 생각이다. 똘레랑스의 뜻은 '너그럽게 용서하고 용납하는 것'이다. 어떤 개인이나 단체가 자신이 나쁘다거나 혐오스럽게 생각하는 것을 표현하거나 실행한다 해도 노골적인 권력 행사(박해)를 삼가고, 그 공존을 다짐하는 태도다. 하지만 타자의 신념이나 기호에 전혀 신경 쓰지 않는 '무관심'과는 다르다.

관용의 사상은 종교 분쟁과 관련해서 출현했다. 종교개혁 이후 서유럽에서 종교적 대립이 정치적 위기를 불러내자 국가와 교회의 문제를 구별하는 '정교政教 분리' 원칙이 세워졌다. 이는 일종의 소극적인 관용론이다. 이러한 관용의 원리는 일반적인 사상의 자유로 확대돼, 강자가 약자(소수자)의 사상을 탄압하지 말고, 의견의 다양성을 북돋아야 한다는 적극적인 관용론으로 이어진다. 현대 사회에서는 관용의 이념이 인종, 성(동성애), 예술 등 모든 '차이'의 문제로까지 확대됐다.

이처럼 관용의 역사는 다양한 '비非관용'의 대상들이 '무관심'의 대상으로 바뀌어가는 태도 변화의 역사다. 따라서 관용 사상에는 '비관용'의 영역을 어디로 정할 것인가 하는 물음이 늘 따라다닌다. 이치를 따지자면 '관용'을 옹호한다는 말에는 자신이 올바르지 않다고 생각하는 신념을 부정하지 않는 것이 올바르다는 역설逆說이 깃들어 있다. 관용을 덕성으로 삼는 사회가 그 사회 자체를 위협하는 존재에 대해 어디까지 관용할 것이냐 하는 문제다.

관용이 차별의 수단이 될 수도 있다

관용은 성숙한 민주주의를 위해 요구되는 기본 가치로서 다른 것에 대한 인정과 다양한 집단의 평화로운 공존을 강조한다. 관용의 가치를 힘써 긍정하는 입장에서는 이렇게 말한다.

"관용의 궁극적 지향은 인간의 참된 자유인데, 진정한 의미의 자유란 다른 사람의 자유를 침해하지 않는 선에서 다양성을 발휘하고 자유를 누리는 것이오!"

> 관용은 실제 정치에서 언제나 지배자가 베푸는 미덕으로서만 구실한다. 소외된 자들의 보호를 목적으로 할 때조차, 관용은 지배의 다른 표현이다. 개인적 덕목으로서의 관용도 이러한 불평등한 관계를 상정하고 있다. 관용의 실천은 언제나 고귀한 것으로 여겨지기 때문에, 관용의 대상은 어김없이 열등한 것으로 여겨질 수밖에 없어서다. "나는 관용적인 사람"이라는 선언은 화자를 품위 있고 예의 바르며, 절제와 아량, 세계시민주의와 보편성, 그리고 폭넓은 시야를 갖춘 사람으로 만드는 동시에, 관용의 대상이 되는 이들을 부적절하고, 무례하며, 근시안적이고 편협한 이들로 만든다.

웬디 브라운이 쓴 『관용: 다문화제국의 새로운 통치 전략』의 일부다. 관용에 대한 통념을 비판했다. 겉으로는 평화와 공존을 지향하지만 관용이 내세우는 가치들의 뒷면에는 상반된 의미가 담겨 있단다. 관용은 다름에 대한 인정, 타인에 대한 포용과 협력을 뜻하지만, 동시에 타인에 대한 선 긋기를 내포하며 나와는 다른 바람직하지 않은 것, 부적절하고 천박하다고 여겨지는 것들을 규제하려는 의도로 쓰일 수 있다는 말이다. 실제 현실 정치에 관용이 적용될 때는 권력을 가진 쪽(지배세력)이 소외된 자(아웃사이더)들에게 베푸는 것이 돼버려서, 관용을 실천하는 자와 관용의 대상이 되는 자 사이에 불평등한 관계가 오히려 도드라진다. 따라서 관용이 갖는 포용, 협력, 수용, 민주주의와 보편성 등의 긍정적인 뜻과 달리 현실적으로 사람들을 구분 짓고, 차별하는 도구로 악용될 수 있다는 지적이다.[228]

228. 2012년 이화여대 인문 1 모의논술은 '폭력'에 대한 다양한 시각을 살폈다. 웬디 브라운의 『관용』을 제시하고, 개인적 차원에서의 관용은 권장될 수 있지만 정치적 차원에서의 관용은 오히려 폭력을 두둔하는 권력과 결탁해 악용될 수 있음을 파악하라고 주문했다. 2013년 성신여대 수시논술도 관용의 가치를 부정하지는 않지만 이를 현실세계에 적용할 때 한계가 있음을 파악하라는 문제를 냈다.

2 도표-그래프 분석

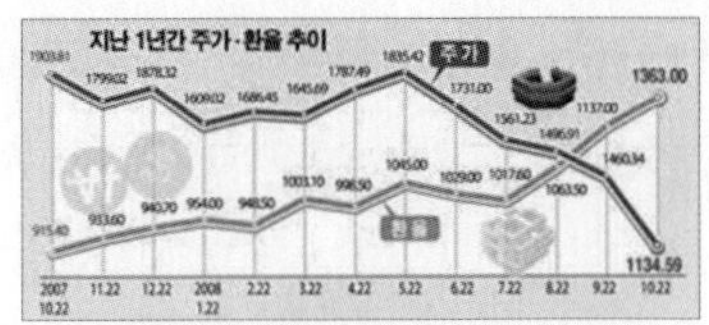

채점하기 편해서, 정답 시비가 붙지 않아서 요즘 통계와 도표를 묻는 논술 문제가 늘어났다. 대학교수들을 돕는 시험이 됐다.

최근 논술에서 다양한 자료(도표, 그림)를 분석하라는 문제가 많이 나온다. 제시문의 논지를 묻는 요약이나 분류·비교 문제를 낸 뒤, 도표-그래프 해석 문제를 덧붙이거나 자료 해석을 통해 '비교형'과 '비판형' 혹은 '문제 해결형' 문제의 근거를 찾으라고 한다. 연세대에서 가톨릭대에 이르기까지 열두 개 대학이 그랬다. 도표나 그래프를 제시문으로 내놓기도 하고, 상경계열에서는 수리논술 문제를 끼워 넣기도 한다.[229] 하지만 인문사회계열에서 숫자를 내놓는 경우는 대부분 통계자료의 의미를 해석하거나 수험생이 자료를 자신의 논거로 쓰라고 요구하는 것이다. '경우의 수'를 꼼꼼히 따져보라는 문제도 가끔 나온다. 이런 논술 유형에 대비하려면 평소에 도표나 그래프를 자주 들여다보

229. 한양대 상경계, 중앙대 경영경제계열, 경희대 사회계열, 건국대 인문사회계 2(상경계열), 숭실대 경상계는 20~60점짜리 수리논술 문제를 낸다. 고려대 문과 전체에서 25점짜리 수리논술 문제를 내는 까닭은 수학 점수에 대한 '보정 평가'의 의미인데, 이들 5개 대학은 그런 뜻 말고도 상경계열 학습에 중요한 도구과목인 수학적 풀이 능력을 중시하는 것이다. 한편 이화여대 '인문계열 2'의 경우 2013학년도까지 수리논술 문제를 냈지만 2014학년도 모의논술부터 경제 현상을 중심으로 한 통계분석 문제로 바뀌었다. 표의 일부에 대한 계산 과정이나 표의 내용을 중심으로 한 수학적 결과 도출의 과정이 있기는 해도 앞선 다섯 개 대학의 수리논술 문제와 견줘 그 유형과 성격이 다르다.

고 그 의미를 잡아내서 서술하는 연습이 필요하다.

숲을 먼저 살피고서 나무를 들여다봐야

자료 분석 문제는 주어진 자료에 담긴 의미를 캐내고 제 생각까지 밝히라는 논술 유형이다. 통계자료만 덩그러니 주어지는 것이 아니라 논제의 요구 사항이 분명하다. 글로 된 다른 제시문도 곁들인다. 다른 제시문과의 연관을 파악하고, 자료에 나타나 있는 사실을 있는 그대로 읽어서 자료 속에 숨겨진 의미까지 찾아내야 좋은 답안이 된다. 빈부 격차, 정보 격차, 성차별, 출산율 저하, 비정규직, 다문화 가정 증가, 가족 형태의 변화 등이 제시문으로 나왔다. 현황이나 실태, 문제의 원인을 보여주는 자료라는 사실에 주목하고, 주어진 문제 상황을 고려하여 자료를 해석해야 한다. 특히 수치의 증감이 담고 있는 뜻이 무엇인지 따져본다.

그런데 대다수 학생들은 통계자료를 접할 때 겁부터 낸다. 이해할 수 없는 온갖 기호와 그래프가 섞인 수학 문제를 접하는 느낌이라고 한숨을 자꾸 쉰다. 비非문학 경제 지문이나 사회탐구영역 경제, 사회문화 과목의 표 분석 문제를 풀 때도 난감해한다. 그런데 어쩌랴! 대학교수들이 학생들의 이런 고충(!)을 다 알면서도 일부러 통계분석 문제를 내는 것을! 정답 시비가 붙지 않고, 채점이 간편해서! 학생들이 용기 내어 덤벼들더라도 일부 자료만 주목하거나 그마저도 잘못 해석하는 경우가 허다하다.[230] 하나의 통계자료도 다양한 관점에서 볼 수 있다는 사실을 깨닫지 못한다. 다음과 같은 순서로 분석에 나서기 바란다.

첫째, 통계자료의 주제/제목/항목을 읽고 독립변수와 종속변수의 인과/상관관계를 살핀다. 예컨대 민주화가 양호한 나라의 비율은 같은 이슬람권이더라도 아랍권에 속하는지 여부에 따라 다르고, 소득수준이 높고 낮음에 따라 다르다. 국가별 폭력 시위 빈도(=잦은 정도)와 최루탄 사용량의 상관관계, 이라크 전쟁 전후로 세계 전체의 테러 발생 건수 및 테러 사망자 숫자가 증가/감소하는지 여부, 계층 분파별 고급문화에 대한 선호도 차이, 나라별 인구 대비 법조인구 및 변호사 1인당 인구, 한국의 인구 대비 변호사 숫자 및 법률상담 건수 추이를 꼼꼼히 따져본다.

둘째, 작은 글씨로 표나 그래프의 특정 개념을 설명하고 있다면, 반드시 이 개념을 이해하고 표 분석에 들어가자. 이는 해당 자료를 조사한 연구자가 통계에서 무엇을 어떻게 연구할지 정리한 '개념'이기 때문에 자료 해석에서 핵심 열쇠가 된다. 연구자의 '연구 설계' 과정에서 '개념의 조작적인 정의operational definition'가 달라지면 연구의 방향이나 구체적인 조사 대상이 달라진다.[231] 이를 놓칠 경우, 도표 해석에서 중심 내용을 빠뜨리거나 자칫 함정에 빠지기 쉽다. 특히 교과서에서 본 듯한 익숙한 그래프라도 개념을 어떻게 사용하는지에 따라 판이하

230. 중고교 교과서에는 통계자료가 많이 실려 있고 매일 인터넷에 올라오는 통계자료도 엄청나다. 그 자료를 읽어내지 못하면 정보사회의 '문맹'이 돼버린다. 이를테면 2015년 현재 1인당 GNI(국민소득)가 2만 달러를 넘어 3만 달러에 가깝다는 기사가 종종 실린다. 하지만 통계청이 발표한 2013년 한국 지니계수는 처분가능소득 기준 0.348로 경제협력개발기구OECD 회원국 가운데 6번째로 불평등한 수준이다. 두 통계자료를 합쳐보면, 한국 사회는 경제 규모가 커졌는데도 빈부 격차가 매우 심각하다는 사실을 알게 된다. 국민소득 2만이나 3만 달러는 '평균값'일 뿐 대다수 국민의 소득은 2만 달러에 훨씬 못 미친다. 미국과 일본/중국이 '환율전쟁'을 벌이는 불안스러운 세계경제 형편을 감안한다면 국민소득 3만 달러는 신기루 같은 것이다. '통계학statistics'의 어원語源은 국가를 다스리는 기술이었다. 통계에 속지 말아야 한다.

231. 대상을 경험적으로 측정할 수 있게끔, 일상 용법과 달리 엄밀히 정의한 것. 일부 사회과학에도 도입됐다.

게 다른 내용을 담을 수 있다. 논술 문제의 지시사항이나 조건을 유심히 살피자. 그래프라면 X축과 Y축의 변수를 파악하고 둘 간의 상관관계가 정비례인지 반비례로 나오는지, 그 상관성이 큰지 작은지를 파악한다. 표의 경우도 통계 항목을 설명하는 부분이나 용례 및 항목의 뜻을 먼저 새겨야 한다.

셋째, 항목별 기준점을 잡고 가장 두드러진 특징을 잡아낸다. 표나 그래프의 두드러진 특징을 꼭 한 가지로 집어내기는 어렵다. 항목별 1위 내용과 수치, 연도나 항목별 추세(추이), 변곡점에 주목해서 꼼꼼히 체크하면 전체 특징을 빠뜨리지 않고 파악할 수 있다. 첫 항목을 읽으면서 어떤 내용을 담고 있는지 그 뜻을 새기는 것도 좋은 방법이다. 통계자료가 그래프 형태라면 X축과 Y축이 기준이 된다. 통계자료가 표 형태로 주어진다면 기준점은 가로 혹은 세로의 항목별 100%나 전체를 중심으로 세워야 한다. 특히 기준점 100%에서 1위 항목을 표시하고, 그 의미를 적극적으로 해석해야 한다. 항목별 1위는 가장 두드러진 특징이 될 수 있다. 전체 평균보다 얼마나 높은지, 최하위에 비해 몇 배나 큰지 기준점을 잡아 그 수치를 정확히 계산하고 메모해둔다. 사회조사 지표로서 최근 논술에 많이 나오는 국제결혼의 비중, 1세대 가구의 비율, 고령화 지수, 소득 분위별 소득 점유율 등의 뜻은 별도의 개념으로 주어지지 않더라도 알아두고 있어야 한다. 또한 총부양비, 유소년 부양비, 노년 부양비는 비용(액수)이 아니라 '비율'이다. 이 수치가 어떻게 바뀌고 있는지도 살피자.

넷째, 연도年度나 연령별 통계자료라면 '추세선'을 그려서 전반적인 추이나 경향을 파악한다.

연도나 연령별로 달라지는 모습을 잡아내려면 직접 추세선을 그려봐야 한다. 머릿속으로 생각하기보다는 연필로 직접 그려보면서 해당 항목의 내용이 줄곧 늘어나는지 줄어드는지, 혹시 늘어나다가 줄어드는 부분이 있는지, 아니면 줄어들다가 늘어나는 변화가 있는지 면밀히 살핀다. '지속적 증가', '지속적 감소', '감소하다가 증가', '증가하다가 감소' 등을 표시한 뒤에는 그 의미를 반드시 읽어내야 한다. 변곡점이 있는 것은 특정한 요인에 의해 변화가 생겼다는 뜻이다. 변곡점은 그래프에서 증가가 감소로, 감소가 증가로 돌아서는 지점이다. 특히 통계의 시작 시점(연도)의 수치와 끝날 시점(연도)의 수치가 커졌는지 작아지는지 세심하게 살피자. 만일 절대적인 수치의 나열이라면, 연도별 비중을 하나하나 계산해서 그 비중이 어떻게 바뀌고 있는지 살피고, 상대적인 수치의 변화라면 절대적인 수치와 연결시켜 살펴야 숨겨진 의미까지 읽을 수 있다.

다섯째, '변곡점'이 있으면 '왜' 변화가 생기는지 알아봐라. 도표에서 연도별 변화 추이가 바뀌는 지점(변곡점)이 나타나면 전후 맥락을 잘 살펴야 그 변화의 의미를 읽어낸다. 추세가 변하는 원인이나 배경이 무엇인지 생각해서 제시문과 연결하라.

예컨대 다음 자료(통별·연령별 경제활동참가율, 1990-2010)의 경우 '2010년 남성의 경제활동참가율'을 기준으로, '1990년 여성의 경제활동참가율'이 '2000년 여성의 경제활동참가율'에서는 어떻게 달라지고 있으며 '2010년 여성의 경제활동참가율'의 변화는 어떤 의미인지 파악해야 제대로 이해한 것이다. 결론부터 말하자면 'M 커브'[232]가 완화되

232. 한국 여성은 가장 활발히 일해야 할 20~30대에 육아 부담으로 사회 활동을 중단하고 가정에 머무르는 사람이 많다. 이는 상당 기간 '노동시장 단절'로 이어지고 결국 소중한 여성 고급 두뇌를 놀려두게 된다. 'M 커브'가 이런 실정을 나타낸다. 여성 사회 참여가 활발한 캐나다와 스웨덴은 U자를 뒤집어놓은 형태를 띠는데 우리는 'M자' 모양이다. 재취업도 쉽지 않다. 일을 한참 쉬었으니 전문가가 되기 어렵고 재취업을 할 경우도 단순직이나 계약직 같은 하급 직종에 빠지기 쉽다.

통별·연령별 경제활동참가율, 1990-2010

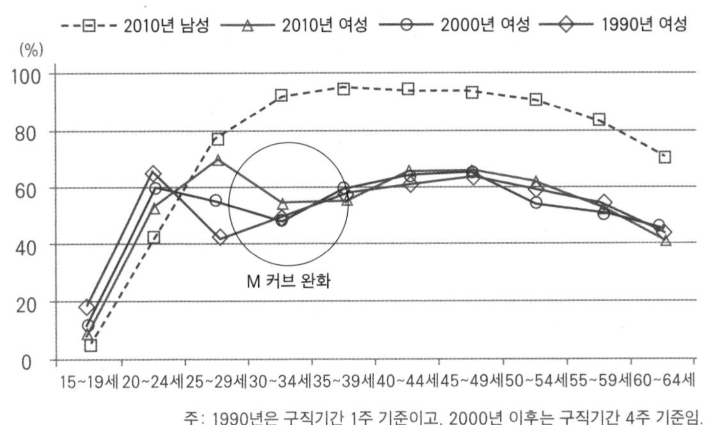

주: 1990년은 구직기간 1주 기준이고, 2000년 이후는 구직기간 4주 기준임.
출처: 통계청, 『경제활동인구조사』 각 연도.

고 있다는 점에 주목해야 한다.

하지만 먼저 파악할 것은 20대 초반까지 남성과 비슷했던 여성의 경제활동참가율이 왜 25~35세 사이에 급속히 떨어지고, 35세 이상에서는 다시 급증하는지 그 이유다. 곧, 결혼과 출산 및 육아의 부담이 여성의 경제활동참가율을 떨어뜨리는데, 이는 여성에 대한 구조적 차별에서 비롯된다. 또한 35세 전후로 여성의 경제활동참가율이 늘어나지만, 이 경우 근무 연속성이 약한 상태라서 남성보다 저임금에 비정규직의 일자리를 얻는다. 그래서 여성의 전반적 경제적 지위가 높아지기 어렵다는 (숨겨진) 내용까지 읽어야 그 의미를 잡아낸 것이다.

여섯째, 전체 특징이나 세부적인 속성과 숨겨진 의미를 여러 문장으로 간추리되, 구체적인 수치를 써서 나타내라. 통계자료는 대부분 이론이나 가설의 검증을 위해 출제된다. 따라서 구체적인 수치의 의미나 변화를 통해 그 타당성을 검증하거나 반론하라는 게 출제 의도이다. 굳이 가설 검증 문항이 아니라고 해도 구체적인 수치를 활용하여 그

의미를 파악하고 설명할 때, 더욱 생생하게 현실을 이해할 수 있다. 이때 절대적인 수치의 증감, 증가(감소)율, 전체 평균 혹은 기준점(1위나 최하위)과의 차이(%p)를 설득력 있게 사용하자.

일곱째, '주제나 제목의 의미' → '전반적인 추세나 경향' → '특징적인 내용이나 변화' → '(출제 의도에 맞춘) 평가' 순서로 글을 써나가라. 도표나 그래프 전체는 이러저런 내용을 담고 있는데, '대체로는 이런 특징'이라고 먼저 윤곽을 잡는다. 큰 숲을 먼저 살피고 난 뒤 세부적인 특징과 의미를 따진다. 이를 종합해서 (묻고자 하는) 가설의 타당성이나 사회 현상을 진단한다.

사례 1 이슬람 문화의 고유한 특성과 사회의 민주적 발전

(건국대 2008 수시 1차 문제 2)

(문제 2) 제시문 〈D〉의 두 표를 분석하여 아래 주장의 타당성 여부를 검증하시오. 단, 내용을 서술함에 있어 제시문 〈A〉 또는 〈B〉에 나온 개념어를 두 개 이상 사용할 것.(501-600자)

> 이슬람 문화는 그 고유한 특성으로 인하여 사회의 민주적 발전에 걸림돌이 되고 있다.

〈D〉 다음은 미국 콜롬비아 대학의 Stepan과 Robertson이 이슬람 문화와 민주주의의 관계를 분석하기 위해 정리한 자료 중 일부이다. 〈표 1〉은 47개 이슬람권 나라(이 중 아랍권은 사우디아라비아 등 16개국, 비아랍권은 말레이시아 등 31개국)를 대상으로 삼아 민주화가 양호한 나라의 비율을 계산한 것이고, 〈표 2〉는 이슬람권뿐만 아니라 비이슬람권까지 포함시키되, 전체적으로는 소득수준이 1인당 GDP 1,500달러 미만인 나라(이슬람권 16개국, 비이슬람권 22개국)로 분석 대상을 한정시켜 각 그룹 별로 민주화가 양호한 나라의 비율을 구한 것이다.

자료: Journal of Democracy, 2003

〈표 1〉 이슬람권 나라 중 민주화가 양호한 나라

아랍권	비아랍권
16개국 중 1개국(6%)	31개국 중 12개국(39%)

〈표 2〉 1인당 GDP 1,500달러 미만(1996년 기준)의 나라 중 민주화가 양호한 나라

이슬람권		비이슬람권	
16개국 중 5개국(31%)		22개국 중 7개국(32%)	
아랍권	비아랍권	기독교 국가	기타
16개국 중 5개국 (31%)	15개국 중 5개국 (33%)	10개국 중 3개국 (30%)	12개국 중 4개국 (33%)

*두 표에서 민주화가 양호한지 여부는 Polity IV 및 Freedom House 지수를 근거로 1973-2001년의 기간에 대해 평가한 것임.

이 문제에서 생략된 〈A〉와 〈B〉는 고등학교 윤리와 사회문화 교과서에서 출제된 내용이다. 구체적으로 핵심 개념만 간추리면 '진화론-자문화중심주의, 문화사대주의-절대론적 윤리설, 체계론-문화상대주의-상대론적 윤리설' 등이다. 제시문 독해가 그리 어렵지 않으리라 싶어 여기서는 생략한다. 중요한 것은 표의 분석이다.

앞서 밝힌 도표-그래프 분석 순서에 따라 〈표 1〉을 읽어낸 결과는 다음과 같다.

> ① 〈표 1〉은 이슬람권 나라 중 민주화가 양호한 나라의 비율을 보여주고 있다.
> ② 아랍권에 속한 이슬람 국가는 6%가 민주화가 양호하고, 비아랍권의 경우 그 수치가 39%로 나타났다.
> ③ 같은 이슬람 국가인데도 민주화가 양호한 정도가 33%p나 차이가 난다.
> ④ 이는 이슬람의 남다른 특징 때문에 민주화가 가로막혔다기보다 아랍권이라는 지역적 요소가 민주화에 더 큰 영향을 끼쳤다고 판단할 근거가 된다.

〈표 1〉과 달리 〈표 2〉는 다소 복잡하다. 하지만 '전체 제목이나 항목 간 인과관계 → 전반적인 특징 → 세부 항목별 내용 → 평가' 순서로 정리하면 다음과 같다.

> ① 〈표 2〉는 '1인당 GDP 1,500달러 미만(1996년 기준)의 나라'라는 '소득수준'을 기준으로 '종교문화'별로 '민주화가 양호한 나라의 비율'을 조사한 결과이다.
> ② 특징은 이슬람권에 속한 나라나 비이슬람권 나라나 민주화가 양호한 나라의 비율이 각각 31%, 32% 수준으로 비슷하게 낮다는 점이다.

③ 세부 항목으로 나눠 비교해도 '아랍권 이슬람 1개 국가'를 제외한다면, 비아랍권 이슬람 국가(33%), 기독교 국가(30%), 기타(33%)로 비슷한 수준이다.
④ 이는 이슬람이라는 '종교문화적 요인'보다는 '소득수준'이 낮아서 민주주의 발전이 더디다는 뜻이다.

결국 〈표 1〉과 〈표 2〉를 합칠 경우, 가설은 전혀 타당하지 않다는 결론을 얻게 된다. 더 나아가 학생들은 이슬람 문화권이 비민주적이라는 '선입견'이 왜 생겨났는지 헤아려야 출제 의도에 맞는 결론을 내올 수 있다. 이때 〈표 2〉의 세부 항목에서 연구자가 왜 '기독교 국가'와 '아랍권 이슬람 국가'로 나눠 조사했는지 간파하고 그 의미까지 따져봐야 한다. 곧, 아랍권 이슬람과 오랜 역사적 대립과정을 겪은 유럽인들에게는 이슬람에 대한 편견이 무척 뿌리 깊다는 결론을 끌어냈다면 훌륭하게 문제를 푼 셈이다. 이를 501~600자에 맞춰 정리[233]해보자.

이슬람 문화의 남다른 특징 탓에 사회의 민주적 발전이 더디다는 주장은 타당하지 않다.
〈표 1〉에서 아랍권에 속한 이슬람 국가의 6%가 민주화가 양호하지만, 비아랍권의 경우는 39%로, 같은 이슬람 국가인데도 민주화가 양호한 정도는 33%p나 차이가 난다. 이는 아랍권이라는 '지역적' 요소가 민주화에 더 큰 영향을 끼쳤음을 말해준다. 한편 〈표 2〉는 1인당 GDP 1,500달러 미만의 '소득수준'을 기준으로 '민주화가 양호한 나라의 비율'을 조사한 결과다. 이에 따르면 가난한 국가들은 이슬람권에 속하는지 여부에 상관없이 민주화가 양호한 비율이 저마다 31%, 32%에 불과하다. 특히 '아랍권 이슬람 1개 국가'를 제외한다면, 비아랍권 이슬람 국

233. 명확히 정해진 바는 없으나 보통 논술 답안에서 한 문장은 빈칸을 포함하여 50자 내외로 서술하는 것이 좋다. 이 문항은 501~600자이므로 대략 10~12문장 정도의 답안 분량으로 정리할 수 있다.

가(33%), 기독교 국가(30%), 기타(33%)로 비슷한 수준이다. 이런 사실은 이슬람이라는 '종교적 요인'보다 '소득수준'이 낮은 탓에 민주주의 발전이 늦어졌음을 말해준다.
결국 문제의 주장은 서구의 자문화 중심주의적 사고에서 비롯된 일종의 선입견이다. 따라서 민주화를 논의할 때는 지역적 요소나 소득수준 등을 종합적으로 고려하는 체계론적 접근이 필요하다(568자).

사례 2 공리주의적 입장에서 바라본 행복과 그 한계

(연세대 2015 인문계 모의 문제 2)

(문제 2) 제시문 (나)와 (다) 각각의 입장을 근거로 삼아, 제시문 (라)의 도표에 나타난 국가군 B와 C 가운데 어느 쪽이 더 이상적이라고 여겨지는지 답하고, 그 이유를 설명하시오.(1,000자 안팎, 50점)

> 제시문 (라)
> 아래의 그림은 27개 국가를 대상으로 해당 국가 국민들의 행복도를 조사한 연구 결과를 도표로 간추린 것이다. 이 설문조사는 각국 국민들이 얼마나 행복해하는지를 묻고, 그 응답을 1점(행복하지 않다), 2점(보통이다), 3점(행복하다)으로 측정했다. 도표에서 X축은 행복도 점수의 산술평균*을 나타내고, Y축은 행복도 점수의 표준편차**를 나타낸다. 또한 X축과 Y축은 각각의 산술평균에서 교차하고 있다(X축의 산술평균은 2.07이며 Y축의 산술평균은 0.6이다).

* '산술평균'은 응답자들이 답한 점수를 모두 합하여 응답자들의 수로 나눈 값이다.
** '표준편차'는 응답자들이 답한 점수가 산술평균 점수와 견줘서 얼마나 다른지를 측정한다. a국가와 b국가의 행복도는 점수의 평균은 같은데 a국가의 표준편차가 더 크다면, a국가의 국민들의 행복도가 더 넓게 분포돼 있는 셈이다.

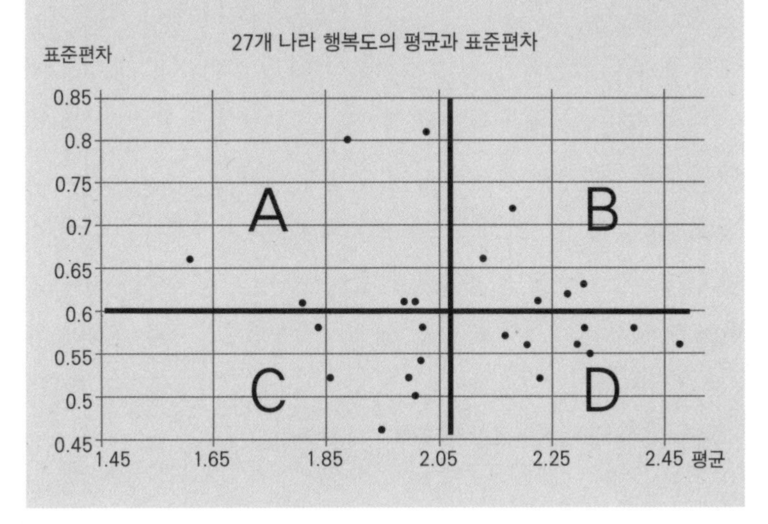

생략된 (나)와 (다)를 간략하게 소개한다.[234] 제시문 (나)는 이남희가 1987년에 발표한 소설 「허생의 처」의 일부다. 이 제시문은 허생의 처의 입을 빌려, 다른 사람의 희생을 바탕으로 한 개인의 행복은 그것이 인륜이나 도덕의 이름으로 부과될 때조차 부당하며, 사람은 누구나 저마다 행복을 추구할 평등한 권리를 가지고 있다는 점을 일러준다. 한편 (다)는 제레미 벤담의 『도덕과 입법의 원리』의 한 부분이다. 공리功利의 원리는 어떤 행위가 이해관계 당사자의 행복을 늘려주는지 여부에 따라 이를 승인하거나 부정하는 논리이다. 이에 따르면 공리의 원리는 개인적인 차원뿐만 아니라 공동체 수준에서도 적용될 수 있다. 곧, 어떤 행위가 특정한 공동체에 속한 개인들의 이익, 쾌락, 행복의 총합total을 늘려줄 때, 그러한 행위는 옳은 것으로 평가된다. 이 논리를 일반화할 경우, 특정한 행위가 설령 몇몇 개인의 행복을 희생시키더라도 공동체 구성원들의 행복의 총합을 늘려준다면 공리의 원리에 부합하므로 도덕적으로도 정당화된다는 뜻이다.

그래프를 정확히 분석하려면 먼저 행복도의 '산술평균arithmetic mean'과 '표준편차standard deviation' 개념을 새겨야 한다. 산술평균이 클수록 행복도가 높다는 것은 상식적인 얘기다. 이와 달리, '표준편차가 크다'는 말은 한 국가 안에서 국민들 간의 행복의 편차가 심하다는 뜻이다. 도표에서 표준편차 개념은 '불평등 정도'라고 새겨둔다.

다음으로 굵은 기준선으로 나뉜 A, B, C, D 국가군의 특징을 파악한다.[235] A국가군의 경우 행복도의 평균점수가 다른 국가군들보다 낮으면서도, 국가 안에서의 불평등 정도는 상대적으로 높은 국가군이다.

234. 연세대 2015년 인문계열 모의논술 해설 자료 참고.
235. '군群'은 무리group. 펭귄은 군집(群集, crowd)을 이루고, 식물은 군락(群落, community)을 이루고 산다.

따라서 (나), (다) 어느 주장에 근거하더라도 가장 이상적이지 않은 국가군에 속한다. 한편 D는 행복도의 평균 점수가 다른 국가군들보다 높으면서 한 국가 안에서의 불평등 정도는 상대적으로 낮은 편이다. 이런 국가들은 (나), (다) 어느 주장에 바탕을 두더라도 가장 이상적인 국가군으로 간주된다. B에 속하는 국가들은 행복도가 평균인 2.07보다 높지만, 표준편차는 0.6보다 크다. 반면 C군의 국가들은 행복도가 평균보다 낮지만, 표준편차는 상대적으로 작다.

이와 같은 분석을 그러모아 그래프를 해석하면 다음과 같다.

> ① 제시문 (라)의 도표는 27개 국가 행복도의 평균과 표준편차를 보여준다.
> ② 국가군 B는 행복도 평균이 2.05~2.45 사이로 기준선보다 높고, 표준편차도 0.6~0.85 사이로 C나 D에 견주어 크다.
> ③ 국가군 C는 B와 반대로 행복도 평균이 1.45~2.05로 낮으며 표준편차도 B에 견주어 작다.
> ④ 개인 간 행복도 수준의 평등을 중시하는 (나)의 입장에서는 표준편차가 작은 국가군 C를 이상적이라고 평가할 것이다.
> ⑤ 산술평균에 응답자 수를 곱하면 응답자들의 행복도 총합이 나온다. 따라서 행복도의 산술평균이 높은 B사회가 C사회보다 사회 전체의 관점에서 더 행복해 보인다.
> ⑥ 그러나 (나)는 사회 전체의 행복도와 같은 표면적 수치보다 사회 구성원 간의 동등한 행복을 더 중시한다. 이런 점에서 C사회가 더 이상적이라고 평가된다.
> ⑦ B사회에서는 전체적인 행복도가 높지만 표준편차도 크다. 이는 사회 구성원들 사이에 행복의 격차가 크고, 특정 개인이나 소수 집단의 희생이 전체의 행복도 총합에 감춰진 결과이다.
> ⑧ 또한 이러한 사회는 구성원들 사이에 신뢰가 결여되어 있을 가능성이 크다.
> ⑨ 반면 C사회는 행복도의 총합은 낮지만 표준편차가 작다는 점에서 B에 견줘 평등하고 개인의 희생이 최소화될 수 있다.

⑩ 공동체 행복도 총합을 극대화하고자 하는 (다)의 입장에서는 국가군 B를 이상적이라고 여길 것이다.
⑪ 개인의 관점이 아니라 사회 전체 공동체의 입장에서는 B사회와 같이 최대 다수 행복의 총합이 중요하기 때문이다.
⑫ 물론 B사회는 C에 비해 표준편차가 크기 때문에 행복이 특정 소수에게만 집중되어 있을 수 있다.
⑬ 그러나 (다)에 의하면, 각 개인의 행복보다는 궁극적인 전체 행복의 총합이 중요하다.
⑭ 특히 B국가군과 C 국가군 간에 표준편차의 차이가 별로 크지 않기 때문에 (다)의 입장에서 용납할 만한 수준으로 평가된다.
⑮ 이런 점에서 (다)의 입장에서는 특정 개인이 희생하더라도 결과적으로 전체 행복의 총합이 큰 B사회가 C사회보다 이상적이다.

결국 이 문제의 출제 의도는 산술평균이 높더라도 표준편차가 큰 국가를 어떻게 평가해야 하는지 묻는 것이다. 공리주의의 입장에서는 구성원들의 행복도 총합이 클수록 공리의 원칙에 부합하는 올바른 상태로 평가한다. 하지만 구성원들 사이에 표준편차가 클 경우, 특정 개인이나 소수 집단의 희생을 딛고 사회 전체의 행복이 유지되는 상태라서 문제가 된다. 이런 '모순된' 상황조차 올바르다고 평가하는 공리주의적 행복에 대해, (나)에서 허생의 처는 그 한계를 꼬집는 것이다. 한 학생의 실제 답안을 소개한다.

제시문 (나)에는 특정 개인의 행복 추구가 다른 구성원에게는 오히려 불행을 초래하는 상황이 제시돼 있다. (나)의 남편은 아내에게 신의를 지킬 것을 강조하면서도 자신은 아내의 불행을 고려하지 않는 이중적 태도를 보인다. 이에 대해 아내는 자신의 불행을 있는 그대로 수용할 수 없다고 주장하며 유교적 질서에 저항한다. 이로 보아 (나)는 구성원 사이에 행복도의 편차가 작고, 전체 구성원들이 비슷한 수준의 행복도를 갖는 것이 바람직하다는 입장임을 알 수 있다. 비록 구성원 저마다 갖는 행복의 총량이 극대화되지 않았다고 하더라도 개개인이 행복을 느끼는 정도에서 큰 차이가 없다면 상대적으로 불행하다고 느낄 확률이 적기 때문이다. 이러한 (나)의 입장에 따르면 (라)의 C국가가 이상적이라는 결론이 나온다. C국가는 행복도의 산술평균이 B국가보다 낮다. 이는 행복의 총량이 상대적으로 적다는 것을 의미한다. 그러나 행복도의 표준편차는 낮은 수준이다. 이것은 C국가의 국민들의 갖는 행복도의 격차가 작다는 것을 뜻한다. 따라서 전체의 행복을 극대화하는 것보다 행복의 고른 분배를 강조하는 (나)의 입장에서 이상적이다.

한편 (다)는 개개인의 행복에 주의를 기울이기보다 사회 전체의 이익을 중요시한다. 공동체의 관점에서 볼 때, 공동체의 이익을 늘리려면 각 개인의 이익을 극대화하여 행복의 총합계를 크게 만들어야 하기 때문이다. 공리의 원리에 따르는 각 개인의 행위나 국가 정책의 실현 과정에서 (다)는 특정 개인의 행복 추구나 일정한 정책이 타인의 불행을 초래할 수 있다는 사실을 간과할 수 있다. 결과적으로 사회 전체 혹은 최대 다수의 최대 행복이 실현되는 방향만을 강조함으로써, 일부 사회 구성원에게 나타나는 부정적인 피해를 감내할 수밖에 없다는 입장이다. 이런 입장을 바탕으로 볼 때, (다)는 B국가가 더 이상적이라고 평가한다. 도표에 따르면 B국가의 산술평균은 C국가에 견주어 크고, 이는 (다)가 중시하는 공리의 원칙에 부합한다. 또한 B국의 표준편차가 C국의 그것보다 크다는 사실은 국민들 간의 행복도의 차이가 크다는 것을 뜻한다. 따라서 각 개인의 고른 행복보다 사회적 총합을 중시하는 (다)의 입장에 합치된다.

사례 3 경제위기와 사회적 불평등, 양극화

(경희대 2008 모의논술 논제 2)

(논제) 제시문 (가)의 연도별 지표index 추이change를 이용하여 제시문 (나)에서 설명하고 있는 내용을 구체적 수치를 가지고 논리적으로 설명하시오. 또한 제시문 (가)의 특정 연도에서는 국내총생산과 의약품 생산량의 증감 추이가 비슷한 경향을 보이지 않고 있다. 그 이유를 설명하고 있는 제시문을 예로 들어 제시문 (가)의 지표상의 추이를 분석하고 논리적 당위성을 설명하시오.(띄어쓰기 포함 701자 이상 800자 이내)

(가)

연도별 국내총생산, 지니계수 및 의약품 생산량

연도	국내총생산(단위: 억 원)	지니계수	의약품 등 생산량(단위: 억 원)
1997	4,911,348	0.283	68,571
1998	4,841,028	0.316	66,185
1999	5,294,997	0.320	69,509
2000	5,786,645	0.317	65,173
2001	6,221,226	0.319	71,433
2002	6,842,635	0.312	78,253
2003	7,246,750	0.306	81,270
2004	7,793,805	0.310	88,863
2005	8,066,219	0.310	97,978

출처: 통계청, 제약협회

*지니계수: 소득이 어느 정도 균등하게 분배되는지를 나타내는 지수

(나) 우리나라는 1997년 말, 외화 부족으로 인해 국제통화기금IMF의 구제금융 지원을 받게 되었고 경기가 급속히 가라앉았다. 정부의 외환 관리 실패와 관치官治 금융, 기업들의 방만한 차입(借入, loan) 경영, 경제 전반에 걸친 고비용-저효율 구조 등이 그 원인이었다. 최근 우리 경제는 높은 경제 성장을 이룩하기는 하였으나, 해외 수출 환경, 국제 유가 등과 같은 대외 경제 여건의 변화에 따라 여전히 불안정한 모습을 보이고 있다. 이는 우리 경제의 체질이 근본적으로 개선되지 않았음을 의미한다.

-고등학교 사회 교과서[236]

본격적인 분석에 앞서 '지니계수의 증감'이 뜻하는 바를 먼저 새기자. 소득 불평등 정도를 가리키는 지니계수는 0에서 1 사이 값을 갖고 있고, 그 수치가 커질수록 불평등한 상태다.

본격적으로 (가)의 표를 분석해보자. 언뜻 보면 수치가 복잡해 보이지만 항목별 분석은 간단하다. 특히 추세선을 그려보면 각 항목별 추이(변화)를 쉽게 파악할 수 있다.

① 국내총생산은 1998년에 전년도보다 7조 원가량 감소했지만 이후 꾸준히 증가해 2005년 현재 806조 원에 이른다.
② 그런데 특이한 점은 98년 이후 매년 GDP 증가율이 들쑥날쑥하다는 것이다.
③ 한편 소득 불평등 정도를 의미하는 지니계수는 1997년 0.283에서 0.316으로 높아진 뒤 등락을 반복하다가 2004년에 0.31 정도로 처음보다 높아진 상태로 굳어졌다.
④ 이를 종합하면, 1998년 이후 경제가 성장했는데도 분배 상태는 오히려 악화됐고, 대외 경제 여건에 따라 경제 성장도 불안정한 모습이다.
⑤ 한편 의약품 생산량은 1998년과 2000년 두 번에 걸쳐 전년도보다 생산량이 줄어들었다.
⑥ 특히 2000년 의약품 생산량 감소는 의약분업 실시에 따라 항생제 오남용이 줄어들어 생산량이 감소한 탓도 있지만, 의약분업에 반발한 의료계 파업도 그 원인이다.
⑦ 2005년 현재 의약분업제도는 양질의 서비스를 제공하지 않고 있다.
⑧ 이는 2000년 이후 GDP 증가보다 더 가파르게 증가한 의약품 생산량에서 확인할 수 있다. 곧, 소득수준의 증가율보다 의약품 소비 증가율이 크다.
⑨ 이런 상황[237]에 대한 개선책이 시급하다.

236. 제시만 (다)~(바)는 생략.
237. 더 나아가 지니계수가 0.31 수준으로 악화된 처지에서 의약분업제도마저 (싼값에 양질의 서비스를 제공한다는) 애초의 의도대로 기능하지 못할 경우 빈곤층의 형편이 더 나빠질 것이라고 예측할 수 있다.

실제로 이 문제를 풀어본 학생의 답안을 소개한다.

(나)는 1997년 말 경제위기와 우리나라 경제의 불안정성에 대해 설명한다. (가)에서 1998년 국내총생산이 1997년에 비해 7조 원가량 감소한 것을 확인할 수 있는데, 이는 1997년 말의 경기 침체의 결과이다. 한편 1997년 IMF 구제금융 조치 이후의 GDP는 꾸준히 증가하는 추세다. 하지만 그 증가율은 매년 불안정하고 감소하는 추세란 점에 주목해야 한다. 이런 점에서 우리 경제가 대외 경제 여건에 따라 불안정해진다는 것을 알 수 있다. 그뿐 아니라 지니계수도 1999년 이후 0.31대에서 증감을 반복하다가 2004년 이후 0.310 수준으로 소득 불평등이 굳어지고 있다. 결국 전반적으로 경제가 성장하고 있지만 여전히 계층 간 소득은 불평등하게 분배되고 있으며, 경제성장률도 불안정한 모습이어서 우리 경제의 체질 개선이 이뤄지지 않았음을 확인하게 된다.
(가)의 국내총생산과 의약품 생산량의 추이에 주목해 보면, 대체로 비슷한 모습이지만 1999~2000년으로 넘어갈 때 의약품 생산량이 4,000억 원가량 감소했다. 이는 제시문 (마)의 의약분업제도의 실시와 이에 반발한 의료계의 파업 때문이다. 한편 의약분업제도 시행 이후의 국내총생산과 의약품 생산량을 견주어 보면, GDP증가율은 $\frac{23}{57}\times 100\%$이고, 의약품 생산량의 증가율은 $\frac{32}{65}\times 100\%$이다. 곧, 국내총생산의 증가율보다 의약품 생산량의 증가율이 더 크다. 이런 지표는 정부가 의도한 양질의 의료 서비스가 제공되지 않고 있는 현실을 보여주는데, 이는 (바)의 정부 실패와 비슷하다. 따라서 앞으로 의약분업제도에서의 실패를 극복하려면 더 다양한 변수들을 고려해 정책을 내놓아야 한다.

삶의 행복을 꿈꾸는 교육은 어디에서 오는가?

미래 100년을 향한 새로운 교육

혁신교육을 실천하는 교사들의 **필독서**

▶ 교육혁명을 앞당기는 배움책 이야기

혁신교육의 철학과 잉걸진 미래를 만나다!

핀란드 교육혁명
한국교육연구네트워크 총서 01 | 320쪽 | 값 15,000원

일제고사를 넘어서
한국교육연구네트워크 총서 02 | 284쪽 | 값 13,000원

새로운 사회를 여는 교육혁명
한국교육연구네트워크 총서 03 | 380쪽 | 값 17,000원

교장제도 혁명
한국교육연구네트워크 총서 04 | 268쪽 | 값 14,000원

새로운 사회를 여는 교육자치 혁명
한국교육연구네트워크 총서 05 | 312쪽 | 값 15,000원

혁신학교에 대한 교육학적 성찰
한국교육연구네트워크 총서 06 | 308쪽 | 값 15,000원

혁신학교
성열관·이순철 지음 | 224쪽 | 값 12,000원

행복한 혁신학교 만들기
초등교육과정연구모임 지음 | 264쪽 | 값 13,000원

서울형 혁신학교 이야기
이부영 지음 | 320쪽 | 값 15,000원

혁신교육, 철학을 만나다
브렌트 데이비스·데니스 수마라 지음
현인철·서용선 옮김 | 304쪽 | 값 15,000원

혁신교육 존 듀이에게 묻다
서용선 지음 | 292쪽 | 값 14,000원

다시 읽는 조선 교육사
이만규 지음 | 750쪽 | 값 33,000원

프레이리와 교육
한국교육연구네트워크 번역 총서 01
존 엘리아스 지음 | 한국교육연구네트워크 옮김
276쪽 | 값 14,000원

교육은 사회를 바꿀 수 있을까?
한국교육연구네트워크 번역 총서 02
마이클 애플 지음 | 강희룡·김선우·박원순·이형빈 옮김
352쪽 | 값 16,000원

비판적 페다고지는 세상을 변화시킬 수 있는가?
한국교육연구네트워크 번역 총서 03
Seewha Cho 지음 | 심성보·조시화 옮김 | 280쪽 | 값 14,000원

미래교육의 열쇠, 창의적 문화교육
심광현·노명우·강정석 지음 | 368쪽 | 값 16,000원

대한민국 교사, 어떻게 가르칠 것인가?
윤성관 지음 | 320쪽 | 값 15,000원

아이들을 어떻게 가르칠 것인가
사토 마나부 지음 | 박찬영 옮김 | 232쪽 | 값 13,000원

아이들의 배움은 어떻게 깊어지는가
이시이 쥰지 지음 | 방지현·이창희 옮김
200쪽 | 값 11,000원

북유럽 교육 기행
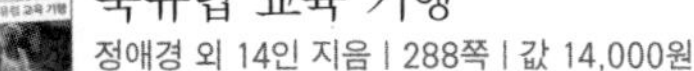
정애경 외 14인 지음 | 288쪽 | 값 14,000원

모두를 위한 국제이해교육
한국국제이해교육학회 지음 | 364쪽 | 값 16,000원

경쟁을 넘어 발달 교육으로
현광일 지음 | 288쪽 | 값 14,000원

독일 교육, 왜 강한가?
박성희 지음 | 324쪽 | 값 15,000원

대한민국 교육혁명
교육혁명공동행동 연구위원회 지음 | 152쪽 | 값 5,000원

▶ 비고츠키 선집 시리즈
발달과 협력의 교육학 어떻게 읽을 것인가?

생각과 말
레프 세묘노비치 비고츠키 지음
배희철·김용호·D. 켈로그 옮김 | 690쪽 | 값 33,000원

도구와 기호
비고츠키·루리야 지음 | 비고츠키연구회 옮김
336쪽 | 값 16,000원

어린이 자기행동숙달의 역사와 발달 I
L.S. 비고츠키 지음 | 비고츠키연구회 옮김
564쪽 | 값 28,000원

어린이 자기행동숙달의 역사와 발달 II
L.S. 비고츠키 지음 | 비고츠키연구회 옮김
552쪽 | 값 28,000원

어린이의 상상과 창조
L.S. 비고츠키 지음 | 비고츠키연구회 옮김
280쪽 | 값 15,000원

성장과 분화
L.S. 비고츠키 지음 | 비고츠키연구회 옮김
308쪽 | 값 15,000원

관계의 교육학, 비고츠키
진보교육연구소 비고츠키교육학실천연구모임 지음
300쪽 | 값 15,000원

비고츠키 생각과 말 쉽게 읽기
진보교육연구소 비고츠키교육학실천연구모임 지음
316쪽 | 값 15,000원

비고츠키와 인지 발달의 비밀
A.R. 루리야 지음 | 배희철 옮김 | 280쪽 | 값 15,000원

▶ 평화샘 프로젝트 매뉴얼 시리즈
학교 폭력에 대한 근본적인 예방과 대책을 찾는다

학교 폭력 어떻게 만들어지는가
문재현 외 지음 | 300쪽 | 값 14,000원

학교 폭력, 멈춰!
문재현 외 지음 | 348쪽 | 값 15,000원

왕따, 이렇게 해결할 수 있다
문재현 외 지음 | 236쪽 | 값 12,000원

아이들을 살리는 동네
문재현·신동명·김수동 지음 | 204쪽 | 값 10,000원

평화! 행복한 학교의 시작
문재현 외 지음 | 252쪽 | 값 12,000원

마을에 배움의 길이 있다
문재현 지음 | 208쪽 | 값 10,000원

▶ 창의적인 협력수업을 지향하는 삶이 있는 국어 교실
우리말 글을 배우며 세상을 배운다

중학교 국어 수업 어떻게 할 것인가?
김미경 지음 | 332쪽 | 값 15,000원

토론의 숲에서 나를 만나다
명혜정 엮음 | 312쪽 | 값 15,000원

이야기 꽃 1
박용성 엮어 지음 | 276쪽 | 값 9,800원

이야기 꽃 2
박용성 엮어 지음 | 294쪽 | 값 13,000원

▸ 4·16, 질문이 있는 교실 마주이야기
통합수업으로 혁신교육과정을 재구성하다!

통하는 공부
김태호·김형우·이경석·심우근·허진만 지음
324쪽 | 값 15,000원

내일 수업 어떻게 하지?
아이함께 지음 | 300쪽 | 값 15,000원

생각하는 도덕 수업
정종삼 지음 | 328쪽 | 값 15,000원

주제통합수업, 아이들을 수업의 주인공으로!
이윤미 외 지음 | 392쪽 | 값 17,000원

수업과 교육의 지평을 확장하는 수업 비평
윤양수 지음 | 316쪽 | 값 15,000원

교사, 선생이 되다
김태은 외 지음 | 260쪽 | 값 13,000원

▸ 더불어 사는 정의로운 세상을 여는 인문사회과학
사람의 존엄과 평등의 가치를 배운다

밥상혁명
강양구·강이현 지음 | 298쪽 | 값 13,800원

도덕 교과서 무엇이 문제인가?
김대용 지음 | 272쪽 | 값 14,000원

자율주의와 진보교육
조엘 스프링 지음 | 심성보 옮김 | 320쪽 | 값 15,000원

민주화 이후의 공동체 교육
심성보 지음 | 392쪽 | 값 15,000원

갈등을 넘어 협력 사회로
이창언·오수길·유문종·신윤관 지음 | 280쪽 | 값 15,000원

동양사상과 마음교육
정재걸 외 지음 | 356쪽 | 값 16,000원

교과서 밖에서 배우는 철학 공부
정은교 지음 | 280쪽 | 값 14,000원

좌우지간 인권이다
안경환 지음 | 288쪽 | 값 13,000원

민주시민교육
심성보 지음 | 544쪽 | 값 25,000원

민주시민을 위한 도덕교육
심성보 지음 | 496쪽 | 값 25,000원

교과서 밖에서 배우는 인문학 공부
정은교 지음 | 276쪽 | 값 13,000원

오래된 미래교육
정재걸 지음 | 392쪽 | 값 18,000원

대한민국 의료혁명
전국보건의료산업노동조합 엮음 | 548쪽 | 값 25,000원

교과서 밖에서 배우는 고전 공부
정은교 지음 | 288쪽 | 값 14,000원

▶ 남북이 하나 되는 두물머리 평화교육

분단 극복을 위한 치열한 배움과 실천을 만나다!

10년 후 통일
정동영·지승호 지음 | 328쪽 | 값 15,000원

선생님, 통일이 뭐예요?
정경호 지음 | 252쪽 | 값 13,000원

▶ 출간 예정

근간 **교사의 전문성은 어떻게 만들어지는가**
세계교원노조연맹 지음 | 김석규 옮김

근간 **고수들, 수업과 교육과정을 말하다**
통통 담쟁이 교실수업연구회 지음

근간 **인간 회복의 교육**
성래운 지음

근간 **교과서 너머, 교육과정 마주하기**
이윤미 외 지음

근간 **분단시대의 통일교육**
성래운 지음

근간 **체육 교사, 수업을 말하다**
전용진 지음

근간 **수업의 정치**
윤양수 외 지음

근간 **조선족 근현대 교육사**
정미량 지음

근간 **함께 만들어 가는 강명초 이야기**
이부영외 지음

근간 **어린이와 시 읽기**
오인태 지음

근간 **교육의 기적**
장수명 외 옮김

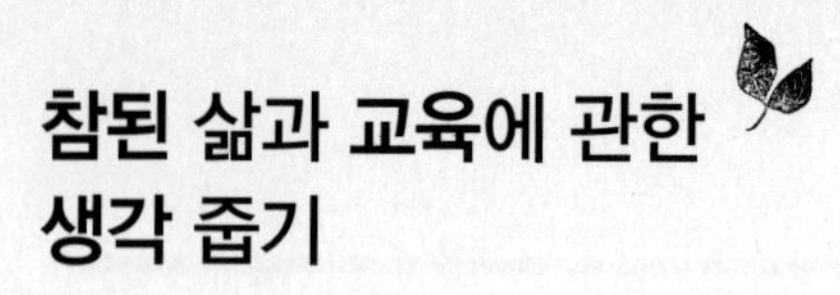

참된 삶과 교육에 관한 생각 줍기